我国智慧城市建设存在的问题与发展对策研究

徐小飞　著

吉林大学出版社

·长春·

图书在版编目（CIP）数据

我国智慧城市建设存在的问题与发展对策研究／徐
小飞著. -- 长春：吉林大学出版社，2020. 9
ISBN 978-7-5692-7136-2

Ⅰ.①我… Ⅱ.①徐… Ⅲ.①现代化城市-城市建设
-研究-中国 Ⅳ.①F299. 2

中国版本图书馆 CIP 数据核字（2020）第 181061 号

书　　名　我国智慧城市建设存在的问题与发展对策研究
　　　　　WO GUO ZHIHUI CHENGSHI JIANSHE CUNZAI DE WENTI YU FAZHAN DUICE YANJIU

作　　者　徐小飞　著
策划编辑　宋睿文
责任编辑　宋睿文
责任校对　杨　宁
装帧设计　周香菊
出版发行　吉林大学出版社
社　　址　长春市人民大街 4059 号
邮政编码　130021
发行电话　0431-89580028/29/21
网　　址　http：//www. jlup. com. cn
电子邮箱　jdcbs@ jlu. edu. cn
印　　刷　三美印刷科技（济南）有限公司
开　　本　787mm×1092mm　1/16
印　　张　12. 5
字　　数　300 千字
版　　次　2021 年7 月　第1 版
印　　次　2021 年7 月　第1 次
书　　号　ISBN 978-7-5692-7136-2
定　　价　58. 00 元

前　言

改革开放四十多年来，我国城镇化水平呈现逐年稳步提升趋势。与此同时，世界正进入一个以云计算、大数据、人工智能技术为主导的经济社会发展的新时代。科技革命带来的信息技术革命成为推动我国由工业社会向信息社会发展的重要推手。随着信息化与新型城镇化的互相渗透和有机融合，以及全球信息化水平的快速发展，"智慧城市"的发展理念逐渐深入人心，成为政府、学术界和产业界有识之士共同关注和津津乐道的热门话题。

"智慧城市"是什么？"智慧城市"可以解决我们工作与生活中的哪些问题？它将对我们的工作与生活带来怎样的影响和变化？我们如何推进我国的"智慧城市"发展战略？这些问题都值得我们认真思考和深入研究。

"智慧城市"是全球城市发展的新主题与新动力，同时更是推进新型城镇化建设的重要抓手。新型城镇化与信息化，正借由"智慧城市"这一时代发展主题交相融合，在提升城市发展品位、提高我国城镇化水平、便利和丰富人民生活水平方面发挥着越来越重要的作用。智慧城市是信息化发展的产物，也是当代城市发展的潮流和趋势。谁能在智慧城市建设过程中先人一步，谁就能在新一轮城市竞争发展中抢占先机。

本书运用文献研究法及案例分析法，以我国在智慧城市建设处于较为领先地位的北京、上海、浙江、福建、重庆等部分省份、港澳台地区及阿里巴巴集团的子公司——阿里健康股份公司为研究对象，从智慧健康、智慧养老、智慧医疗、智慧教育、智慧交通、智慧旅游、智慧商圈、智慧社区等不同角度，分析考察其在发展智慧城市过程中存在的主要问题，并在借鉴国内外较为成功的智慧城市建设实践的基础上，结合我国的实际国情，对上述区域的智慧城市建设提出较具针对性的对策建议，为加快推进我国其他省份的智慧城市建设提供借鉴；并最终为早日实现我国智慧城市建设，满足居民对美好生活的向往，贡献自己的智慧。当然，本书在这方面的研究也仅仅是一次努力的尝试，欢迎同仁批评指正！

本书从选题到最终成稿，历时近三年，其中笔者的一些学生在文献资料搜集、案例城市(或企业)资料查询等方面做了大量繁杂的工作，他们分别是：罗琪文、洪杨泮、黄译萱、骆俤瑛、陈恩晶、彭秀华、陈莉、李承翰等。笔者对他们在本书写作过程中非常认真和出色的付出表示最衷心的感谢！同时，华侨大学工商管理学院院长、博士生导师孙锐教授关注本书的写作进展，曾多次对书稿写作过程中的一些问题及时给予方向性的指导，往往使笔者茅塞顿开。在此，笔者向孙院长表示诚挚的感谢！

虽然笔者近年来一直关注和思考与智慧城市建设相关的专著、论文、报纸、杂志、网络资源等各种文献资料，但是即便如此，真正写作起来感觉还是非常不容易，对已经完成的书稿还是不甚满意，因为总想把与智慧城市建设和发展的相关最新资料收集并呈现出来，而实际上关于智慧城市的政策与实践处于不断的发展和完善之中，无法跟踪和反映智慧城市的最新理论与实践进展，这是笔者深感遗憾与不安的地方，希望能在以后的学习思考过程中不断丰富和完善。同时还需说明的是，虽然笔者近年来关于智慧城市的思考与探索已经体现在本书中，但仍有一些问题仍处于不断的材料挖掘和认识提升过程中，它们将成为笔者以后努力学习研究的重要方向。

同时，在本书的写作过程中，笔者参考或引用了相关理论文献与建设案例，其中大多数已在书中注明了出处，但难免有所疏漏。在此，向有关专家学者表示衷心的感谢！

本书的出版获得华侨大学工商管理学院学科建设资金资助、华侨大学华商研究院人文基地技术与资金资助，在此深表谢意！

著　者

目　录

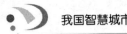

第1章 绪 论

第1节 研究背景及意义

党的十八大以来，我国城镇化建设步伐明显加快，新型城镇化的发展理念深入人心。新型城镇化是以城乡统筹、城乡一体、产业互动、节约集约、生态宜居、和谐发展为基本特征的城镇化，是大中小城市、小城镇、新型农村社区协调发展、互促共进的城镇化[①]。2014 年 3 月 16 日，由国家发改委牵头，财政部、国土资源部等十多个部委参与编制的《国家新型城镇化规划（2014—2020 年）》正式发布。2019 年 3 月 5 日，国务院总理李克强在国务院《政府工作报告》中提出，"促进区域协调发展，提高新型城镇化质量"。2019 年 4 月 8 日，国家发展和改革委员会发布《2019 年新型城镇化建设重点任务》，提出要继续深化我国户籍制度的改革、促进大中小城市协调发展等任务。这对于优化我国今后的城镇化布局和发展，进而推动更高发展质量的新型城镇化具有非常重要的意义。

专家预测，在新型城镇化规划成功实施后，我国将有 2.6 亿农村人口在城市生活[②]。大量农村人口涌入城市后，势必进一步导致城市的交通、环保、医疗、养老、教育等问题的恶化。如何成功利用新型城镇化的发展红利，同时化解城市人口大量增加带来的负面影响，是我国当前必须解决的难题。其实，世界各国在城市化进程中，都曾出现城市人口增加后的交通、通信、水电、健康、教育、医疗、污染及废弃物等一系列问题与挑战。为了缓解这些问题和挑战带来的城市发展压力和困境，在过去十几年间，全球相继启动智慧城市发展计划，旨在提升城市居民生活品质的同时，也能最大限度地实现节能减排等目标的"智慧城市"（Smart City）发展理念逐渐出现在人们的视野中。与此同时，物联网、大数据、云计算、人工智能等信息化技术的快速发展，为基于现代信息技术的智慧城市建设提供了坚实的技术支撑。

国外于 20 世纪 90 年代提出智慧城市这一概念，作为一种应对和破解城市人口膨胀、交通拥挤、住房困难、环境恶化、水电资源紧张等一系列"大城市病"问题的战略手段。经过三十多年的发展，智慧城市建设取得了一定成果，并在实践环节有所突破。现在，西

---

① 新型城镇化［EB/OL］. https：//baike. sogou. com/v53385221. htm? fromTitle＝新型城镇化, 2019-09-09.
② 张占斌. 新型城镇化的战略意义和改革难题［J］. 国家行政学院学报, 2013（01）：48-54.

方发达国家的城市发展越来越多地受到智慧城市这一理念的影响①。智慧城市是信息技术应用于现代城市发展的成果，也是当今世界城市发展的趋势和潮流。顺应这种趋势和潮流，我国的城市建设规划也积极融入智慧城市的发展之中。

在我国，专家学者、企业界和政府部门对智慧城市的关注开始于 2009 年 1 月 IBM 公司首席执行官彭明盛在美国工商业领袖圆桌会议上提出的"智慧地球"（Smart Planet）概念。伴随着"智慧地球"概念的提出，研究与实践过程中相继提出了各种与"智慧"相关的社会问题智能化解决方案，如"智慧城市""智慧电力""智慧医疗""智慧养老""智慧交通""智慧供应链""智慧教育""智慧银行"等，其中智慧城市是 IBM 的"智慧地球"策略中非常重要的组成部分。

2013 年 1 月，我国住房和城乡建设部公布了首批 90 个国家级智慧城市试点名单，至 2016 年，我国已有数百个城市开展了国家智慧城市建设试点。2017 年，以设立雄安新区为标志，我国智慧城市的建设进程明显加速。据有关部门统计，目前我国已经制定智慧城市建设发展规划或正在开展相关工作的城市大约有 500 个②，全球已启动或在建的智慧城市达 1000 多个。从在建数量来看，我国以 500 个试点城市居于首位。

无论是国内还是国外，城市的管理者都非常清楚地意识到，谁能在智慧城市建设过程中先人一步，谁就能在新一轮城市竞争发展中抢占先机。从当前和今后一个相当长的时期来看，对于正处在加快转型升级的我国大多数城市来说，是非常关键的时期。要想成功实现转型跨越，必须站在时代前沿去进行全局思考和谋划，加大人力、物力和财力的投入力度，不遗余力建设和发展智慧城市。

目前我国对智慧城市的研究与智慧城市的建设均处于起步阶段，研究和实践的广度和深度均有待进一步探索与拓展。

第 2 节　智慧城市国内外发展状况

2008 年底，出于自身产业转型、销售软件与服务的商业目的的需要，IBM 公司提出"智慧的城市在中国"的发展战略，相继与我国数十个省（市）签署了智慧城市共同建设与发展的相关协议。自 2009 年开始，"智慧地球""智慧城市"等新概念引起我国专家学者、企业界与政府的广泛关注甚至热烈追捧。

IBM"智慧地球"战略的主要内容是把新一代信息技术充分运用在国民经济的各行各业中，即把感应器嵌入和渗透到社会发展的每个角落，比如医院、电网、交通、建筑、家庭、社区、桥梁、养老院、物流系统、零售系统、供水系统等普通物理对象中，通过网络互联而形成"物联网"，而后通过超级计算机和云计算将物联网整合起来，从而人类能以更加便利、简洁和高效的方式进行生产和生活，达到全球"智慧"的状态，最终形成

① Hollands R G. Will the real smart city please stand up？［J］. City, 2008, 12（03）：303-320.
② 全球逐步启动智慧城市 中国已建设 500 个试点城市［EB/OL］. https：//www.sohu.com/a/225049658_456546，2018-03-07.

"互联网+物联网"无处不在的智慧世界。

智慧城市是智慧地球的具体体现形式，是数字城市建设理念的延续，也是城市信息化发展到更高阶段的必然产物。同时，智慧城市是专家学者和政府管理部门对于城市建设和发展的一种新思维。智慧城市发展理念为未来的城市建设提供了创新发展的新思路，也为人们提供了认识城市、发展城市的新视角。

本节首先介绍智慧城市的内涵和特征，然后较为全面地介绍国内外关于智慧城市的理论研究与实践成果，以期对我国智慧城市和新型城镇化建设有所裨益。

2.1 智慧城市的内涵与特征

2.1.1 智慧城市的内涵

一般认为，智慧城市是利用新一代信息技术，以整合、系统的方式管理城市的运行，让城市运行过程中的各个功能模块能够彼此协同运作，既为城市中的各个医院、超市、社区、企业等运行主体提供优质、便利、高效的发展空间，又可以为城市居民提供更高的生活品质。

智慧城市的建设内涵非常广泛，至少包括三大相互联系的网络系统：一是物质网络系统，以物联网为代表；二是信息网络系统，以"云计算"为代表；三是能量网络系统，以"智能电网"为代表。智慧城市的建设旨在为政府管理、企业运营、市民工作和生活提供更高效的管理方式与生活方式，其核心包括对现有互联网技术、传感器技术、智能信息处理技术等的高度集成，其大规模应用将成为未来全球新的最具发展活力的增长点之一。

智慧城市的本质是以物联网、大数据等先进信息技术、人工智能技术和多网融合为依托，以智慧技术、智慧产业、智慧服务、智慧管理、智慧人文、智慧生活等为重要内容的城市发展新模式和新形态。

2.1.2 智慧城市特征

一般认为，智慧城市有如下特征。

全面物联：智能传感器设备将城市中的各种公共设施连接到网络系统，并实时监控城市中的各种核心和关键设施。

协同运营：基于智能基础架构，让城市中的所有核心和关键系统、管理者和参与者都可以协同高效地进行协作，以达到最佳的城市运营状态。

创新支撑：鼓励政府、企业、社区、社会团体和个人在智慧城市建设的基础设施之上，运用现代日新月异的科技创新成果，为城市有序运行提供智能、高效的动力支撑。

2.2 国内外智慧城市理论研究与发展情况

国外对"智慧城市"的研究兴起于 1992 年（新加坡于 1992 年提出"智慧岛"计

划①），经过近三十年的发展，对智慧城市的理论研究已较为成熟，在实践环节也有所突破。国内学者对智慧城市的研究与实践虽然起步较晚，但中央政府和地方各级政府建设推进力度较大，也取得了一定的成果。

2.2.1　国外智慧城市研究与发展情况

信息技术革命带来的信息技术的飞速发展，掀起了全球信息化技术开发和应用浪潮。未来，我们将越来越依靠信息技术来推动智慧城市的建设与发展。近年来，世界各国政府、国际组织都先后提出了依靠互联网和信息技术来改变城市未来发展蓝图的建设和发展规划。美国首先提出了国家信息基础设施（NII）和全球信息基础设施（GII）发展计划；然后，欧盟则侧重于推广"信息社会"计划，并将欧洲信息社会的十个主要应用领域确定为欧盟"信息社会"建设的主要方向。从2007年到2013年，欧盟在信息和通信技术研发方面的投资达到约20亿欧元。最近，欧盟委员会将信息和通信技术列为2020年欧洲战略发展重点，并制定了"物联网战略研究路线图"。国际智慧城市组织 ICF（Intelligent Community Forum）等相关组织相继成立，并发起了一系列"全球智慧城市奖"的评选活动，在推动全球智慧城市的建设与发展方面发挥了非常重要的作用。

国外对智慧城市的理论研究比较深入，在实践运用领域的研究比较广泛，涉及对社会各方面的智慧研究，例如：在医疗领域实施智能医疗（Smart Healthcare）项目，以改善公民的医疗体验；将信息技术应用于家庭的智能家居（Smart Home）研究，以便利居民的日常生活；利用现代信息技术进行的公民身份证智能卡（Citizen ID Smartcard）研究，为市民日常出行、办理个人事项提供极大的便利；在人口严重老化的趋势和背景下，使用信息技术服务进行的智能养老（Smart Retirement）研究；研究信息技术以改变传统教育模式的智能教育（Smart Education）项目，为缩小城乡教育发展差距，实施城乡教育一体化提供了可能的实现路径。这些智慧城市建设举措根植于信息化建设，并最大限度使用信息技术，来解决城市发展中面临的日益严重的问题。以交通拥堵问题为例，依靠传统的方法，如提供扩建道路或修建立交桥等方式，已经很难适应社会经济快速发展而导致的大量出行和物流运输等交通需求，无法缓解日益严重的道路交通压力，而建立城市智能交通系统则是最有效的突破口。因此，基于信息技术的问题解决方案，已成为全世界很多国家解决城市发展过程中面临的矛盾和问题的首要选择。

（1）美国智慧城市建设②

2009年9月，美国中西部艾奥瓦州的迪比克市建立了美国的第一个"智慧城市"试点项目，该项目是与 IBM 公司共同建设的高科技社区。该项目覆盖六万市民，采用了一系列 IBM 研发的新技术。迪比克市通过数字化信息技术，将该城市的水、电、石油、天然气、交通等公共服务资源链接起来，并实时检测、分析和集成各种数据信息，智能化地做出各种响应，提高了整个城市的运行效率，极大地满足了市民的需求。

---

① 冰川. 智慧城市在我国的前世今生与未来［EB/OL］. https：//www. zhihuichengshi. cn/XinWenZiXun/25323. html，2016-09-25.

② 杨传开. 《美国智慧城市调查》（2017）揭示智慧城市建设新趋势［EB/OL］. https：//mp. weixin. qq. com/s? src=11&timestamp=1588403539&ver=2313&signature=7M*0my7HnBdQrP8Ercth6mbsD040W66dyZIzRX421Bd5gVi7y41yuCjrdCT231Glgj2jVl30wWXj8nf*0u96IRWlxutcZtFc40x9odEfb3bubo16FZImGLuVVxgD8gJ7&new=1，2017-06-03.

2015 年 9 月，美国宣布了"智慧城市行动倡议"。该倡议提出，政府通过提供补贴、配套资金等形式，鼓励大学、研究机构和政府在智慧城市建设发展过程中的合作和知识共享。美国政府将投资超过 1.6 亿美元用于联合研究，并促进 25 项以上的新技术合作，以帮助社区解决关键问题，例如减少交通拥堵、为长者提供医疗服务、节能减排、改善教育服务，以提升城市政府的服务质量和服务水平。

（2）瑞典智慧城市建设①

瑞典自 20 世纪 60 年代以来一直致力于智慧城市的探索，积极协调城市建设与资源、环境、经济发展、人口结构等之间的关系，在建设智慧城市方面积累了宝贵的经验。

瑞典智慧城市的建设在智慧交通系统中得到了充分体现。瑞典首都斯德哥尔摩的交通拥堵非常严重，因此，斯德哥尔摩于 2006 年初宣布征收"道路拥堵税"。在 IBM 公司的帮助下，斯德哥尔摩在通往市中心的道路上建立了十八个路边监控设施。通过使用激光、摄像头及射频识别（Radio Frequency Identification，RFID）技术，可以自动识别进入市中心的车牌号码，并在周一至周五的 6：30 至 18：30 自动对进入和离开市中心的注册车辆征税。通过征收"道路拥堵税"，斯德哥尔摩交通拥堵减少 25%，交通排队所需的时间减少 50%，二氧化碳减少 40%，这不仅提高了通行效率，还大大降低了碳排放。

（3）英国智慧城市建设②

英国在 2009 年发布"数字英国"计划，并提出了许多基础设施建设的具体行动计划，例如宽带、移动通信、广播和电视等，旨在改善英国的基础设施状况、推广全民数字应用，致力于使英国成为世界数字之都。2017 年 3 月，英国政府又发布了"数字英国战略"，涵盖网络空间、宏观经济运行、电子商务、数字化政府等七个领域。该战略提出，到 2020 年加速 4G 和超高速宽带的部署，在更多公共场所提供免费 Wi-Fi，并为 5G 网络建设拨款 10 亿英镑。

2000 年以来，英国在推进智慧城市建设方面进行了积极、有益的探索，位居全球前列。以发展智慧绿色技术为例。为了应对世界气候变化并减少社会生产和生活对环境的影响，英国的智慧城市建设致力于智慧绿色技术的发展。在伦敦南部郊区沃灵顿区建造的贝丁顿零化石能源生态社区就是其中的典型代表。2002 年，贝丁顿多家建筑公司与英国首席生态建筑师共同创立了英国最大的低碳可持续社区。从改善能源使用的角度来看，社区的建筑结构采用建筑隔热、智能采暖、自然采光等设计，并综合利用太阳能、风能、生物质能等新能源。与周围的普通住宅区比较，该低碳可持续社区供暖能源消耗减少了 88%，电力消耗减少了 25%，用水量仅为英国平均水平的 50%。

（4）日本智慧城市建设③

自 2002 年开始，日本首先从智慧能源开始尝试其智慧城市的建设，是世界上发展智

---

①　瑞典驻华参赞：智慧城市建设提升为国家战略［EB/OL］. https：//www. sohu. com/a/145740767_444154，2018-05-08.

②　臧建东，等. 智慧城市什么样？怎么建？看英国和爱尔兰的探索！［EB/OL］. https：//mp. weixin. qq. com/s？src=11&timestamp=1588400851&ver=2313&signature=LEFUJRimgr0Bl7rBq-g9 * YcMYn-J1KK3CKt40yGJePzWhhfJIfsth6oNQ0 CNpTxzMK1gRY1Seof0-Evr * 49ZxNQRFSE8dWyMcBbp2 * NsWH8p-k9SlGsgPrRIdRJZN * VJ&new=1，2018-09-30.

③　方维. 日本智慧城市建设的经验及借鉴［EB/OL］. https：//mp. weixin. qq. com/s？src=11&timestamp=158840 5151&ver=2313&signature=JgfxBb5Cg-5NWvrGX6AW6Mlp0HL1OCao7DkAm5aBGnmLhSE3W1YgPFC4w32XpmWyj9raofUa 5d2JtsgsEcna3pkAPKPat5jQ967n0VmaXxPRckpU0JBqyVhqGo9spQdN&new=1，2019-10-07.

慧城市较早的国家之一。在将近二十年的时间里，日本在建设智慧城市方面积累了较为丰富的经验。特别是在智慧城市的建设理念上，无论是政府规划设计、城市规划设计，还是具体项目的建设，"以人为本"和"生态优先"的理念已深入到智慧城市建设的各个阶段，智慧基础设施、智慧社区等智慧城市建设方面取得较好成绩，走在世界前列，并已进入高质量发展的道路。

2009 年，日本启动了"智慧日本（I-Japan）战略 2015"，旨在将数字信息技术推广应用到经济社会生产和生活的方方面面。其主要目标专注于政府电子治理、智慧医疗和健康信息服务、智慧教育和人才培养等三大公共事业。在 2010 年上海世博会上，日本展览馆以"连接"为主题，并使用最新的信息化技术，向世人展示了未来二十至三十年城市智慧生活的种种场景。在展会上亮相的"未来邮局"颠覆了传统邮局的运作模式，它利用互联网和物联网技术，使邮局不仅可以寄送包裹、信件等物品，而且可以实现人员和邮递商品的智慧交流。

（5）韩国智慧城市建设①

韩国 2004 年提出了"U-City"计划的初步设想，希望通过信息和通信技术提高城市的整体竞争力。该计划是一种全新的城市发展模式，可以将市民及其周围环境与信息和通信技术集成到所有城市元素中，以便公民可以在任何时间、任何地方，通过任何设备访问和应用城市元素。2009 年韩国政府正式通过了"U-City"计划，并将"U-City"建设纳入国家整体发展战略。目前，包括首尔、釜山和仁川在内的许多城市都参加了该计划。

韩国仁川在 2009 年宣布与美国思科公司合作，主要目的是通过植根于信息网络技术系统，全面改善和提升城市的管理和运行效率，努力将仁川建设成一个绿色、信息化、便捷高效的生态型智慧城市。仁川通过集成的公共资讯平台和无处不在的网络系统，城市居民不仅可以非常便捷地实现智慧教育、智慧医疗和智慧税务等事务，而且还可以实现智慧家居，智能控制房间的能耗等。将来，市民无需亲自去医院，医生可以通过智慧医疗设备网络系统，了解患者的体温、脉搏等身体状态，并通过视频会议系统完成问诊。

（6）新加坡智慧城市建设②

新加坡是全球智慧城市建设的典范，也是全球智慧城市建设的标杆国家。它建设智慧城市具有良好的基础，不仅拥有足够的人才，而且法律体系相对健全。新加坡一直是信息技术开发和应用的世界领导者，很早就提出"智慧国家 2025"计划，这是世界上第一个构建智慧国家的蓝图，有望使新加坡成为世界上首个智慧国家。

2006 年，新加坡启动了基于信息技术的"智慧国家 2015"计划，该计划旨在利用物联网等信息技术，将新加坡建设成一流的国际化大都市。在具体实施过程中，新加坡的这一计划取得了令人瞩目的成就。比如，在智慧交通建设方面，新加坡推出的智能交通系统（ITMS）使得道路、用户和政府交通系统之间能够进行实时、主动和稳定的相互信息传输和处理，从而为居民、旅行者和其他道路用户提供了实时快捷的交通信息，使其可以对交

① 丁梦月，岳圆. 韩国智慧城市体系建设概况（上篇）[EB/OL]. https：//mp. weixin. qq. com/s? src＝11&timest amp＝1588597797&ver＝2318&signature＝Mq-5qmRTodEAbfAE4gONIM8xfirLkKj5EwDB ＊ jWeap0KVFHjpPStCKubjgrG7vL9 c7mwotV＊nwCSB7wXtI291yilCILdGD3leOdLZWGitt9uM4gKVoBLB-Ks3SYO6xim&new＝1，2019-02-22.

② 杨剑勇. 新加坡：智慧城市典范 有望建成世界首个智慧国 [EB/OL]. https：//zhuanlan. zhihu. com/p/253856 54，2017-02-23.

通、行车路线、出行方式和出行大致时间做出较为准确的判断，提高出行效率。

2.2.2　国内智慧城市研究与发展情况

相关统计数据表明，我国95%的副省级以上城市和76%的地级城市明确提出或正在建设智慧城市，年投资约2000亿元，带动经济产值突破1万亿元[①]。智慧城市建设已成为推动城市经济社会发展的重要动力之一，无疑也是提高城市现代化和国际化水平的有效途径。

目前，在全球智慧城市建设浪潮和国家政策的鼓励引导下，我国一些城市也积极加入智慧城市的建设队伍中，纷纷制定了未来智慧城市的发展规划。在这些提出智慧城市建设的城市当中，有的提出促进智慧城市全面建设的方案，如"智慧深圳""智慧南京""智慧佛山"等；更多城市则是基于各自城市发展的战略需求，选择有重点的突破策略，如"数字南昌""健康重庆""生态沈阳"等，实现智慧城市建设与城市发展战略目标的有机统一。

（1）智慧城市示范工程

在北京市政府2019年的工作报告中，"智慧城市"成为高频词。实际上，北京的智慧城市建设已经经历了"数字北京""智慧北京"阶段，正迈向新型"智慧北京"阶段。2016年12月，《北京市"十三五"信息化发展规划》提出了城市发展目标[②]：到2020年，北京将成为互联网创新中心、大数据综合测试区和智慧城市建设示范区；全面建成光网城市，政府和企业用户的宽带接入能力达到千兆；公共交通完全实现全面准点预报；北京城市副中心成为高标准的智慧城市示范区。目前，新型"智慧北京"建设在信息基础设施和公共服务领域取得了突破性进展，并在诚信体系建设方面领先全国。北京作为首批建设新型智慧城市的实践城市，正在全面推进以数据驱动为中心的新型"智慧北京"建设，它将成为中国城市发展和升级的典范。

上海借助2010年世博会这一契机，率先将全球"智慧城市"建设过程中的最新网络和信息技术应用于世博园的能源、环境监测、安全管理、交通运营、酒店管理等各个方面，使世博园成为智慧城市的"样板工程"和重要实践项目。为进一步加快上海市智慧城市建设，上海市发布《关于进一步加快智慧城市建设的若干意见》[③]（以下简称《意见》）。《意见》提出，到2022年，将上海建设成为全球新型智慧城市的排头兵，国际数字经济网络的重要枢纽；引领全国智慧社会、智慧政府发展的先行者，智慧美好生活的创新城市。2020年，上海将进一步加快智慧城市建设，大力提升新一代信息基础设施能级，推进5G网络市域全覆盖，建成有线、无线双千兆宽带城市；完善"城市大脑"架构，基本建成贯穿数据全生命周期的大数据资源平台；加快物联网、大数据、人工智能、区块链

①　汲佩德. 对标对表加快建设智慧名城［EB/OL］. http：//www.chinajsb.cn/html/201906/28/4008.html，2019-06-28.

②　孙盼. "智慧北京"建设迎来新阶段［EB/OL］. https：//www.iyiou.com/intelligence/insight106743.html，2019-07-25.

③　上海发布《关于进一步加快智慧城市建设的若干意见》［EB/OL］. http：//www.szzg.gov.cn/2020/szzg/zcfb/20 2002/t20200212_ 5193879. htm，2020-02-12.

等信息技术推广应用，实施智慧城市场景开放计划①。

（2）智慧城市建设规划

"生态沈阳"：沈阳生态城市联合研究院成立于 2009 年 12 月，是沈阳市人民政府、IBM 公司和东北大学的联合建设的项目②。其研究内容包括生态城市和谐规划、城乡水污染监管、饮用水安全等重大课题，旨在为解决中国传统工业城市的转型问题开创新思路和新模式。希望通过发展生态城市和循环经济，最大限度地降低经济活动对自然环境的影响；通过产业化孵化研究，调整及优化升级产业结构、产品结构，发展高新技术产业；利用先进适用技术改造传统产业，增强产业发展潜能，提升企业自主创新能力。

"数字广东"：广东省希望建设"数字广东"③，建立全省基础传输网和宽带无线移动通信网，实现粤港澳网络一体化；发展现代信息服务业，建立网络民生，网络创新创业，网络公共服务在线化等三大项目，实施数字家庭普及计划。为此，广东省信息产业厅与IBM 于 2009 年 8 月签署了战略合作备忘录，探索智能医疗保健，人才培训，电子商务，物流和水资源管理等领域的合作；建设现代信息产业基地，建设国际电子商务中心，促进信息化与产业化的融合，建设便捷高效的信息网络系统。

"数字杭州"④：杭州城市大脑是杭州市为城市生活打造的数字化界面，2016 年起步建设。目前，城市大脑的覆盖范围包括公共交通、城市管理、卫生健康、文化旅游、基层治理等 11 个主要领域，涵盖 48 个应用场景，日均协同处理数据 1.2 亿条，并已在国内外20 多个城市落地。在杭州市城市大脑运营指挥中心，"城市大脑"思考和处理的问题已经从最初的交通拥堵，发展到城市治理和防疫等工作。尤其值得一提的是，杭州在 2020 年2 月 11 日上线的"健康码"，就是"城市大脑"的重要产品。"健康码"实施"绿码、红码、黄码"三色动态管理，绿码者凭码通行，红码、黄码者需按规定隔离并健康打卡，满足条件后转为绿码。"健康码"在全国陆续推广并互通互认。到 3 月中旬，全国绝大部分地区"健康码"已可实现"一码通行"。

"智慧南京"：南京于 2009 年提出了"智慧南京"的重大构想⑤，希望从交通系统、医疗系统、电力系统等三个方面建设智慧型政府。该构想拟通过设计智能交通管理系统，以疏导和缓解交通拥堵、提高交通安全性，并改善乘客体验；智能医疗主要解决电子医疗行业信息化发展中信息畅通的问题，以提高临床决策和医疗团队的整体效率；智慧电力则专注于安全、稳定、灵活地传输、分配电力，到智能电网的建设，再到具有灵活计费功能的智能计费仪表的安装配置，以实现城市电力系统的绿色发展。

① 上海将建设成为全球新型智慧城市排头兵 一文看懂我国智慧城市建设典型结构及市场规模 ［EB/OL］. http：//sa. sogou. com/sgsearch/sgs_ tc_ news. php？req＝gNWjMh9kjpEtYgjReTdUXaEPRYfx-c6xCnKVM85b8y6-b8sX68lO mzzdwhyJSLde&user_ type＝1，2020-02-10.

② 沈阳生态城市联合研究院 ［EB/OL］. https：//baike. sogou. com/v68442450. htm？fromTitle＝沈阳生态城市联合研究院，2017-03-08.

③ 数字广东 ［EB/OL］. https：//baike. sogou. com/v73853156. htm？fromTitle＝数字广东，2019-12-11.

④ 习近平视察数字杭州："从信息化到智能化再到智慧化"是智慧城市必由之路 ［EB/OL］. https：//tech. huan qiu. com/gallery/3xpQKpEfPfN，2020-04-01.

⑤ 南京构想"智慧城市"［EB/OL］. http：//kaoyan. eol. cn/fa_ zhan_ 8722/20091122/t20091122_ 423270. shtml，2009-11-22.

"智慧台湾"①：2008 年，我国台湾地区以"智慧台湾"作为发展政策主轴的重点，并专门制定了《i-236 智能生活技术应用计划》，主要目标是建设智能城镇（i-Smart Town）和智能经贸园区（i-Park），具体包括安全防灾、医疗照护、节能永续、智慧便捷、舒适便利以及农业休闲等六个主要领域，进行智能生活技术创新应用的服务示范，以提高产品和服务质量，并推动新兴产业的建设与发展。

第 3 节　研究内容与方法

3.1　研究内容

"智慧＊＊"是近年来学术界研究的热点问题，许多学者以智慧城市理念为核心展开学术研究。如今，我国已经有 290 个城市获得智慧城市相关的国家级试点城市荣誉称号。

智慧城市是以网络基础设施和信息平台建设为基础的城市发展模式，其建设涵盖了与人民生活密切相关的各方面内容，具体包括智慧政务、智慧交通、智慧教育、智慧养老、智慧商圈、智慧健康、智慧社区、智慧环保、智慧医疗、智慧旅游等。本书运用文献研究法及案例分析法，以我国在智慧城市建设处于较为领先地位的浙江、福建、重庆等部分省份及阿里巴巴集团的子公司——阿里健康股份公司等为研究对象，分别从智慧健康、智慧养老、智慧医疗、智慧教育、智慧交通、智慧旅游、智慧商圈、智慧社区等不同角度，分析考察其在发展智慧城市过程中存在的主要问题；并在借鉴国内外较为成功的智慧城市建设实践经验的基础上，结合我国的实际国情，对上述区域的智慧城市建设尝试提出较具针对性的对策建议，为加快推进我国其他省份的智慧城市建设提供借鉴价值；并最终为早日实现我国智慧城市建设，满足居民对美好生活的向往，贡献自己的智慧。

3.2　研究的方法

（1）文献研究法

通过百度学术、Google 学术、高校学术期刊网络资源及图书馆自建资源、电子书籍，收集查阅与智慧城市建设主题相关的文献资料，并进行分类分析梳理；通过整理和总结与本研究主题相关的成果，了解和掌握当前国内外关于智慧城市的理论和实践发展状况，为本研究提供坚实的理论基础与经验借鉴。

（2）案例分析法

为对智慧城市的可持续稳定发展提供理论和实践依据，本书有意识地选择了在智慧城市建设相关方面有典型意义的境内外代表性城市、阿里健康股份公司、福建省三明学院等为研究对象进行深入细致的剖析，以期找到其在智慧城市建设发展过程中存在的问题与可能存在的创新与特色之处，进而为我国智慧城市的建设与发展提供实践经验借鉴。

---

① 智慧台湾［EB/OL］. http：//www.docin.com/p-589674356.html，2013-01-24.

第2章　智慧健康产业链发展问题与对策研究

第1节　绪论

1.1　研究背景

"十三五"时期是我国全面建成小康社会的决胜阶段，也是推进健康中国建设的关键时期。《2009—2011年深化医药卫生体制改革实施方案》和"健康中国2020"的健康发展战略，将健康中国升至"国家战略"层面。互联网、大数据、云计算、物联网等为"智慧健康"创造了先进的技术发展平台。智慧健康产业是目前我国最具发展前景的新兴行业之一。

宏观层面上，国家通过制定政治、经济、科技等相关政策支持或推进智慧健康产业的发展（见表2.1）。政策层面的利好当然有助于健康产业的良好发展。然而，目前我国健康产业的年收益约为900亿美元，而美国已超过1万亿美元；发达国家的健康产业增加值占GDP比重超过15%，我国仅占GDP的4%~5%[①]，低于许多发展中国家。由此可见，我国健康产业市场发展潜力巨大，是未来推动我国经济社会持续发展的重要动力之一。

产业结构上，健康产业以健康产品制造业为支撑，核心是健康服务业，包括健康产品批发零售业、医药制造业、养老养生服务业、健康信息服务业、健康保险业、保健品业等产业。智慧健康集合互联网、大数据、云计算、物联网的应用个性化满足人们需求。伴随着人们对美好生活需求的提升、健康意识的增长以及我国人口老龄化程度的不断加深，国民对健康的需求呈现不断增长的趋势，同时对健康产品的多样化需求差异也日渐突出。因此，我国智慧健康产业的市场需求潜力巨大。

---

① 知乎．大健康产业发展前景［EB/OL］. https：//zhuanlan.zhihu.com/p/59741404，2019-03-19.

表 2.1　智慧健康相关政策

时间	部门	政策名称	主要内容
2015 年 5 月	国务院	《全国医疗卫生服务体系规划纲要（2015—2020）》	"健康中国云服务"计划，应用物联网、云计算、可穿戴设备等新技术，推动惠及全民的健康信息和智慧医疗服务，推动健康大数据应用；至 2020 年，实现全员人口信息、电子健康档案和电子病历三大数据库基本覆盖全国人口，并实现信息动态更新。
2015 年 7 月	国务院	《关于积极推进"互联网+"行动的指导意见》	要求大力发展以互联网为载体，线上线下互动的新兴消费，加快发展基于互联网的医疗、健康、养老等新兴服务。
2016 年 10 月	国务院	《"健康中国 2030"规划纲要》	到 2020 年，建立覆盖城乡居民的中国特色基本医疗卫生制度，基本形成内涵丰富、结构合理的健康产业体系，主要健康指标居于中高收入国家前列。到 2030 年，促进全民健康的制度体系更加完善，主要健康指标进入高收入国家行列。
2016 年 12 月	国务院	《中医药发展战略规划纲要（2016—2030 年）》	首次在国家层面编制发展规划，将中医药发展上升为国家战略。到 2020 年，人人基本享有中医药服务，中医药产业成为国民经济重要支柱；到 2030 年，中医药服务领域实现全覆盖，中医药健康服务能力显著增强，中医药治理能力现代化水平显著提升。
2017 年 5 月	卫健委	《关于推进互联网医疗服务发展的意见（征求意见稿）》	从互联网诊疗活动准入的要求、医疗机构执业规则、互联网诊疗活动监管以及相关法律责任明细 4 个方面提出了具体要求，互联网+医疗有法可依。
2018 年 4 月	国务院	《国务院办公厅关于促进"互联网+医疗健康"发展的意见》	促进互联网信息技术与医疗健康服务深度融合，创新医疗健康服务模式；加快推进健康中国建设，提升医疗健康服务与现代化管理水平。
2019 年 7 月	工信部、民政部、国家卫健委	《关于开展第三批智慧健康养老应用试点示范的通知》（工信厅联电子函〔2019〕133 号）	组织开展智慧健康养老应用试点示范工作，包括示范企业、示范街道、示范基地等。

资料来源：根据网络资料整理。

1.2 研究意义

1.2.1 理论意义

如今，我国人口老龄化加速，慢性疾病常见，人们对健康产品和健康服务的需求与日俱增，为中国健康产业的发展插上了腾飞的翅膀。互联网和智能技术的进步与普及，促进健康产业向智慧化方向发展，为人们提供更丰富、更广泛、更专业的健康产品与服务。因此，深入研究智慧健康这一话题是十分必要而且重要的。

一方面，本章主要基于公共产品理论、供给侧改革、产业链等理论展开研究，既丰富了本章的理论基础，又在理论和实践上不断拓展和完善理论的内涵，使之更具理论科学性、实践可行性、落实具体化等特征。作为产业经济学的重要组成部分，产业链的理论研究还未形成体系。开展智慧健康产业链研究，可以在一定程度上提高健康产业能力和完善健康产业体系，促进健康产业持续稳定发展，为产业链的研究提供实践案例，完善产业链的理论体系。

另一方面，智慧健康的理论研究侧重于服务系统研究、数据采集和信息平台建设、可穿戴医疗设备的应用管理、管理系统开发等，较少针对产业链研究。研究智慧健康的产业结构，可以更好地理解产业链的运行发展规律，满足产业发展的各项要素，从而高效引导健康产业转型升级，促进经济发展。同时，国内外学者研究智慧健康侧重于政府治理和顶层设计研究，很少以智慧健康企业为样本，研究在智慧健康链条中相关企业的作用和发展方向。本章基于产业链理论，并以阿里健康企业为研究对象探究智慧健康的建设，角度和内容较为新颖。与此同时，本章还将探究智慧健康产业发展的问题与对策，可在一定程度上完善和拓展对于智慧健康的理论研究成果。

1.2.2 现实意义

智慧健康是建设智慧城市的重要组成成分，也是传统健康医疗的现代化创新和改革，研究智慧健康产业具有重要的现实意义。

首先，处于新医改的攻坚期和深水区，既面临机遇，如健康产业的扩张、市场需求的增长、国家政策的支持、科技及人才的发展等，又出现许多问题和挑战，如健康产业资源总量不足、结构不合理、分布不均衡、供给主体相对单一、基层服务能力薄弱等。许多城市由于缺乏整体规划，存在重复建设、盲目建设、模仿建设等问题，研究智慧健康的产业链可以避免上述问题，同时有利于政府健康医疗治理模式的转变。

其次，智慧健康产业的发展是经济建设的一部分，同时也是一项民生工程。从价值链、供需链、企业链和空间链等维度规划智慧健康产业，整合人才、技术、需求、资源等各方面，既能指导智慧健康的产业持续高效发展，又能解决社会民生问题。传统医疗模式单一有限，缺乏灵活性和便利性，无法满足人民日益增长的健康生活需求。智慧健康具有精准化、个性化、广泛性地满足人们健康需求的优势。

最后，伴随技术水平的提高和健康消费理念的升级，传统企业尤其是医疗卫生企业弊端显露、优势渐失，亟待转型升级，而智慧企业也面临"信息孤岛"、医疗信息化人才匮乏、自主研发能力不足、缺乏市场导向等问题。通过智慧健康产业链的研究，帮助智慧健康型企业寻找产业转型升级的创新机遇和发展方向，给企业带来核心竞争优势。

1.3　国内外文献综述

1.3.1　国内文献综述

（1）产业链的研究

从 1993 年傅国华提出"农业产业链"[①] 的概念之后，国内便展开对产业链的研究，不断拓展研究领域，如水电业、畜业等行业产业链的研究。2000 年开始，国内学者从不同角度对产业链给出自己的定义。龚勤林（2004）从产业关联角度，定义产业链为包含一定地域范围，串联断续的产业部门的接通产业链和不断向上下游拓展的延伸产业链[②]；李心芹、李仕明、兰永（2004）等从供需角度，划分产业链为供应商趋于垄断的资源导向型、生产商趋于垄断的产品导向型、相互依赖的需求导向型、独立竞争的市场导向型四类[③]；罗晓梅、张铁男（2005）从价值增值角度，定义产业链为各个企业需在产业链定位形成整体战略，通过灰色关联分析使由资源到最终用户的战略环节稳定发展[④]；都晓岩、卢宁（2006）从产品角度，定义产业链是由原材料生产加工到最终产品消费者购买的过程，包含生产过程的主链条和辅助链条[⑤]；之后，对产业链的研究又涌现地域间分工合作要素整合的区域产业链[⑥]（陈朝隆等，2007）、基于循环经济理论的生态产业链[⑦]（赵涛等，2007）等新概念的研究。周新生（2006）认为，"产业链实质是技术经济关联链，具体是物理形态产品链，亦是技术链或业务链如信息链、物流链、销售链、研发链、风险链等[⑧]。"

2010 年后，对农业产业链的研究仍在继续，但理论研究更丰富和深入。张冬冬（2009）研究国外产业转型政策和建议[⑨]；郑明高（2010）研究产业融合发展经过技术创新、技术融合、产品与业务融合、市场融合等阶段，形成新的分工链条[⑩]；王广振、曹晋彰（2013）研究演艺产业链的构建，包含版权交易的演员经纪的要素平台、演出院线、作为分销渠道的电子票务网络系统三个环节[⑪]。产业链的研究不断深入各行各业，如王伟（2017）研究铜等资源型产业升级的演进状况[⑫]；秦天（2018）研究网络文学的产业链发展模式[⑬]等。如今，以产业链为关键词可以在中国知网查询到近 8 万条文献，其中博士论文 148 条，硕士论文 1467 条。

① 傅国华．运转农产品产业链 提高农业系统效益 [J]．中国农垦经济，1996（11）：24-25.

② 龚勤林．论产业链构建与城乡统筹发展 [J]．经济学家，2004（03）：121-123.

③ 李心芹，李仕明，兰永．产业链结构类型研究 [J]．电子科技大学学报，2004（04）：60-63.

④ 罗晓梅，张铁男．产业链分析及其战略环节的确定研究 [J]．工业技术经济，2005（06）：77-78.

⑤ 都晓岩，卢宁．论提高我国渔业经济效益的途径——一种产业链视角下的分析 [J]．中国海洋大学学报，2006（03）：10-14.

⑥ 陈朝隆，陈烈．区域产业链的理论基础、形成因素与动力机制 [J]．热带地理，2007（02）：126-131.

⑦ 赵涛，徐凤君，李敏．乌兰水泥集团与蒙西高新技术工业园区生态产业链网比较研究 [J]．科学管理研究，2007（04）：29-33.

⑧ 周新生．产业链与产业链打造 [J]．广东社会科学，2006（04）：30-36.

⑨ 张冬冬．国外资源型城市产业转型及其对我国的启示 [J]．资源与产业，2009（03）：8-12.

⑩ 郑明高．产业融合发展研究 [D]．北京交通大学，2010.

⑪ 王广振，曹晋彰．中国演艺产业发展反思与演艺产业链的构建 [J]．东岳论丛，2013（04）：5-12.

⑫ 王伟．资源型产业链的演进、治理与升级——以铜陵市铜产业链为例 [J]．经济地理，2017（03）：113-120.

⑬ 秦天．从产业链角度看我国网络文学出版的发展模式——以阅文集团为例 [J]．视听，2018（12）：240-241.

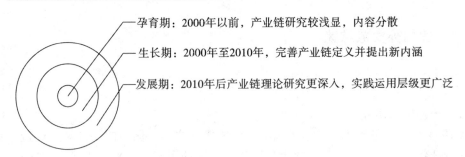

孕育期：2000年以前，产业链研究较浅显，内容分散

生长期：2000年至2010年，完善产业链定义并提出新内涵

发展期：2010年后产业链理论研究更深入，实践运用层级更广泛

图 2.1　产业链的研究阶段①

（2）智慧健康的研究

宁波市是建设智慧健康的先行城市，2011 年 7 月制定智慧健康保障试点项目方案。宁波的智慧城市建设在顶层设计时便聚焦应用、着眼民生，考虑以智慧健康为切入点②。

刘尚海、陈博（2015）认为，智慧健康是指将现代信息技术应用于医疗健康领域，促进医疗的信息互联、共享协作、诊断科学及公共卫生预防等，实现患者、医务人员、医疗机构、医疗设备之间的互动，主要包括智慧医院服务、区域医疗服务、家庭组织健康监护服务等③。

卢长伟、王飞、李景波（2017）提出，围绕不同等级医疗机构之间的医疗信息共享与医疗服务协同需求，构建医疗信息共享与交换平台，实现医疗服务协同，可以概括为"1+3+8"，即研究应用一系列关键技术、探索实践三种协同模式、建设示范工程④。

1.3.2　国外文献综述

（1）产业链的研究

利用中国知网、EBSCO、IEL、ABI 等资源网站以"industrial chain"为检索词，进行外文文献搜集，内容较少，主要是农业、电信业产业链的研究⑤（刘贵富，2006）；而与产业链相关的"supply chain""production chain""value chain""bloc chain"等词汇搜索的文献资料较丰富。国外学者从不同角度，较早创新性地丰富了产业链的研究内涵（见表 2.2）。

表 2.2　产业链的相关含义

时间	作者	书籍、文献	内容
1776 年	亚当·斯密⑥	《国富论》	分工合作企业内部资源利用的产品链
1920 年	马歇尔⑦	《经济学原理》	产业链在企业间分工协作

---

①　资料来源：根据相关资料总结。

②　陈荧. 智慧健康 宁波智慧城市建设的突破口 [J]. 宁波通讯，2014（19）：25-26.

③　刘尚海，陈博. 智慧健康生态系统及生态链研究 [J]. 中国科技论坛，2015（06）：41-45.

④　卢长伟，王飞，李景波. 基于区域协同医疗的检测技术需求分析与解决方案. 中国医院管理，2017，37（02）：51-53.

⑤　刘贵富. 产业链研究现状综合评述 [J]. 工业技术经济，2006（04）：8-11.

⑥　亚当·斯密. 国富论 [M]. 郭大力，王亚楠，译. 南京：译林出版社，2011：8-15.

⑦　Alfred Marshall. Principle of Economics [M]. London. Macmillan，1920：1870-1890.

续表

时间	作者	书籍、文献	内容
1958 年	赫尔希①	《经济发展战略》	产业前向、后向联系
1985 年	迈克尔·波特②	《竞争优势》	价值链
1989 年	史蒂文斯③	《产品链基本原理研究》	产品链、信息链、功能链

21 世纪以后，研究学者开始针对产业链的内涵意义深入研究。价值链方面，主要倾向价值链的治理模式与价值链升级增值两方面研究。治理模式上，亨弗利（Humphrey，2001）将价值链划分为网络结构、准层级结构、层级结构④，杰瑞菲（Gereffi，2003）将价值链划分为市场型、模块型、关系型、领导型、层级型⑤；升级增值上，亨弗利和舒密兹（Schmitz，2002）提出链条、产品、功能、工艺流程四种升级方式⑥。供应链方面，韦（Wei）⑦、斯塔伯德（Starbird）⑧等人研究链条企业的合作与竞争关系对产品质量的影响；波尔森（Paulsson，2004）研究供应链上存在的风险⑨；细田（Hosoda，2008）研究信息时代知识经济背景链条企业信息共享的意愿⑩。

（2）智慧健康的研究

理论研究上，随着智能系统在医药保健领域的广泛使用，提尔伯（Tilbury，2000）提出"智能医疗"的概念⑪。卡罗尔（Carroll，2007）提出利用智能设备构建个人远程医疗系统⑫。2008 年 IBM 提出了利用物联网技术实现医疗信息互联、临床创新、诊断科学和公共卫生预防等的"智慧医疗"。2011 年梅纳德·沃尔森（Maynard Volson）博士发布

---

① Hirschman, A. O. The Strategy of Economic Development [M]. New Haven: Yale University Press. 1958: 65.

② Michael E Porter. Location Competition and Economic Development: Local Clusters in a Global Economy [J]. Economic Development Quarterly, 2000（14）: 15~35.

③ Stevens, Graham. Integrating the Supply Chain [J]. International Journal of Physical Distribution and Material Management, 1989（08）.3-8.

④ Humphrey J, Schmit z H. Governance in Clobal Value Chains [J]. IDS Ullein, 2001, 32（03）: 19-29.

⑤ Gereffi G, Humphrey J, Sturgeon T. The Governance of Global Value Chains [J]. Review of Intemational Political Economy, 2003, L1（04）: 5~11.

⑥ Humphrey J, Schmitz H. How does Insertion in Global Value Chain Affect Upgrading in Industrial Clusters [J]. Region Study, 2002（36）: 77.

⑦ D Wei. Producer-Supplier Contracts with Incomplete Information [J]. Management Science, 2001. 47（05）: 709~715.

⑧ Starbird S Penalties. Rewards and Inspection: Provisions for Quality in Supply Chain Contracts [J]. Journal of the Operational Research Society, 2001, 52（02）: 109-115.

⑨ Paulsson U. Supply Chain Risk Management Brindley C. Supply Chain Risk [C]. Ashgate Publishing Limited, 2004, 79-96.

⑩ Hosoda T, Naim M M, Disney S M, et. al. Is There a Benefit to Sharing Market Sales Information? Linking Theory and Practice [J]. Computers & Industrial Engineering, 2008, 54（02）: 315-326.

⑪ Tilbury, Vaneetvelt, Garibaldi, et. al. Receiver Operating Characteristic Analysis for Intelligent Medical Systems -a New Approach for Finding Confidence Intervals [J]. Biomedical Engineering. IEEE Transactions on, 2000, 47（07）: 952-963.

⑫ Carroll R, Cnossen R, Schnell M, et. al. Continua: an intemperable personal healthcare ecosystem [J]. IEEE Pervasive Comput, 2007, 6（04）: 90-94.

《走向精准医学》，提出精准医学理念。2014 年索萨·桑托斯（Souza Santos）[1] 提出通过传感器对医疗健康状况进行网络实时监测，提高医疗服务效率。创新思维和新技术研发为智慧健康产业带来新的发展方向。

针对智慧健康建设，国外相关研究认为应该对公共资源和服务进行智能化检测、分析、反馈、公开，让企业与个人都能知情并参与其中，其理论研究和实践应用都更加超前。美国迪比克是世界第一个智慧城市，2009 年与 IBM 合作智能化社会治理[2]。新加坡于 2006 年推出《智慧国家 2015 计划》，旨在建设电子政务平台和全方位无线网络。日本 2009 年推出"I-Japan 战略 2015"，致力完善政府治理、人才教育和医疗健康信息服务，按照政府战略规划提出"环境未来都市""信息技术智慧城市"等构想，落实在基础设施和生活服务上具体化的过程[3]。

1.3.3 文献评述

从文献资料看，目前智慧健康的研究处于初步阶段，研究未成体系。从研究内容上看，智慧健康主要倾向研究战略意义、服务系统研究、数据采集和信息平台建设、可穿戴医疗设备的应用、公共卫生管理等方面。许多学者在进行智慧健康研究时，借鉴发达国家的理论概念的同时却忽略我国具体国情，包括健康卫生政策、公民健康消费观念、医疗技术支持水平等，导致智慧健康缺乏实用性和可行性。从研究对象看，国内缺乏针对特定研究对象的研究，主要选择杭州、佛山、厦门等发展成熟的城市，对二三线城市以及企业的研究较少。

因此，今后研究应注意：一是研究角度的全面多样性。研究智慧健康既有理论内涵和技术路径研究，也要有风险控制、效果评价、追踪反馈等研究。二是研究结果的本土可行性。学习国外先进经验知识并加以中国化，最终结果需要符合我国国情并具有指导意义。三是研究对象的具体性。可针对国内外智慧健康城市成功或失败的经验教训、也可结合小镇、企业等实践案例进行研究。

1.4 研究内容和框架

第一节，绪论。主要说明本书研究背景、研究的理论意义与现实意义、文献综述、研究内容和研究结构。

第二节，通过文献研究法，对国内外学者关于智慧健康、产业链以及大健康产业的概念、内涵、特征进行概述，并总结阐述新公共管理、供给侧改革、产业链理论的理论内涵。

第三节，通过收集数据信息，利用 PEST 宏观分析法研究我国智慧健康产业现状，并通过 SWOT 分析总结智慧健康产业发展的情况及战略方向。

第四节，从宏观、微观两个层面，研究我国智慧健康产业链存在的问题，总结阐述影

---

① Martins A F, Santos D F S, Perkusich A, et al. ［IEEE 2014 IEEE 11th Consumer Communications and Networking Conference（CCNC）-Las Vegas, NV（2014.1.10-2014.1.13）］2014 IEEE 11th Consumer Communications and Networking Conference（CCNC）- UPnP and IEEE 11073：Integrating personal health devices in home networks ［C］//Consumer Communications & Networking Conference. IEEE, 2014：1-6.

② 严涛. 国外智慧城市启示录 ［J］. 城市住宅, 2014（07）：10-14.

③ 郭靓. 国际智慧城市发展趋势与启示 ［J］ 中国经贸导刊, 2018（04）：130-137.

响产业链发展的重要因素。

第五节，以阿里健康为例，通过搜集相关文献资料，分析研究阿里健康产业现状，分析阿里健康产业的优、劣势，探讨其智慧健康产业链上存在的问题和影响因素。

第六节，结合智慧健康的发展现状以及案例研究，对智慧健康产业建设中存在的问题，提出推动完善产业链构建的对策以及智慧健康产业链核心企业在建设中应注意的具体问题。

第七节，提出供给侧改革是健康产业的发展方向，总结本章主要的研究观点、阐述研究的局限性，并展望智慧健康产业发展蓝图和未来的研究方向。

1.5　研究目的及方法

1.5.1　研究目的

本章研究智慧健康和健康产业，希望实现以下目标。

第一，了解智慧健康背景下，我国智慧健康产业的发展现状、特点，找出智慧健康产业发展的战略方向。

第二，通过对健康产业链的核心企业——阿里健康的案例分析，研究阿里健康产业链，分析影响其发展的重要决定因素，找出其创新优势和薄弱环节。

第三，基于产业链理论、智慧健康产业发展的要素以及构建智慧健康产业链的重要影响因素，提出智慧健康产业发展相应的对策建议。

1.5.2　研究方法

（1）文献研究法

利用高校资源（网络及图书馆资源）、电子书籍对智慧健康和产业链的相关文献资料进行查阅、收集、分析、整理和总结，了解国内外学者对智慧健康的观点，基于产业链的角度深入思考，进行理论研究和实践应用。

（2）案例分析法

通过介绍阿里健康各项业务组合形成的产业链闭环，分析其实际效果，为智慧健康产业的持续稳定发展提供理论依据和实践经验借鉴。

第 2 节　相关概念及理论基础

2.1　相关概念界定

2.1.1　智慧健康产业

智慧健康学科涵盖内容广泛，搜索智慧健康，大多出现数字卫生、智能医疗、智慧医疗等相关概念。可以从三个方面区分以上概念：从时间上看，智慧健康是由数字卫生、智能医疗发展而来的；从范围上看，智慧健康的内容更丰富、范围更广；从要素上看，智慧健康的技术经济要求更高。分析各方观点，关于智慧健康的定义可以总结为：为消费者提供多元化、个性化的健康管理方案和服务，利用互联网、大数据、物联网、人工智能等先进技术整合行业资源，包含健康云、健康设备、健康器械、医药制造、健康服务等模块。

智慧健康产业是关系民生福祉的庞大工程，包括医疗服务、医疗器械、医药保健产品、健康咨询等与健康相关的生产和服务领域。如何定义智慧健康产业呢？谢月娣（2014）认为，智慧健康产业包括云、管、端三个方面①：云是健康档案数据中心，"健康云"储存所有健康信息数据，可实时获取软件，分析比较健康指标参数和智慧化的医疗方案；管是采集数据信息的通讯信道，利于传递"健康云"、医院、社区间的信息；端是公众在医院量血压、体温等数据，同步传输至"健康云"。

本章认为，智慧健康产业是致力于满足健康需求，利用互联网、人工智能等先进技术创造经济效益，集健康云、智慧化的健康诊断与疾病防治、生物医药、医疗器械、健康服务等产业于一体的产业群。简而言之，智慧健康产业是大健康产业智慧化的重要组成部分。目前，大健康产业处于初步发展阶段，建设智慧化程度不高。因此，智慧健康是大健康产业的重要发展方向。

2.1.2　大健康产业

大健康产业是极具市场潜力的新兴产业，是与人们的健康密切相关的生产和服务领域。大健康产业以智慧健康理念为战略发展方向，为消费者提供个性化健康产品和服务（产业细分见图2.2）。以腾讯、百度、阿里为代表的互联网企业通过互联网、人工智能等技术融合大健康产业，打造新兴产业领域。

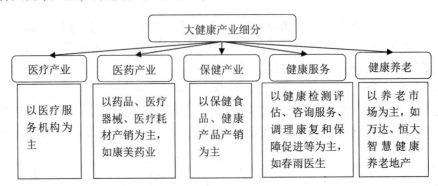

图2.2　大健康产业细分图②

2.1.3　精准医疗

精准医疗是大健康产业最具活力的细分产业。詹启敏（2017）认为精准医疗、个人基因测序会给健康产业带来巨大变革，是未来大健康产业发展的重要方向③。国家政策大

---

① 吴剑.智慧城市的宁波理念——访宁波市智慧办主任谢月娣［J］.宁波通讯，2014（19）：20-21.

② 资料来源：前瞻产业研究院.2018年大健康行业细分市场规模与发展前景分析［EB/OL］.https：//www.qianzhan.com/analyst/detail/220/190422-22e9c56a.html，2019-04-23.

③ 詹启敏.精准医学，我的"命运"我做主？［J］.晚霞，2017（07）：4-7.

力支持，如 2015 年科技部规划在 2030 年前将在精准医学领域投入 600 亿元①。精准医疗的实质与国家中医药管理局提出"治未病"原则、新医改倡导"预防为主"理念如出一辙，将医疗模式从粗放型转为集约型，从低效能转为高效益。精准医疗包含精准检测、精准调理、精准诊断和精准治疗等模块，包括基因测序、细胞免疫治疗、基因编辑三个层次。

2.2　理论基础

2.2.1　新公共管理理论

20 世纪 80 年代，在部分西方国家政府管理严重危机下产生了新公共管理理论，表现在政府职能的转变，核心是以公众需求为导向提供优质公共产品和服务。区别于传统行政管理，新公共管理理论包括以下四点特征。

一是顾客导向。政府治理模式由职能型政府转向服务型政府，政府实施公众被动接受转向公众参与选择优化公共产品和服务。在政府与公众间建立沟通反馈机制，了解公众需求和满意度，以公众的实际需求为政策导向提高产品质量和服务效率。

二是简政放权。明确各部门的职责和权力，合理授权和权力下放。习近平总书记在中央城市工作会议上的讲话提到，城市政府应该从"划桨人"转变为"掌舵人"，实质就是进行参与式管理，将公共管理融入社区、协会和群众组织等基层组织和企业，政府进行规划指导和监督管理。

三是结合企业管理经验，引入竞争机制。打破政府对公共管理产业的垄断，以政府为企业、公众为消费者并鼓励企业参与公共服务竞争，优化资源配置，提高公共管理效率，以更低的成本为公众提供更好的服务。

四是重视效率，以结果为导向。政府管理过程中明确绩效管理和问责机制，注重公共服务过程的投入产出比，不盲目投入；重视绩效考评，严格控制阶段目标的完成；建立问责制度，提高政府执行力和公信力。

2.2.2　供给侧改革理论

19 世纪初，法国著名经济学家萨伊提出萨伊定律——供给自动创造需求，给产品创造需求的理论②。政府过度干预会导致供给不足，可能造成经济停滞或减速而物价上涨的畸形现象。因此，他反对政府过度干预经济，倡导自由经济政策，认为当施行放任自由或不干预的经济政策时，市场会平衡供需自动出清，即使短时间供需不平衡，市场也会在自由竞争的影响下调节价格使供需平衡。

我国政府在经济进入新常态时提出供给侧改革，通过深化改革"三去一降一补"提高供给质量，最终满足各方需求。以下是实现供给侧改革的三条路径。

一是产业转型，由粗放型经济转向集约型经济。注重产品创新，生产高质量、高品牌价值且满足消费者偏好的新产品；注重现代技术的应用，实现生产过程机械化、科技化、

---

① 2030 年前将向精准医疗领域投入 600 亿 百家精准医疗医院将在全国布局 ［EB/OL］. http：//finance. sina. com. cn/roll/2016-08-01/doc-ifxunyya2985998. shtml，2016-08-01.

② 叶德磊. 萨伊定律新探 ［J］. 南开经济研究，1988（06）：58-62.

信息化、智能化，提高产品附加值或者规模化生产；注重基础设施建设，鼓励社会资本参与公共产品与服务的提供。

二是创新发展，由要素驱动型转向创新驱动型经济。在生产过程、管理方式、经营模式上创新发展，实现合理配置资源和低成本高效益产出；大力投入技术研发并合理市场化，实施创新驱动战略；调整产业结构和发展方向，化解过剩产能，创新发展渠道。

三是制度改革，多种所有制混合发展。与新公共管理理论简政放权、不断开放市场的要求相似，建立合理有效的市场调节机制；积极鼓励和支持民营经济，激发市场活力；防范金融风险，改善金融监管和分配制度。

同时，进行供给侧改革的过程中，要注意关注重点领域，鼓励和引导相关主体做出应对措施，同时建立合理的动态衡量标准。

2.2.3 产业链理论

郑学益（2000）指出，"产业链是以市场前景好、科技含量高、产品关联度强的优势企业为链核，通过链核以产品、技术和资本为纽带前后连接延伸形成链条，最终企业优势转成区域或产业整体优势，形成产业核心竞争力[1]。"智慧健康产业链是多产业链交错融合的"产业网"链，需参与主体加入产生协同效应以完善产业链构建，包括政府组织监管者、健康消费者、健康资源供应商、平台企业协作者（见表2.3）。

表 2.3　智慧健康产业主体参与者

名称	主体	例子
政府组织监管者	各级卫生、信息管理部门	药品监管局
健康消费者	患者、健康的预防者	感冒患者
健康资源供应商	各级医院、检验中心、药品设备制造商、营销商	华润三九医药企业
平台企业协作者	云服务平台、软件开发商、系统集成商、运营商	天猫医药馆

资料来源：根据网络资料研究整理。

产业链的形成动因是由社会分工程度加深，促使市场交易程度发展，再提升产业链的发展程度，三者动态循环发展。产业链的作用机制主要体现产业层次、关联程度、资源加工深度和满足需求程度。

随着技术进步和经济全球化，研究产业链有助于产业的长足发展，增强国际竞争力。刘贵富（2006）总结产业链的特点最为全面和准确[2]，其主要从产业链的内生动力性、市场导向性和政策诱导性三方面进行研究。内生动力性是根据产业链的生命周期理论，在不受外力尤其是政府干预的情况下，产业会随着时间推移和环境发生变化，包括规模化发展，形成细分产业、产业链，延伸及重构产业链等；市场导向性指的是产业会根据市场需求的变化而变化，因此要求产业链的各节点企业灵活应对；我国产业链的形成大多是政府主导的，政策诱导对产业链的发展具有十分重要的作用。

---

① 郑学益. 构筑产业链形成核心竞争力 [J]. 福建改革, 2000 (08)：14-15.
② 刘贵富. 产业链研究现状综合评述 [J]. 工业技术经济, 2006 (04)：8-11.

第 3 节　智慧健康产业现状分析

3.1　智慧健康产业的 PEST 分析

我国健康产业发展起步较晚，整体规模相比发达国家较小，基础设施建设并不完善（见表 2.4）。部分健康产业面临成本高、规模小未形成规模效应、缺乏竞争力等问题。

表 2.4　健康产业发展趋势

时间（年份）	2012	2016	2018
产值（万亿元）	4.2	5.6	7.3
GDP 比重（%）	7.72	9.8	8.9
新增从业人数（万人）	7266.6	12124.2	—
卫生人员（万人）	911.6	1117.3	1117.5
医疗卫生机构（万家）	95	98.3	98.7
每千口人医生数	2.5	2.7	2.6
每千口人病床数	2.2	2.5	2.4

数据来源：《中国大健康产业发展报告（2018）》[①] 和《中国统计年鉴（2018）》[②] 整理。

从上表可以看出，2012—2018 年期间，健康产业产值持续增长，产业链逐渐完善，健康产业从业人员稳步增加。但是，医疗卫生机构、专业健康人员与医疗设备增加并不明显，由此导致我国健康产业供需不匹配的矛盾，居民健康需求，尤其是居住在偏远地区的低收入群体仍得不到有效满足。因此，要在供给侧进行结构性改革，促进产业升级和结构优化势在必行。伴随着互联网平台建设，智慧健康产业结构不断调整，对健康产业市场进行消费细分和产业升级，有望改变健康产业现状。马云曾预言，下一个超越他的人一定出现在健康产业里，可见进行智慧健康产业的发展是极具发展前景的。

3.1.1　政策环境

我国统计改革将对国民经济行业分类重新组合，开展文化产业、战略新兴产业、健康产业等派生产业增加值核算。这有助于健康产业的经济核算和战略研究。国家和地方各级政府出台许多政策及文件，支持和推动健康产业发展（见表 2.1）。

整体上，"健康中国 2020"提出健康中国战略概念，目的是推动医学科技进步、促进健康产业发展，贯彻落实全民建设小康社会，以健康促小康，以小康保健康；"健康中国 2030"战略对建立健全健康能力和健康体系提出了更高的要求。

① 张车伟.中国大健康产业发展报（2018）[M].社会科学文献出版社.2018：1-16.
② 国家统计局.中国统计年鉴[EB/OL].http://www.stats.gov.cn/tjsj/ndsj/2019/indexch.html.

细分上，以完善分级诊疗体系为例。2015 年 9 月《关于推进分级诊疗制度建设的指导意见》提出：2017 年逐渐完善分级诊疗体系，2020 年基本建立符合国情的分级诊疗制度。对比梁杰（2017）等人提出的分级诊疗的正金字塔模型[1]，我国基层的健康产业发展动力不足，二三级医院扩张明显，服务比例失衡，主要是因为基层机构的设施与专业人才有限，而且大众认可度和信任度较低。

近年来，我国不断改善智慧健康的政策环境以不断推进智慧健康的建设，但仍存在下列问题：一是不够系统化，各区域各自为政，难以形成区域协同联动效应；二是不够具体可行，部分地区只是提出概念并未规划具体的措施和标准，难以落实建设；三是不够全面，部分地区为"赶时髦"并未实行风险评估、标准控制、反馈机制，匆忙着手建设。因此，政策制定的系统化、具体化、全面化是亟待解决的问题。

3.1.2　经济环境

我国经济发展进入新常态，经济由高速增长转为中高速增长。2018 年民间投资中健康产业占比 6%，健康产业进口医药品 138712 吨，共计 1815 亿元，出口医药品 1012529 吨，共计 1021.12 亿元；进口医疗仪器及机械 656.3 亿元，出口医疗仪器及机械 681.3 亿元。另据《中国统计年鉴》[2]，2019 年我国国内生产总值 90.0865 万亿元，比上年增长 6.1%；居民人均可支配收入 30733 元，增长 5.8%；居民人均消费支出 21559 元，增长 5.5%。2019 年我国人均医疗保健消费支出 1902 元，增长 12.9%，占人均消费支出的比重为 8.8%[3]。从上述数据可以看出，我国人均医疗保健消费支出增速不仅远高于居民人均可支配收入，而且也远高于居民人均消费支出。这说明，随着我国经济的中高速增长和人民收入水平的不断提高，居民对健康产业的需求将呈加速上升态势，我国人均医疗保健消费支出也将不断提高。

经济的增长为健康产业投融资提供经济支撑；城乡居民的收入增长为居民健康消费提供物质保障，促进健康产业发展（见表 2.5）。整体上看，健康产业发展迅速，产业规模不断扩大；但健康产品和服务缺乏竞争优势，出口的健康产品技术含量低、技术水平落后，药品多以保健品形式出口。具体来说，以医药为例，医药行业营业收入增速下滑，利润规模增速小幅提高，降速主要是由于药品招标降价；升利是由于原料端的价格下调，盈利能力与发展趋势有所改善；但药品的价格虚高问题仍然存在。

表 2.5　大健康产业细分及规模图　　　　　　　　单位：亿元

年份	医疗产业	医药产业	保健品产业	健康服务	健康养老	合计
2013	3913	20593	1579	896	10382	37363
2014	4432	23326	2055	1075	14100	44988
2015	4850	25842	2361	1290	16442	50785

①　梁杰，许欣颖，李峰. 我国分级诊疗制度实施现状分析［J］. 医学与社会，2017（11）：22-25.
②　国家统计局. 中国统计年鉴［EB/OL］. http://www.stats.gov.cn/tjsj/ndsj/2019/indexch.html.
③　中国网财经. 2019 年全国居民人均可支配收入超 3 万元［EB/OL］. http://finance.china.com.cn/news/20200117/5176233.shtml，2020-01-17.

年份	医疗产业	医药产业	保健品产业	健康服务	健康养老	合计
2016	5322	28062	2644	1520	18525	56073
2017	5901	30966	2954	1575	20372	61768
2018	6865	33775	3356	1764	23175	68935

数据来源：前瞻产业研究院 . 2018 年大健康行业细分市场规模与发展前景分析 ［EB/OL］. https：// www. qianzhan. com/analyst/detail/220/190422-22e9c56a. html，2019-04-23.

3.1.3　社会环境

习近平总书记在《中共中央关于制定国民经济和社会发展第十三个五年规划的建议》中提到："中国人口老龄化态势明显，60 岁以上人口占总人口比重已超 15%，老龄人口比重高于世界平均水平[①]。"低生育率间接导致老龄化加剧，人口红利逐渐消失，给我国医疗健康保障提出新的挑战。慢性疾病患病率是反映居民健康状况、疾病负担和卫生服务需求的重要指标。调查显示，中国慢性病患者已超过 2.6 亿，占总人口 20% 以上，主要患恶性肿瘤、脑血管病、心脏病。慢性病致死占总死亡人数的 85%[②]。人口老龄化严重、慢性病增长，对健康产品和服务的需求提高，人均医疗保健支出也不断提高（见表 2.6）。

表 2.6　全国居民人均医疗保健支出情况

年份	2013	2014	2015	2016	2017	2018	2019
金额（元）	912	1045	1165	1307	1451	1685	1902

数据来源：《中国统计年鉴》。

2019 年 2 月，第一财经商业数据中心发布《2019 中国家庭医疗健康消费趋势报告》[③]。报告显示，具备颈椎护理功能的理疗仪、治疗类家庭医疗健康产品包括制氧机、雾化器及呼吸机等大受欢迎，可知人们健康监测和护理保健更加频繁，健康意识逐渐增强；线上主流产品包括检测水、脂、基础代谢等的智能体重秤和血压/心电图测量、房颤侦测、睡眠监测等的智能手环深受年轻人喜爱，可知健康需求尤其是护理保健，逐渐向年轻群体渗透，同时对健康的产品和服务需求更加差异化、个性化。

从健康产业数据可以大致反映以下问题：第一，人口老龄化程度越来越高，各种慢性病，重大疾病患病率也提高，因此健康产品与服务的需求正在提高；第二，人们预防疾病意识逐步增强，会预先进行健康消费；第三，经济增长的同时，健康产业的产值也不断提高，是 GDP 的一大增长点。同时，健康消费具有以下特点：（1）主动化、前瞻化，人们主动进行亚健康、慢性病管理，生活方式向健康转变；（2）理性化、专业化，选择专业的机构购买专业的健康产品；（3）个性化、定制化，根据不同年龄和偏好，定制所需产品，为健康产品和服务创新赋能。

---

① 林巧婷 . 关于《中共中央关于制定国民经济和社会发展第十三个五年规划的建议》的说明 ［EB/OL］. http：//www. gov. cn/xinwen/2015-11/03/content_ 2959560. html，2015-11-03.
② 戴秀英 . 尽快遏制中国慢性病高发呈"井喷"态势 ［J］. 前进论坛，2015（04）：53. .
③ 中文互联网数据研究资讯中心 . CNBData：2019 中国家庭医疗健康消费趋势报告 ［EB/OL］. http：// www. 199it. com/archives/839139. html，2019-03-01.

3.1.4　技术环境

人工智能、云计算、大数据、数字医疗、可穿戴设备等技术是智慧健康的核心技术来源，未来将可能改变行业游戏规则。

人工智能的"Gartner 曲线"三起三落已有发展，基本方法和发展方向明晰，但由于健康数据积累仍需完善，因此离人工智能化有一段距离。2017 年 7 月，国务院发布《新一代人工智能发展规划》，提出发展便捷高效的智能服务，围绕教育、医疗、养老等需求，加快人工智能创新应用①。智慧健康领域，人工智能技术主要应用于应用医学影像、虚拟助手、病历和文献分析、健康生活管理等方面。

对于云计算和大数据，邬贺铨院士说："大数据价值堪比石油，首要应用的是智慧医疗；大数据是新财富，是新型生产资料②。"健康数据按种类可分为临床医疗数据、高通量组学数据、健康信息；按来源和用途可分为医院医疗、区域卫生等六大类。健康数据具有多样性、规模化、价值性、动态性等特点。健康大数据已然到来，有效管理和充分挖掘利用健康大数据已成为业内专家普遍关注的热点。

国务院《中国制造 2025 战略》提出，重点发展影像、医用机器人等高性能诊疗设备，可穿戴、远程诊疗等移动医疗产品③。2015 年 5 月，卫计委公布了首批 95 个优秀国产医疗设备名单。过去利用医用设备对一些生理指标进行监测并收集数据，如今通过传感器和移动终端进行长期监测数据建立疾病预警模型，而未来可通过可穿戴设备，更加智能化、精准化、个性化地进行疾病预防和健康服务。

科学技术无疑是健康产业核心竞争力来源之一，加快技术创新和开发利用是智慧健康产业链完善和升级的重要因素。

3.2　SWOT 分析

根据 3.1 部分对智慧健康产业的 PEST 分析，利用 SWOT 分析法，深入分析、直观简要总结智慧健康具有的优劣势、机遇以及挑战，找出产业发展应利用的有利因素和应规避的不利条件。

3.2.1　优势（Strengths）

（1）需求旺盛

市场需求是产业发展的前提。智慧健康市场需求旺盛有三个原因：经济发展与人们收入水平的提高，提高了健康的消费支出水平；人口老龄化、慢性疾病、环境污染影响人体体质和生理健康，导致市场健康需求上升；老百姓健康意识的提升，对健康的重视愈加具有前瞻性、差异化、专业化和低龄化。

---

① 国务院 . 新一代人工智能发展规划［EB/OL］. http：//www. gov. cn/zhengce/content/2017－07/20/content_5211996. htm，2017－07－20.

② 邬贺铨 . 大数据时代的机遇与挑战［J］. 中国经贸，2013（06）：16-19.

③ 新浪财经 . 中国制造 2025 文件印发：实现制造业强国战略（全文）［EB/OL］. http：//finance. sina. com. cn/china/20150519/112322214243. shtml，2015－05－19.

（2）战略地位

《中国共产党第十八届中央委员会第五次全体会议公报》将健康中国升至"国家战略"层面，引发政府、企业对智慧健康产业的高度关注。各地方政府重视智慧健康在城市治理与建设中的作用，鼓励与推进健康产业数字化、智能化、智慧化，企业也积极响应进行转型升级和创新发展。

（3）中小型民营企业的创新发展

互联网技术的进步促使一大批创新型智慧健康企业出现，涌现出多个"互联网+生命健康"平台，提供更加差异化、便民的产品和服务，如"春雨医生""宜华健康""京东方"等，促进智慧健康产业的扩张和创新发展。

（4）产业后发优势

智慧健康产业发展的后发优势主要是：发展潜力大，是新一轮发展的经济增长点；可借鉴发达国家建设智慧健康产业的成功经验与失败教训；新型企业发展规模较小，灵活性较强，易转型发展。

3.2.2　劣势（Weaknesses）

（1）产业细分不完善

智慧健康产业整体发展水平较低，产业细分不完善，大多数企业规模较小且分散无序，这在一定程度上导致社会监管困难，同时又难以产生规模效应；智慧健康产业结构趋同，在区域资源配置不合理情况下，易导致过度竞争。

（2）缺乏人才

我国劳动力质量普遍不高，技能水平偏低，缺少专业技能培训，专业领域人才严重不足。单就医疗领域就面临医生资源的巨大缺口，基层、社区的医疗队伍资源短缺更严重，而智慧健康对信息技术和医疗专业技能人才的需求迫切。

（3）产业配套能力弱

配套产业发展不完善主要体现在：传统企业配套较为完善，但知识与技术的落后使其面临转型升级的困难；基础设施建设不完善，智慧健康数字化程度低；中小型企业融资困难、缺乏人才，政府扶持智慧健康型企业发展效果欠佳。

（4）区域发展不协调，集群效应低

目前，只有部分智慧城市建设了成熟的区域智慧健康社区，其他城市尚未建设或止步于规划期。各城市的发展现状差别较大，而且政策规划并不协调、集群效应低，未形成动态稳定且科学高效的产业链，经济效益尚不明显。

（5）技术研发与成果转化不够

我国重视智慧健康的技术研发，但是从各方主体上看，政府部门缺乏支持和引导，体制改革落后于科技发展的需要；科研人员缺乏市场意识和成果转化意识，科研机构缺乏成熟的市场运作专业团队和组织对接；技术研发和市场化门槛高，企业面临较大风险。

3.2.3　机遇（Opportunities）

（1）利好政策

政策往往是市场变化的风向标。自十三五以来，国家制定一系列政策推动医疗健康产业的发展，给智慧健康产业创造发展的机会，给中小型智慧健康创新企业降低门槛创造发展条件。医疗卫生行业是国家信息化发展的重点，智慧健康产业正处于风口。

（2）产业结构调整

我国正处于产业结构调整的关键期，传统医疗健康产业的弊端显现，急需转型升级。智慧健康产业的发展遵循协调、绿色、开放、共享的理念，是健康产业从要素依赖型转向技术创新型的重要机遇，是结构调整的新引擎。

（3）健康意识、消费理念的升级

健康意识与消费理念的升级体现在：一是重视疾病，过去人们由于经济落后抱有"小病不治，大病难医"的态度；二是预防疾病，如今人们了解并善于健康保健，以"治未病"理念防范健康风险；三是健康知识的普及和专业医疗产品设备专业化程度不断提高。

（4）深耕基层医疗市场

完善基层健康分级诊疗制度，实现"大病不出县"；推进健康市场向下延伸，如结合"一带一路"发展的基层卫生医疗"健康医路行"项目。基层医疗与健康市场的开发既拓展了智慧健康的发展范围，又刺激了远程诊疗等技术的迫切需求。

3.2.4 威胁（Threats）

（1）竞争与监管机制不完善

新型产业的发展离不开制度的规范，竞争与监管制度制定和实施的滞后性可能导致消费者权益得不到保护，从而造成发展前景好的产业存在"信任危机"；竞争与监管标准不一致可能导致各区域产业发展不协调，难以产生集群效应。

（2）政策不确定性

智慧健康产业具有"政策诱导性"，受政策影响明显。而政策具有不确定性，新型产业政策在摸索与制定过程中可能存在"朝令夕改"或"前后矛盾"等现象，由此产生产业泡沫，给企业带来巨大的风险和挑战。

（3）激进的发展氛围

在智慧城市建设中，智慧健康产业普遍存在规划发展过快的现象，政府发展战略制定不完善，未进行合理的市场调研和风险管控，急于求成、盲目模仿与盲目建设。部分企业急功近利追逐短期利益，缺乏长期与可持续的战略规划，如人力资源培训等。

（4）政府对发展智慧健康产业认识不足

地方政府忽视企业和公众在建设智慧健康产业中的作用，还有企业局限地将智慧健康解释为"互联网+健康"，或盲目模仿没有进行创新发展，由此导致产业规划不合理不完善，智慧健康产业的发展缓慢、成效低。人们对智慧健康的了解和接受程度较低，习惯于传统方式。

（5）政企不分、管办不分，市场化程度较低

健康产业由于其独特性质，医疗服务市场一直以来为国企事业单位所垄断，并没有开放的市场，民营经济的竞争力弱，这在一定程度限制了智慧健康产业的创新及发展。政府在进行智慧健康产业的建设过程中自己"建设"，又自己"监督"，忽略了百姓大众的需求与民营经济的力量。

3.2.5 总结

通过对智慧健康产业发展优势、劣势、机遇、挑战四个方面简单直观的分析，并创新思考应调整的战略（见表 2.7）。

表 2.7 智慧健康产业发展 SWOT 分析

	优势 S	劣势 W	
内部因素	1. 经济较快发展，健康需求旺盛	1. 规模小，产业细分不完善	
	2. "健康中国"战略地位	2. 缺乏专业人才	
	3. 中小型民营企业的创新发展	3. 产业配套能力弱	
	4. 产业后发优势	4. 发展不协调，无集群效应	
		5. 技术研发与成果转化不够	
外部因素	机会 O	SO 战略	WO 战略
	1. 政府相关政策支持与激励 2. 产业结构调整升级 3. 人们健康意识与消费升级 4. 基层医疗与健康市场开拓	A. 市场渗透和拓展，不断扩大市场占有率开拓基层、年轻人市场（S1、S3、O3、O4） B. 品牌战略，加强宣传，迎合健康理念（S1、S2、O2、O3）	A. 产品创新，寻找蓝海产品，满足消费者需求（W1、O1、O3） B. 技术创新，降低资源依赖，提高服务质量（W4、W5、O1、O2） C. 区域协同（W1、W3、O1、O4）
	威胁 T	ST 战略	WT 战略
	1. 竞争与监管机制不完善 2. 政策变化，不确定性高 3. 对智慧健康认识不足 4. 政府规划不善，企业短视 5. 政企不分，管办不分	A. 多向发展创新产品服务，减轻政策风险（S3、S4、T2、T3） B. 与政府合作逐渐扩张并进行风险管控（S1、S4、T2、T5）	A. 延迟转型，保持传统健康产品和服务模式（W2、W3、T4、T5） B. 制度创新，建立人才培养、合作沟通机制（W2、T1、T4） C. 企业间合作，共担风险（W4、W5、T2、T3）

资料来源：根据上文研究总结分析。

第 4 节 智慧健康产业链发展中存在的问题

我国智慧健康产业的发展相对缓慢，基本处于萌芽阶段，面临许多问题和障碍，产业规模较小无法获得规模效益。根据上文对产业链的定义，从产业链的宏观和微观两个角度归纳智慧健康产业存在的问题。

4.1 宏观层面

4.1.1 配套产业发展不协调

我国智慧健康产业的发展时间较短，企业自身、政府与相关环境建设均存在不足，产业配套发展不均衡。传统医疗与健康产业的配套优于智慧健康产业的配套。智慧健康的配套企业大部分是传统产业和新兴中小型企业，传统配套产业与智慧健康产业存在技术知识的脱节，无法满足人们对健康产品和服务的需求，亟待转型升级。新兴中小型企业存在融资困难、人才缺乏、技术滞后、管理粗放等问题。配套产业发展不协调导致智慧健康产业发展不平衡，产业链的各节点发展不协调，存在"健康产业二元经济"现象，阻碍中国智慧健康产业的发展。

4.1.2 尚未形成完整的产业链

伴随着产业的细分升级和高度专业化分工，智慧健康的产业链不断延伸和升级，形成稳定且具有活力的产业链及完善的配套产业，这是智慧健康产业发展的重要因素。但是，目前智慧健康产业并未形成完整产业链，配套企业自身的竞争能力及对产业的协作支持能力较弱。以医疗设备为例，美国医疗设备产值每年以 10% 的速度增长，主要采用先进的技术生产高性能的设备，对新产品的研发投资较高。我国医疗设备出口增速不减，但是主要为中低端、低值耗材产品，如按摩保健器具、医用耗材敷料占我国医疗器械出口总额的44.5%[1]，对人力、原材料等资源依赖性强，缺乏具有核心竞争力的产品。

4.1.3 产业链协同效应低

由于智慧城市的规划分散不全面以及与智慧健康产业相关的基础设施和技术缺失，导致我国智慧城市理念和智慧健康产业并未实现真正融合，各城市各企业各自为政，出现盲目建设、重复建设的问题。由于对智慧健康产业的定义与范围错误的界定，产业的投资失衡与政府未能精准扶持，产生"投资高而效益低"的趋势，容易造成智慧健康产业不均衡发展的"木桶效应"，提高智慧健康产业升级的门槛。

智慧健康产业链的优化升级除政府支持推动，产业链中核心企业和龙头企业也需带头合作，建立产业合作联盟和长效合作机制。智慧健康产业具有泛在化、智慧化、个性化的特点，企业跨界创新要求更高、难度更大。作为一个新兴产业的实践者，企业可能受到传统产业惯性思维的影响和外界产业不良环境的制约，难以协同发展。

4.1.4 产业发展障碍

智慧健康产业包含多种细分产业，技术仍在开发阶段，技术标准化程度低，与远程医疗相关的政策和监管不到位，医疗数据标准化体系缺失。智慧医疗数据利用率低，远程医疗合法性存在争议、信息医疗安全难以保障等问题阻碍产业的发展。

---

① 新浪财经．中国制造 2025 文件印发：实现制造业强国战略（全文）［EB/OL］．http：//finance.sina.com.cn/china/20150519/112322214243.shtml，2015-05-19.

智慧健康产业具有组织资源依赖性，但企业与供应商、客户之间未形成稳定的合作机制，上下游产业组织之间存在不稳定性。以医疗产业链为例，由于标准体系缺失、法律规范不完善、诚信合作机制未建立，大型医院、社区医院、药店、医疗器械商、系统集成商、医疗健康公司、互联网公司、电信运营商等企业相互间合作难度非常大，具有特定利益目标的企业合作时存在不信任、短期化的问题。

同时，新型企业缺乏成熟的商业模式，企业"造血"能力较弱。从市场来看，大众需求尚不旺盛，其原因并非健康产品和服务消费需求不高，而是人们倾向于传统医疗健康模式，对智慧健康的认知度不高，缺乏信任。因此，智慧健康产业模式仍需大力推广。

4.2　微观层面

4.2.1　智慧健康产业数据

大数据时代，掌握了数据便掌握了经济命脉。数据是智慧健康产业的基石，精准医疗的精准化、个性化必须基于数据。袁继新等（2016）认为，智慧健康产业链包含健康数据采集、传输、管理及疾病防治等 4 个环节[①]。现如今，许多健康服务平台普遍存在下列数据问题：

（1）信息孤岛现象。由于缺少海量数据、个人数据不全面造成技术缺陷，数据内含价值性低，健康服务平台功能单一化；

（2）信息遗失现象。由于大数据技术与设备不完善，导致数据"主动"与"被动"丢失，企业选择性地筛选保留信息导致有效信息的遗失，或无法从所得数据中有效提取出有价值的信息；

（3）信息的共享和保护问题。信息的共享和保护包括个人健康隐私数据保护和企业技术信息保护，企业之间建立数据信息共商共建共享机制，促进企业合作和产业链的完善。同时，需要合理有效避免个人健康隐私泄露等道德和法律问题。

4.2.2　智慧健康技术与设备

以互联网为例，互联网经济的发展加速互联网的普及，根据 2019 年发布的《网宿·中国互联网发展报告》，2018 年我国互联网普及率达 57.7%；12 月全国互联网独立 IP 数超过 2.6 亿[②]。互联网的普及提高了线上健康咨询和医药设备的线上购买，但健康数据电子化的进程缓慢，而且智慧健康产业受智慧城市建设的便利较少并没有融合统一发展。

智慧健康的核心技术发展速度缓慢、关键技术储备不足，主要依赖进口（如 IBM、Intel 等公司），阻碍产品和服务的系统化，如精准医疗领域产业链上游的基因检测仪器、试剂等技术，"健康云"的信息采集如可穿戴设备仍需要研发及市场化。此外，还存在技术创新与技术推广过程中对顾客群体需求数据信息的调研不充分，导致技术适用性欠佳的问题。

---

①　袁继新，王小勇，林志坚．产业链、创新链、资金链"三链融合"的实证研究——以浙江智慧健康产业为例[J]．科技管理研究，2016（14）：31-44.

②　中国质量报．我国医疗器械产业仍在追赶世界先进水平［EB/OL］．http：//www.sohu.com/a/228669356_490432，2018-04-18.

4.2.3 智慧健康创新人才

我国智慧城市的创新技术人才十分紧缺，高级专业人才和政企管理复合型人才更甚，无法将互联网等高新技术与城市管理、企业经营有机融合。在智慧健康产业的发展过程中，同样存在基于互联网技术与应用的医疗专业复合型人才匮乏的问题，这严重影响智慧健康服务系统运行的质量与效率。以智慧健康的实施主体——医生为例，部分地区的医院管理机构制定了允许医疗专业人才多点执业，他们可以兼职开诊所、下基层义诊、进行基层执业注册等惠及更多偏远地区患者的利好政策，但实际执行过程中仍然存在无法操作落实的尴尬境况，"大医院病"现象如今仍然无法得到有效改善。

创新是企业发展的动力。近年来许多"智慧健康型"新兴中小微企业如雨后春笋般冒出，更有 BAT 等互联网企业在健康领域开疆拓土。但从智慧健康城市建设上看，区域分布仍不均衡，细分产业发展不协调，模仿多于创新；从企业经营上看，创新力度不够，无法形成核心竞争力。究其根本，主要是智慧健康产业医疗专业人才的数量严重不足。

4.3 小结

根据上述智慧健康产业链的宏微观认识（见图 2.3），从政府和企业两大主体总结智慧健康产业所存在的主要问题。

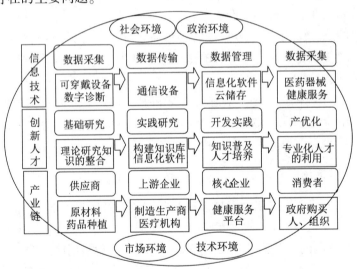

图 2.3　智慧健康产业链宏微观结构①

从政府角度，对智慧健康认识片面、智慧健康产业的规划不善，未能与智慧城市建设有机结合；智慧健康相关产业标准缺失和管理体制落后，包括中医药零售、电子处方、远程医疗、互联网安全等；政府精准投入不足，导致资源的缺乏，包括信息资源、智慧型人才、核心技术等。

从企业角度，对资源的有效配置和利用不合理，管理水平不高，主要处于中低端技术

---

① 资料来源：根据相关资料和研究内容分析总结。

管理水平；企业规模偏小、融资渠道有限、盈利能力较弱，尤其是中、小微型企业；新型企业人才需求，市场无法充分满足，企业需构建自己的人才培养渠道；企业创新能力需优化升级，智慧健康并不单纯是技术创新或互联网的利用。

从政府和企业角度，相互之间并没有形成大范围稳定的协同效应，政企合作和沟通机制并未完善；从企业之间角度，原料厂家分散，智慧健康型企业上下游之间合作困难；同时，合作企业的合作周期短、稳定性不强，产业链条块分割，未形成强大的集群效应。

第 5 节　案例分析——阿里健康产业链

5.1　阿里巴巴健康产业蓝图

马云提出的"Double H"战略推动阿里巴巴开启医疗健康领域扩张的新征程。阿里巴巴在健康产业布局广泛且深远，各业务相互协调整合（见图 2.4），从阿里巴巴健康产业蓝图各个部分的发展现状及特点可以预料未来的经营发展趋势。阿里巴巴已构建智慧健康产业链闭环模型的雏形，下面根据智慧健康产业链逐一分析。

一是钉钉连接企业用户端。《2018 中国智能移动办公行业趋势报告》显示，钉钉用户破亿，在智能移动办公领域市场份额占比最高，活跃用户数排名第一[①]。2018 年 4 月，阿里健康联手钉钉建立线上"阿里医务室"，并对外宣布提供体检、问医、购药等健康服务。钉钉将成为企业用户健康管理的入口，是健康数据重要来源，成为智慧医院的管理工具。如果有更多医院加入钉钉移动办公模式，未来就可以对医院进行数字化管理，医院的人财物从药材、血库、床位、病患、诊断书、人员配置、资金配备等都可以利用钉钉管理，这样就可以将医院与企业用户结合起来，打通医生、患者和其他相关方（药品供应商）的连接渠道，形成巨大的协同效应。

二是"蚂蚁金服"连接金融服务端。支付宝"未来医院"线上线下相结合，涵盖了药品验证、挂号就诊、健康资讯等 20 多款的健康应用，从挂号到缴费全流程线上操作，便于患者就医，还包含多种创新服务，如花呗垫付医药费用、芝麻信用借还医疗器械等。2018 年"蚂蚁金服"联合人保推出"好医保长期医疗保险"和住院费用垫付服务；"蚂蚁金服"与信美合作推出相互保（现更名"相互宝"，实质为网络互助计划），为大病保障实现互助共济。2019 年 4 月，5000 万支付宝用户加入互助计划[②]。未来医院可能实现医保、商保线上整合，实现无感支付、信用就医、信用租借等多种模式。2020 年 8 月，中国银行与阿里巴巴、蚂蚁金融服务集团（简称"蚂蚁金服"）签订全面深化战略合作协议。三方将根据新的形势，加快构建"互联网+金融"的合作发展新生态，致力于成为

---

①　CBNData. 2018 中国智能移动办公行业趋势报告［EB/OL］.｜https：//www. cbndata. com/report/799/detail？isReading＝report&page＝1，2018-05-25.

②　搜狗百科. 相互保［EB/OL］. https：//baike. sogou. com/v176950930. htm？fromTitle＝%E7%9B%B8%E4%BA%92%E5%AE%9D.

数字经济时代下互联网公司与金融机构深度合作的典范①。

三是阿里云连接数据信息端。云端实践已有中国联通、12306、中石化、中石油、飞利浦、华大基因、微博、知乎、锤子科技等多家案例，用户数已达230万。2019年3月，阿里云与德勤咨询达成全球战略合作②。阿里云为余额宝、蚂蚁金服、阿里健康提供云计算服务进行业务连接和合作协调。如今，我国已经涌现许多极具发展潜力的人工智能创业企业，如思必驰、依图、商汤、地平线等，未来的企业云服务需求可能爆发式增长。在智慧健康行业，阿里云可以进行全流程的信息整合，在健康保险、健康云、健康资讯、医疗解决方案等都大有可为。

四是淘宝连接个人客户端。作为大流量的综合性电商服务平台，2018年度数据报告显示，淘宝平均每个月有超过6亿活跃用户③，淘宝可以看作健康产品和服务的"重要入口"。阿里健康在淘宝设立"我的健康"卡片页面，可以看到名医咨询、成人疫苗、美丽计划、送药上门等多种服务，一边丰富淘宝服务功能，提高淘宝APP使用频率，一边采集大量的健康数据。

阿里健康是阿里巴巴在医疗健康领域布局的旗舰平台，与阿里其他业务版块均有合作与联系（见图2.4），是"Double H"战略成功落地的重要一环。因此本章以阿里健康为例，具体研究分析其智慧健康产业链的运作模式，并对其优劣势进行评价。

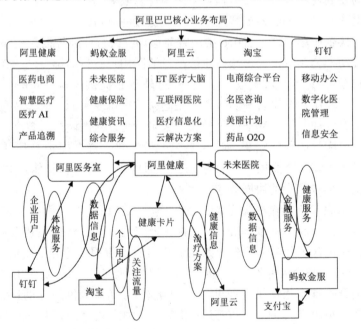

图2.4 阿里巴巴健康产业布局④

---

① 中国银行与阿里巴巴、蚂蚁金服签订全面深化战略合作协议［EB/OL］. http：//bank. cnfol. com/yinhangyeneidongtai/20200824/28357856. shtml，2020-08-24.

② 搜狗百科. 阿里云［EB/OL］. https：//baike. sogou. com/v6979914. htm？ fromTitle＝％E9％98％BF％E9％87％8C％E4％BA％91.

③ PCONLINE资讯. 淘宝2018年度数据［EB/OL］. http：//www. sohu. com/a/291377131_ 223764，2019-01-25.

④ 资料来源：阿里巴巴的医疗版图，阿里健康、阿里云、蚂蚁金服、钉钉等各自扮演什么角色［EB/OL］. http：//www. sohu. com/a/239235941_ 104421，2018-07-04.

5.2　阿里健康现状分析

5.2.1　发展概况

2014 年 1 月阿里巴巴与云锋基金对中信 21 世纪注资，并取得 54.3% 的股份。2014 年 10 月，中信 21 世纪更名为"阿里健康"，股票代码 00241 保持不变，阿里健康正式成立[①]。纵观阿里健康发展历程可以看出，阿里的发展史就是产业链形成和完善的过程。

图 2.5　阿里健康发展历程[②]

5.2.2　经营状况分析

从营收和年度盈亏上看，2015 年阿里健康亏损 1.015 亿港币，亏损额同比增加 159%；2016 年受到"电子监管码"风波的影响，营收 5660 万元同比增长 90.3%，但亏损扩大到 1.916 亿元[③]；2017 年的总收入 24 亿元左右，年度亏损则降低至 1.09 亿元人民币，同比减少了 47.7%[④]。阿里健康 2018 财年实现收入 24.43 亿元，阿里健康剔除股权激励费用后的利润达到 800 万，首次实现扭亏为盈。阿里健康的营收持续增长并且持续进行市场开拓和宣传推广。2018 年销售及市场推广费用为 2.01 亿元，同比增长 77.8%[⑤]。阿里健康 2019 财年营收破 50 亿元，达到 50.96 亿元，毛利 13.31 亿元，同比分别增长 108.6% 和 103.9%[⑥]。

综上，阿里健康投入大量资金，在亏损时上交"电子监管码"失去一大竞争优势，

---

① PCONLINE 资讯 . 淘宝 2018 年度数据［EB/OL］. http：//www.sohu.com/a/291377131_ 223764，2019-01-25.

② 资料来源：根据阿里健康百度词条整理简述。

③ 搜狗百科 . 阿里健康（公司）［EB/OL］. https：//baike.sogou.com/v100338182.htm? fromTitle=%E9%98%BF%E9%87%8C%E5%81%A5%E5%BA%B7

④ 搜狐新闻 . 阿里健康发布新一年财报，亏损 1.9 亿元［EB/OL］. http：//www.sohu.com/a/85571160_ 392474，2016-06-23.

⑤ 观察者网 . 阿里健康 2018 财年营收超 24 亿元 首次实现扭亏为盈［EB/OL］. http：//www.donews.com/news/detail/3/3000611.html，2018-05-17.

⑥ 界面新闻 . 阿里健康 2019 财年营收破 50 亿元实现翻倍［EB/OL］. https：//finance.sina.com.cn/roll/2019-05-17/doc-ihvhiqax9316065.shtml，2019-05-17.

但是仍然依靠着医药自营业务、医药电商平台业务、消费医疗业务快速成长，取得了可观的营收，不仅扭亏为盈，还实现了盈利能力的持续改善，市场份额占比的不断扩大。其中，阿里健康的医药现金流将会有助于其未来投资研发与经营医疗人工智能等创新性业务。

5.2.3 业务经营分析

从 2014 年至 2019 年历经四个业务发展期，阿里健康经营的业务（见图 2.6）已拨云见日逐渐明朗，主要分为四大业务类型，多线并行发展。

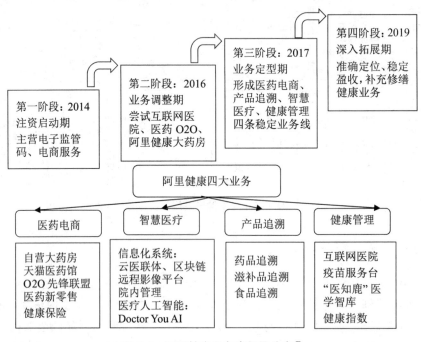

图 2.6 阿里健康业务发展及分布①

医药自营是阿里健康主要收入来源，2019 财年半年报显示营收为 16.01 亿元，占收入的 85.22%；医药电商平台市场份额达 657 亿元，营收 2.25 亿元，占 11.98%②。5 月，阿里健康与政府、医疗机构、媒体联合发布"医知鹿"医学智库；6 月，增资入股漱玉平民大药房，与华人健康战略合作开拓区域医药零售；医药 O2O 先锋联盟 20000 余药房门店加入；医疗人工智能已与企业机构达成战略协作。药品追溯平台收入和利润不断增加，超过 7500 家企业入驻"码上放心"，包含 80% 以上的中国药品生产企业③。成熟业务与新型创新业务取得一定进展，并有效展开企业间的合作。

---

① 资料来源：阿里健康 2018 动作不断，换帅、收购、投资三连击，马云"新医疗"旗舰平台已成 [EB/OL]. http：//www. eeworld. com. cn/medical_ electronics/2018/ic-news06278825. html，2018-07-04.

　阿里："新医疗"旗舰平台是如何建成 [EB/OL]. http：//www. 100ec. cn/Home/detail--6456744. html，2018-07-04.

② 付梦雯. 详解阿里健康 2019 财年半年报 [EB/OL]. http：//tech. ifeng. com/a/20181122/45232801_ 0. shtml?_ zbs_ firefox，2018-11-22.

③ 杜丁. 阿里健康发布 2018 财年业绩公告收入同比增长 414.2% [EB/OL]. http：//finance. china. com. cn/news/20180516/4639238. shtml，2018-05-16.

5.2.4　前景展望

从业务模式和发展现状上预测，未来阿里健康的营收以及利润都将持续快速增长，各业务之间形成协同效应，融合发展。从阿里健康的合作企业和规模上看，阿里健康产业链将不断壮大和完善并形成持续稳定的结构。

5.3　阿里健康产业链分析

5.3.1　阿里产业链特性

以阿里健康为智慧健康产业链是典型的"平台企业+群落"产业链。核心平台企业易于进行资源的整合，加速产业间的融合并提高创新能力。

从消费者角度，阿里健康构建以"健康保险"为主的资金链，以"医知鹿"医学智库为主的知识链，以产品追溯、医药电商为主的产品链，以"智慧医疗""健康管理"的服务链，为健康消费者从资金、知识、产品、服务全流程供应，并融合组成一条完整的供应链、价值链和信息链。

从平台企业角度，研究以阿里健康为上游平台产业链（见图 2.4），阿里健康整合用户数据资源的信息链、增值的价值链和产品服务的供应链，还存在多条业务链互相交织协同，形成了相对稳定的产业链闭环。

5.3.2　资金链

根据《2019 中国家庭医疗健康消费趋势报告》，在 2018 年全国居民人均各项消费支出中，医疗保健支出同比增速最高[①]。美国由于药品管理市场化程度高、医保完善，药品网购渗透率已达 33.3%，而我国仅为 7.4%[②]，可谓低渗，因此我国医药市场增长潜力巨大。同时阿里健康医药电商市场份额达到 657 亿元，占有量大。产品追溯的收入和利润也不断提高。根据波士顿矩阵模型分析，医药电商是现金牛业务，产品追溯是明星业务，健康管理、智慧医疗是问题儿童。根据规模和增长率特性可以看出，阿里健康的现金流是平衡的，在智慧健康产业形成较为稳定的资金链。

5.3.3　供应链

产业链，其本质是产品供应链，不断向上下游延伸，有利于资源的有效利用和分担经营风险。阿里健康作为一个互联网平台企业，其供应链主要基于合资、联盟等合作方式。以医药电商为例，2017 年 6 月买下医药批发企业"杭州礼和医药有限公司"及 2018 年同上游供应商九芝堂合作；同时为响应智慧健康分级诊疗体系与下游零售服务企业组织合作，包括联合百佳惠苏禾、德生堂、百草堂、康爱多等药店成立"中国医药 O2O 先锋联

---

①　CBNData. 2019 中国家庭医疗健康消费趋势报告［EB/OL］. http：//www. sohu. com/a/298228093_ 354988, 2019-02-28.

②　网经社，电子商务研究中心. 益药购、阿里健康、健客如何布局医药电商 2.0［EB/OL］. http：//www. 100ec. cn/detail-6450728. html，2018-05-22.

盟"，注资漱玉平民大药房连锁股份有限公司、贵州一树连锁药业有限公司等①。

5.3.4 信息链

中信21CN自2005年开始与国家食品药品监督管理局建立药品电子监管平台项目，于2010年为国家食品药品监督管理局的药品监管码提供平台。阿里巴巴注资中信的重要原因就是其医药健康领域丰富的数字信息，也让阿里健康产生之时就拥有"信息链"优势。2016年国家食品药品监督管理局暂停药品电子监管，切断了数据来源，也延迟了阿里健康的全产业链布局。阿里健康2017年通过"医联体+区块链"试点项目、2018年与默克、支付宝等公司合作共享医疗健康资源等形式，重建信息链②。

5.3.5 创新链

阿里健康技术创新链主要由基础研究、试点工作、区域试点和产业化。以医药新零售为例，第一步，2016年阿里健康联合德生堂、康爱多等65家连锁药店成立"中国医药O2O先锋联盟"；2018年6月，与东仁堂、海王星辰等连锁药房，如家、君庭等连锁酒店，建立合作基础和研究路径③。第二步，2018年8月在杭州试水全链路医药新零售，实现30分钟送药上门服务，20日当天杭州O2O订单量突破5000单④。第三步，随着杭州24小时送药的服务标准化和O2O先锋联盟的扩大，全链路医药新零售将会在更多城市推广。最后，随着医药新零售的拓展和成熟，会加快医药新零售产业化和产品服务标准化，产业会集中于一个或多个核心企业，给企业带来盈利增长。若未来开放网售处方药，产业的范围将会得到更大拓展。

5.4 阿里健康产业链评价

5.4.1 产业链优势

第一，战略优势。阿里健康最重要的优势就是产业链的战略布局，四大模块相互交织、协调、整合，全方位提供健康医疗产品与服务。消费者参与产品和服务的价值创造，通过产业链延伸和重构等方式，不断为消费者提供差异化的产品和服务，形成产业链闭环。

第二，市场导向。阿里健康的愿景是"让大数据助力医疗，用互联网改变健康，为十亿人提供公平、普惠、可触及的医药健康服务"。基于互联网平台结合价值共创理论，消费者参与价值创造活动，包括研发、设计、生产和销售。阿里健康的产品和服务从市场需求出发，如阿里健康提出"相互保"（已更名为"相互宝"）是医疗互助基金，为人

---

① 搜狗百科. 阿里健康［EB/OL］. https：//baike. sogou. com/v100338182. htm？fromTitle＝%E9%98%BF%E9%87%8C%E5%81%A5%E5%BA%B7

② 搜狗百科. 阿里健康［EB/OL］. https：//baike. sogou. com/v100338182. htm？fromTitle＝%E9%98%BF%E9%87%8C%E5%81%A5%E5%BA%B7.

③ 搜狗百科. 阿里健康［EB/OL］. https：//baike. sogou. com/v100338182. htm？fromTitle＝%E9%98%BF%E9%87%8C%E5%81%A5%E5%BA%B7.

④ 科技资讯. 白天30分钟送达 阿里健康联合菜鸟杭州试水24小时送药上门［EB/OL］. http：//www.techweb. com. cn/internet/2018-08-20/2695980. shtml，2018-08-20.

们提供买得起的保险是从人们的需求出发而研发设计的。

第三，响应政策。国家提倡分级诊疗制度，阿里健康建立"医药 O2O 先锋联盟"推进医药零售。政策诱导产业变化会对企业产生积极或者是消极的影响，因此企业需关注政策动态甚至预先做好应对措施，积极响应国家政策，同时要提高企业灵活的应变能力，尤其是新型创业企业。

第四，灵活应变。阿里健康暂停执行药品电子监管后，阿里健康的发展受到重创，3 天内阿里健康股票大跌 20.29%[①]。平台企业的优势是创新能力强，仅 3 个月后，阿里健康就推出第三方追溯平台"码上放心"，建立医药电商自营的"阿里健康大药房"，重建信息链与产品链。

第五，供应商协同发展。阿里健康具有相对完善的企业合作机制。阿里健康与各类供应商、研发机构、零售商建立多种形式的合作，涉及健康产业技术研发、生产、批发、服务平台、零售等，极大提高了供应链的稳定性。同时加快合作进程，如阿里健康与阿斯利康签署合作备忘录，共创智慧健康服务新模式，重塑用药网络安全环境。

5.4.2　产业链劣势

第一，用户层面。人们对互联网医疗的认知度和信任度不高，同时，由于网络虚拟性特点和监管尚未规范，导致信息和产品的真实性受到质疑。相较线上购买或享受健康产品和服务，消费者更倾向于去传统医疗机构就医和在实体店购买产品。

第二，政策层面。国家对互联网医疗健康产业的监管力度正在逐渐加大，行业的不确定性提高，企业需要时刻注意政策风向，预防政策变化所带来的风险。

5.5　小结

本节由面到线到点，层层细分，通过对阿里巴巴构建健康战略与蓝图的分析，引出其核心环节——阿里健康。通过对阿里健康的企业现状分析，剖析其产业链模型，并对其优劣势进行分析。从研究结果上看，本节分析了智慧健康产业链上所存在的问题，对本研究问题解决方案和措施的提出有启发意义。

第 6 节　智慧健康产业链构建及完善的对策

6.1　供给侧改革是健康产业的发展方向

面对经济增速下降、产业结构失衡的问题，单靠刺激需求无法改变现状，需要从供给端入手，推动中国经济产业结构升级。"供给侧"由劳动力、土地、资本及创新等要素组

---

① 搜狗百科．阿里健康（公司）[EB/OL]．https：//baike．sogou．com/v100338182．htm？fromTitle＝％E9％98％BF％E9％87％8C％E5％81％A5％E5％BA％B7.

成，供给侧结构性改革目的是调整经济结构、优化要素配置、提升经济增长的质量和效益。

传统医疗健康行业一直无法满足消费者在数量和质量上对医疗健康产品的需求。"三医联动"中药品流通体制改革和医疗保险体制改革政策不断推出，人民健康意识包括"治未病"的意识不断增强，都刺激了人们的健康需求。医疗服务供给侧改革几乎成为全球每个国家医改政策的核心内容，美国和新加坡等国家为我国医改提供了宝贵经验。推进供给侧结构性改革，需要破除要素市场化配置障碍，完善政策精准支持、企业合作以增加供给的数量及质量、以改革创新为动力促进产业优化，实现智慧健康的蓝图。

6.2 政策层面

国家方针政策是产业链发展的重要影响因素之一，尤其是新兴产业。智慧健康产业的发展离不开宏观政策环境。构建及完善智慧健康产业链，让健康行业在供给侧结构性升级背景下健康发展，需要制定和完善相应的针对性政策。

6.2.1 政策制定的前瞻性和适宜性

良好的政策有利于构建和完善智慧健康产业链，不利政策则影响智慧健康产业链的搭建和完善。产业在生命周期不同阶段具有不同的政策需求，同时，智慧健康产业的统计数据尚不完善。因此，政府要高瞻远瞩，提前构建适合产业发展的政策环境。例如，国家应积极鼓励医疗人工智能的研究，需要预先考虑其监管体系以及诊疗责任的归属等政策需求。制定政策要考虑到未来产业链的发展方向，建立涵盖技术、产品和服务的标准体系，不能"一刀切"，应该针对智慧健康产业链特性，制定相应的产业政策、财税政策和价格政策等配套政策措施。

6.2.2 政策出台的时机性和协同性

国家政策出台要有的放矢，需要基于产业现状和发展趋势制定。由于政策制定落后，导致如今健康行业的统计核算处于起步期，也限制了智慧健康产业政策的精准制定。政策出台频率过高、朝令夕改都是政策不合理与不完善导致的。"电子监管码"风波就体现了市场倒逼政府完善政策，政府需要抓住时机，当然更要未雨绸缪。政府政策制定需要协调一致，并制定促进产业协同一致的政策。智慧健康产业这类新兴产业，既需要扶持和保护的政策，也需要合理有效的监管政策体系，以加快其发展。

6.2.3 政策的合理性

政府的产业政策是产业链形成和发展的首要诱因。针对智慧健康产业链的问题，应采取的对策如下。

（1）转向政企分离，市场合理定位

五大幸福产业包括旅游、文化、健康、养老、体育，智慧健康属于民生事业。公共服务政策和"政府统一购买"的管理模式导致健康产业市场定位不清、界限不明，有效供给不足。政府既要利用"有形之手"，充分发挥政府职能发展优势产业，也要倡导产业自身发展促进健康产业市场化。对新兴企业简化审批程序，创造宽松的政策环境并提供可能的扶持政策。

（2）完善配套产业，建设基础设施

智慧健康是以互联网、人工智能、大数据和云计算等技术为支撑，政府应加大对相关技术的基础设施建设，推动智慧健康产业链的构建和完善。同时政府还需加大智慧健康的核心科技研究，如人工智能，提高智慧健康产业的国际竞争力。

（3）做好顶层设计，制定政策规范

政府部门要增强智慧健康产业的顶层设计和信息安全系统，加强对智慧健康产业的监督管理，提高应急处置能力。新兴领域乱象频出的根本原因是缺乏规范性政策。政府需完善智慧健康应用业务规范、产业规范和管理规范，将传统医疗逐渐改善成适应新时代背景的智慧健康产业，例如企业从设立到退出实施更为规范化的管理，避免事前干预或者限制企业发展的现象。

（4）合理有效监管，创新精准扶持

政府需建立智慧健康新兴业态的监管模式。例如，由于中医药市场政策不规范不健全，存在兜售假药、过期药品等问题，因此需构建药品溯源体系。此外，针对医药电商这种新业态还需要创新监管方式。在智慧健康的建设过程中，需建立考评体系和应用推广指南，将智慧健康应用模式和效果指标具体化、定量化，以便于监督与管理。同时，对新型创业公司需创新扶持的方式和机制，锚定有需求的企业，支持其新业务的发展。

6.3　企业建议

企业是产业链构建的重要主体之一，产业链的发展离不开企业的积极参与。企业需要考虑政策方向、市场需求，提高创新、合作和资源整合能力，促进智慧健康产业链的构建和完善。

6.3.1　把握政策方向

新业态的形成过程中政策可能具有不确定性和不可持续性，因为政府也在经历政策的改革调整和磨合，也面临旧有体系的颠覆、利益格局的重建。这对企业而言既是机遇，也是挑战。作为新兴产业，智慧健康型企业需要时刻关注政策的动态。

一方面，企业需要时刻关注政府支持性政策的发布，搭上政策顺风车，抓住政策的利好时机，并把握早期进入者的优势迅速发展扩张。智慧健康产业建设的一种有效模式是"政府规划、分步实施；企业运作、政府购买；信息共享、便民惠民"。根据智慧健康的特殊性质，企业可与地方政府展开合作：政府满足人民需求、为企业创造发展环境；企业交付政府购买、实现盈利发展。另一方面，企业需感知政策风向，制定相应的风险管控和应急措施。如果政策收紧，企业可以及时应变处理，以避免不必要的损失或降低损失的程度。

6.3.2　满足市场需求

智慧健康是随着互联网技术的发展而产生的。基于互联网平台，结合价值共创理论，鼓励消费者参与企业价值创造活动，让消费者充分参与智慧健康产品和服务的设计、研发与售后。因此，企业既要响应国家政策，更要重视客户价值，实现高收益、市场化。健康需求越来越成为驱动未来经济增长的"核心动力"。企业需建立预测消费者需求特点的动态性产业链，主动迎合并满足消费者需求，推动产业结构优化升级，增强企业的核心竞争能力。张利娜（2018）指出，健康需求和产品供给的升级将带动健康产业的整体创新升级①。以新绎健康为例，新绎健康创新开发"七修"与"三疗"两大产品与服务体系，帮助亚健康和慢性病人解决健康问题，获得最佳创新实践奖。相信未来会有越来越多创新型健康企业出现，促使健康产业供给侧优化升级，不断满足人们不断增长的健康需求。

6.3.3　创新驱动发展

《"十三五"健康产业科技创新专项规划》提出以生物技术、互联网+健康、健康保障模式、面向个人或家庭的新型健康产品服务为主的四个重要创新趋向②。健康产业的发展必须在技术和经营模式的创新方面不断取得突破。

技术的创新。技术的发展，如可穿戴设备、人工智能等可能会极大改变智慧健康产业业态，掌握了核心技术就等于拥有了核心竞争优势和行业的话语权。企业应提高自主研发能力，避免由于核心技术受制于人而处于劣势地位。

经营模式的创新。互联网平台企业的优势是易于实施产业融合，进行营销服务创新。健康产业链条不断延伸，提供面向个人、家庭的新型健康产品和服务，如医药行业，阿里健康创新"医药电商"模式，后又建立阿里大药房创新医药新零售。智慧健康应专注于微笑曲线两端的专利技术和品牌服务，把握发展时机，不断进行科学技术创新和经营模式创新，推动智慧健康产业发展和产业形态升级。

6.3.4　建立合作机制

在产业不断分工细化的大背景下，产业链的形成离不开企业间的合作。智慧健康的产业链（大多以"平台企业+群落"）中，核心企业需要对产业链的系统进行整合，以此来控制低效环节的企业，提高产业链的治理能力和系统协同效率，大力发挥集群效应，最终建立产业链管理系统。阿里健康就起到核心平台企业的作用，并在产业上下游不断延伸，通过合作降低经营风险，提高对整个链条的影响力。

同时，在智慧健康产业链的运作过程中，需要建立企业之间合理的利益分配机制、合作机制和断裂链条修复机制。企业间合作需要打通沟通渠道，在保障信息安全的前提下，共享数据信息。

6.3.5　资源有效整合

《关于印发促进智慧城市健康发展的指导意见》提出，推进建设智慧医院、远程医疗，促进优质医疗资源纵向流动③。健康医疗资源总量不足、分布不合理、流动不充分，导致健康产品和服务供给不足。智慧健康产业链建设运营涉及各项主体和领域，途径是构

---

① 雷蕾，周斌．最佳创新实践奖：新绎健康全新生命健康理论之三疗和七修项目［EB/OL］．http：//history.people.com.cn/n1/2018/1211/c415173-30460450.html，2018-12-11.

② 青岛政务网．"十三五"健康产业科技创新专项规划［EB/OL］．http：//qdstc.qingdao.gov.cn/n32206674/n32206702/171222131617035767.html，2017-12-02.

③ 国家发改委．关于印发促进智慧城市健康发展的指导意见［EB/OL］．http：//www.ndrc.gov.cn/gzdt/201408/W020140829409970397055.pdf，2014-08-27.

建完善的上下游产业链并形成协同效应，最终形成互相融合的产业链和生态圈。企业对资源的整合主要包含资金、技术、人才、信息四个方面，其中资金链包括融资、投资、风险与收益；技术链包括技术研发、技术尝试、市场化；人才链包括培养人才、任用人才、产生效益；信息链包括数据获取、数据分析、产生有价值信息。构建并完善上述四条内含产业链，并持续维持产业链动态循环也是企业核心竞争力来源之一。

6.4　总结

根据智慧健康产业链宏观和微观存在的问题，本节在供给侧针对政府和企业两个主体，分别提出了对策建议。新兴产业的运行若能满足各个主体（包括政府、企业、消费者等）参与，同时规划设计科学合理的政策，精准迎合市场需求，不断完善基础设施建设、人财物供应、创新动力等，从而建立一条完整、闭环、持续的全要素产业链（见表2.8）。根据产业链动态特性，全要素产业链能自适应、自学习、自发展，完善产业结构并持续稳定发展。全要素产业链系统是产业实现转型升级的重要渠道，也需要通过平台企业或核心企业来整合与控制产业链，形成资源全环节、全过程、全要素性的流通。

表 2.8　全产业链要素构成

	文化	品牌	环境
外部要素	产业发展的氛围；政府、企业、工作人员和消费者对产业发展的认识及态度；政府、企业、工作人员发展产业的投入热情。	产业核心价值，建立产业品牌意识，包括中央政府到地方政府，地方政府到企业，企业到消费者的宣传指导。	产业环境包括规模、政策制度、供求情况、发展前景、行业壁垒和配套产业相关情况等。
	使命与愿景	关系	能力
内部要素	制定科学的目标，明确使命与远景；顶层设计包括政府规划与企业战略，二者相辅相成，注重可持续发展。	连接机制包括企业间竞争合作关系，政企支持、合作和监督关系，公众与政企之间沟通反馈机制等。	人力资源培养和任用、资金筹措和流通、供应稳健、知识学习、创新技术、信息共享、风险管控能力。

资料来源：根据上文研究整理总结。

第 7 节　小节

7.1　研究结论

智慧健康产业链受市场需求、技术创新、政策诱导、企业战略行为等多种因素的影响。产业链的优化方式包括产业链的延伸和重构，具体体现在政策变化导致的产业链重构、互联网与传统服务和制造业等产业的有机融合、产业上下游企业合作、企业注资入股业务拓展等。产业链构建和完善的目的是有效满足消费者的差异化需求，提高创新能力，获得核心竞争力，优化产业链结构，从而获得营收增长和利润增长。本章在产业供给侧研究方面，主要得出以下结论。

第一，智慧城市建设背景下产生智慧教育、智慧旅游、智慧健康等一系列新业态，它们都基于相似的技术背景，包括互联网、物联网、AI、大数据、云计算等，但实际建设时每个部分相互割裂。因此，政府要建立协同发展的政策，让这些相似的产业都能相互扶持，实现技术共享和共同发展。构建这些新兴产业的产业链，需要前瞻性且适宜的政策，掌握时机出台政策，确保各政策协同一致，最后政策制定须符合产业特性。

第二，企业既是构建和完善产业链的主体之一，又是产业链的组成成分。同时，产业链是企业经营发展的重要因素。根据产业链发展特点，企业发展需兼顾政策和市场需求的动向，不断创新，加强合作，对资金、技术、人才、信息等资源有效整合，提供差异化产品和服务，建立企业核心竞争能力。

第三，针对新兴产业如何实现产业的稳定持续发展的问题，本章提出构建"全要素产业链"的理念，根据产业发展的需求综合考虑各项要素。

7.2　未来展望

7.2.1　智慧健康蓝图

未来，政府发展将向服务型政府转变，完善政治法律体制和基础设施建设，对产业与组织精准扶持、处理好政府与企业的关系，并解决好市场开放和市场监管问题。企业搭建智慧健康平台，可通过"健康知识库"普及专业健康知识和提高基层医疗专业化水平，从而规范整合基层医疗健康机构；可整合智能化可穿戴设备代替"望、闻、问、切"，实时更新"人的健康账户"的数据信息，通过云计算为消费者健康问题提供科学解决方案，形成核心竞争力。医生可由"患者健康账户"获知病情，从而实现快速精准医疗，同时登陆健康账户的医生可以实时记录诊疗过程及结果。患者根据诊疗单证购买医疗产品和服务，透明化过程可有效解决医患矛盾。线上研讨医学健康问题或通过"健康人才库"实现人才资源流动等。人们可多渠道购买医药保健品、健康咨询、医疗服务等，甚至有"移动医生"上门服务。智慧健康蓝图的实现需要政府、企业、工作人员与消费者的共同努力推动。

7.2.2　未来研究方向

智慧健康作为新兴产业，存在产业结构尚未完整、数据信息不完整、实践成功案例有限等问题，这在一定程度上限制了对该产业的研究。在未来智慧健康的研究中，需要更多地将理论联系实证案例，同时在未来产业数据统计完善后，为智慧健康产业的建设发展提供更核心、更权威的量化标准，加强定量研究从而获得更深入且具体的研究结论。

根据产业融合理论，未来将会出现"智慧健康+旅游"——通过对健康指标和偏好进行"云计算"提供旅游方案、"智慧健康+教育"——通过健康产业大数据分析，培养专业化的互联网和医学专业人才等创新模式，为产业链的发展研究提供新方向。如何为产业链的研究划定一个更大的边界，系统性地指导产业的发展和进行产业链构建，需要研究者们进一步的努力。

第3章 区块链背景下福建省智慧养老存在的问题与对策研究

第1节 绪论

1.1 研究背景

1.1.1 人口老龄化背景

近年来，人口老龄化问题已成为我国所面临的严峻课题之一。和国外相比，我国老龄人口主要有三个明显的特征：老年人口基数大、老龄化速度快以及空巢化趋势显著，再加上"未富先老"的国情以及其他方面的问题，对我国养老工作而言是一项巨大挑战。伴随着老龄化趋势的加速增长，我国老年事业面临着老年群体需求的增长与传统养老供给失衡双方面的压力。我国的60周岁以上老年人口的数量在2018年底已经达到24949万人，在总人口中占到17.9%；而65周岁及以上人口的数目也不容乐观，达到了16658万人，在总人口中占到11.9%①。

从图3.1可以看出，2012年我国65岁及以上老年人口为1.27亿人，老年抚养比为12.7%，之后上述指标均呈现逐年攀升趋势。预计未来老龄人口数量仍会上涨，到2050年末我国65岁以上老年人口的数量或将达到全国人口数的30%~40%。

随着我国人口老龄化问题日益深化以及"421"结构（即四位老人、一对夫妻和一个孩子）家庭数量的增长，以往的家庭养老模式难以满足其日渐增长的养老需求。而信息技术的发展给社会智慧化的管理和运营提供了技术的支撑，互联网、大数据等的出现，对于养老行业的发展起到了重要的支撑作用，新型智慧养老模式应运而生。2015年国务院颁布的《关于积极推进"互联网+"行动的指导意见》指出，将促进智慧健康养老产业发展作为一项目标任务，这意味着智慧养老已成为破解养老难题的新的政策选择。我国政府重视人口老龄化与现代信息技术的结合，多次颁布政策以促进与支持我国智慧养老产业的发展，如表3.1所示。

---

① 国家统计局：2018年我国60周岁以上人口占比达到17.9%，正加速步入老龄化社会［EB/OL］. https：// baijiahao. baidu. com/s？ id=1624547996995203141&wfr=spider&for=pc，2019-02-04.

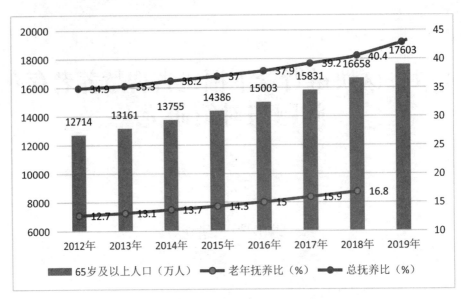

图 3.1 2012—2019 年中国 65 周岁及以上人口数量与抚养比走势①

表 3.1 我国智慧养老产业相关政策汇总②

时间	颁布部门	政策通知	主要内容
2015 年 7 月	国务院	《关于积极推进"互联网+"行动的指导意见》	明确提出"促进智慧健康养老发展"的目标和任务
2016 年 12 月	国务院办公厅	关于全面放开养老服务市场提升养老服务质量的若干意见	提出发展智慧养老服务新业态,打通养老服务信息共享渠道
2017 年 12 月	工信部	智慧健康养老应用试点示范名单	包括智慧健康养老示范企业 52 家,智慧健康养老示范街道(乡镇)82 个,智慧健康养老示范基地 19 家
2018 年 4 月	国务院	国务院办公厅关于促进"互联网+医疗健康"发展的意见	开展第二批智慧健康养老应用试点示范工作
2019 年 4 月	国务院	《国务院办公厅关于推进养老服务发展的意见》	实施"互联网+养老"行动,在全国建设一批"智慧养老院"
2019 年 12 月	工信部、民政部、卫生计委	《关于开展第三批智慧健康养老应用试点示范的通知》(工信厅联电子〔2019〕415 号)	对智慧养老示范企业、示范基地、示范乡镇(街道)进行公示

① 资料来源:国家统计局官网(http://data.stats.gov.cn/easyquery.htm? cn=C01),本书整理。

② 中商产业研究院. 2019 年中国智慧健康养老产业市场前景研究报告 [EB/OL]. https://www.useit.cn/thread-22029-1-1.html,2019-01-23.

福建省是我国老龄化较为严重的地区之一。福建省老龄委印发的《2016 年福建省老龄事业发展统计公报》显示，福建省的人口老龄化处于快速发展期。预计到 2020 年，福建省的老年人口将达 615 万，占全省总人口的 15.02%，并且老龄化的速度将快于全国的平均速度。由此可见，随着福建省老龄化进程的加快，同人口老龄化有关的一系列问题急需得到有效解决。

1.1.2　区块链的兴起与发展

区块链技术是全球信用认证的重要工具，在价值互联网中发挥基础协议的作用，各国纷纷加入区块链技术创新的浪潮之中。为推动区块链创新发展，以及促进相关产业发展，我国从更为广泛和积极的层面对区块链进行定调，把其作为一项核心技术自主创新的重大突破。据统计，至 2018 年底，有关区块链的政策在国家层面上有十余项，主要相关政策如表 3.2 所示。各省市中共计有 160 个相关政策出台，主要包括 34 个地方政府，如北京、上海、广州等，以及 3 个国家自治区；其中，22 个副省级城市主要研究发展规划、基础设施、组织机构、资金、人才、落地扶持政策等方面[①]。

2019 年 10 月 24 日，中共中央政治局召开第十八次集体学习，在主持学习过程中，中共中央总书记习近平就区块链技术的发展现状及未来的趋势发表重要讲话，强调区块链技术的集成应用有着非常重要的作用，有助于新的技术革新和产业变革[②]。

表 3.2　我国区块链相关政策汇总[③]

时间	颁布部门	政策通知	主要内容
2016 年 10 月	工信部	《中国区块链技术和应用发展白皮书（2016）》	对国内外区块链的发展现状进行了总结，并介绍有关区块链的典型应用场景，对国家区块链技术的发展规划进行了介绍，指明未来区块链技术的标准化方向与发展进程
2016 年 12 月	国务院	《国务院关于印发"十三五"国家信息化规划的通知》	首次把区块链列为战略性前沿技术、颠覆性技术
2017 年 8 月	国务院	《关于进一步扩大和升级信息消费持续释放内需潜力的指导意见》	开展基于区块链、人工智能等新技术的试点应用
2018 年 3 月	工信部	《2018 年信息化和软件服务业标准化工作要点》	第一次提出要推动建立全国区块链以及分布式记账技术标准化委员会

目前，养老问题已经成为我国社会关注的焦点。由于存在着老龄化加剧以及家庭养老功能弱化的问题，社会养老话题受到越来越多养老机构、政府和社会大众的广泛关注，同

① 刘宗媛. 中国区块链政策环境回顾、分析与展望 [J]. 网络空间安全，2019，10（04）：111-117.
② 新华网. 中央政治局第十八次集体学习 [EB/OL]. http://www.xinhuanet.com/politics/leaders/2019-10/25/c_1125153665.htm，2019-10-25.
③ 资料来源：刘宗媛. 中国区块链政策环境回顾、分析与展望 [J]. 网络空间安全，2019，10（04）：111-117.

时社会各界也高度重视老年人健康数据安全性问题。随着国家进一步放开养老市场举措的持续发力，社会各界对于智慧养老的重视程度也愈来愈高，而区块链、人工智能、大数据等相关信息技术的不断发展，将赋能智慧养老，使智慧养老的前景愈发光明。

1.2 研究意义

1.2.1 理论意义

相较于西方发达国家而言，我国老龄化进程虽然较晚，但是发展速度却很快。时下热门的区块链技术拥有的本质和特性，将会为智慧养老的发展提供新的思路与方法。因此，深入研究区块链背景下智慧养老是十分重要的。

第一，根据国内外学者对于智慧养老的研究状况，及其发展问题时，侧重于在"互联网+"以及大数据背景下进行研究，较少以"区块链+"为背景研究。通过梳理和回顾以往有关区块链和智慧养老的文献，本章创造性地提出在区块链背景下福建省智慧养老的发展问题。

第二，大多数学者都对区块链以及智慧养老的相关特征、概念进行总结分析，对"区块链+"与智慧养老做出了相关的研究探讨，更加侧重于对于智慧养老理论研究，但以智慧养老在地方实践为研究对象进行系统性阐述的研究较少，本章以福建省智慧养老作为研究对象，可进一步丰富智慧养老在实践层面的研究。

因此，本章结合相关文献对区块链以及智慧养老进行相关定义阐述后，基于"区块链+"这一背景，并以福建省智慧养老这一话题为研究对象，探究福建省智慧养老建设存在的问题。同时，根据国内外智慧养老发展的经验总结，对福建省智慧养老面临的问题提出具有针对性的相关对策，角度和内容较为新颖，完善和拓展了智慧养老的理论和实践研究。

1.2.2 现实意义

作为新型养老模式，智慧养老在我国发展时间较短，但是其社会需求与市场潜力不容小觑[①]。作为信息社会养老方式的重要创新理念，智慧养老为我国解决当前及未来面临的老龄化问题提供了新的思路、理念与方向。在区块链背景下，本章选择福建省的智慧养老问题作为研究对象进行研究，具有重要的现实意义。

一是有利于科学规划福建的智慧养老建设。目前，我国的智慧养老仍处于起步阶段。通过对智慧养老的相关概念以及对国内外智慧养老实践经验的总结，借鉴国内外智慧养老的经验来进一步科学规划福建省智慧养老的建设。同时，通过提高各级政府部门对于智慧养老的重视程度，必将有利于福建省聚集各方资源进行智慧养老的建设。

二是推动区块链在养老领域的应用。区块链技术可确保涉老数据及时地进行共享，进而能够高效地整合养老服务的需求方和供给方的相关信息，为老年人提供所需的不同维度的养老服务。本章将从区块链的本质及特点出发，阐述区块链在养老领域的价值所在，推动区块链在智慧养老领域发挥更大的价值。

---

① 豆小红. 新时期我国智慧养老健康发展研究 ［J］. 湖南行政学院学报，2019（06）：5-10.

三是将有利于向其他地区智慧养老建设提供经验。智慧养老在国内的发展尚不成熟，将福建省地区的智慧养老作为分析对象进行探究，并总结其发展过程中的经验教训，为我国其他地区建设智慧养老提供参考，共同促进智慧养老这一新理念在国内的落地应用。

1.3　国内外文献综述

1.3.1　国内文献综述

（1）智慧养老的内涵研究

国内的学术界对于智慧养老一词的使用于 2013 年之后得到统一。左美云（2014）[1]认为，在智慧养老发展中，对信息技术的运用可以使得涉老信息实现智能交互，老年人在接受有关服务，例如医疗护理、娱乐交流和健康防护等过程中，与其有关的信息能够被平台进行实时检测，进而进行传输，并进一步进行实时分析和处理。老年群体在智慧养老过程中，生活质量也相应地得到提升。郑世宝（2014）[2]认为，智慧养老是一种全面的养老服务，它实现了养老服务与云技术、大数据等技术的融合协作，为老年人提供综合性、线上线下融合、医养结合的全面养老服务。朱海龙（2016）[3]认为，智慧养老的核心在于明确以老年人群体的需求为导向，通过结合管理与信息技术，从而推进养老相关方整合与协调养老相关的资源，促进居家养老服务水平系统化、智慧化提升。

根据国内的文献综述可以得知，不同的学者对于智慧养老有自身独到见解，但就其核心观念而言存在着相似之处，即通过在养老服务中运用现代科学技术，实现有效合理地优化资源配置、对与涉老信息和相关资源进行精准管理为目的，同时帮助解决老年人供需的精准对接问题[4]。

（2）智慧养老需求的研究

毛太田、孙红霞（2017）[5]通过粗糙集理论对满意度进行评价，得出老年人在社交、健康监测、上门服务等方面的满意度较高。据此，养老相关服务提供方应重视且加强对这些方面的监管。白玫、朱庆华（2018）[6]结合年龄段分析老年人的具体服务需求，得出结论认为，整体而言，老年人在助餐、助洁、助医方面的需求相对较高，而在智慧养老服务方面的需求程度较低。雷雨迟、熊振芳（2019）[7]在调查研究武汉市社区老年人在智慧养老方面的需求中发现，尽管老年人的需求呈现出多样化的特点，但在健康监测、医疗与安全等方面的需求尤为突出。何迎朝等（2017）[8]运用 logistic 回归的方法，得出在社区居

---

① 左美云．智慧养老的内涵，模式与机遇［J］．中国公共安全，2014（10）：48-50.
② 郑世宝．物联网与智慧养老［J］．电视技术，2014，38（22）：24-27.
③ 朱海龙．智慧养老：中国老年照护模式的革新与思考［J］．湖南师范大学社会科学学报，2016，45（03）：68-73.
④ 夏梦茹．"互联网+"背景下智慧养老发展路径研究［D］．南昌大学，2019.
⑤ 毛太田，孙红霞．基于粗糙集理论的智慧养老公众满意度研究［J］．老龄科学研究，2017，5（04）：72-80.
⑥ 白玫，朱庆华．老年用户智慧养老服务需求及志愿服务意愿影响因素分析——以武汉市江汉区为例［J］．现代情报，2018，38（12）：3-8.
⑦ 雷雨迟，熊振芳．武汉市社区智慧养老服务需求调查［J］．护理研究，2019，33（08）：1425-1428.
⑧ 何迎朝，左美云，何丽．老年人采纳社区居家养老服务平台的影响因素研究［J］．科学与管理，2017，37（01）：54-64.

家养老服务平台的使用过程中，老年人在使用网络方面的状况、养老服务项目的安全性、老年人对养老产品的了解程度以及老年人的受教育对其具体的应用产生了较大影响。

1.3.2　国外文献综述

（1）智慧养老的内涵研究

2007年7月，联合国在维也纳召开了第一届以老龄化问题为主题的世界大会，在大会中通过的《老龄问题国际行动计划》标志着老龄问题已被视为世界性的发展难题。"智慧养老"这一概念，最早是由英国生命信托基金会提出，也称为"智能养老"或者"全智能化老年系统"。智慧养老这一系统通过对先进科技的应用，满足老年人追求高质量生活的需求，有效弥补传统的养老模式对于老年人生活和作息的束缚。这一概念为世界性的养老问题开辟了新思路，是切实解决老龄化问题的新方法①。

（2）智慧养老需求的研究

对于智慧养老需求，国外学者主要是研究以下三个方面的问题：一是老人在信息技术方面的需求；二是老人对信息技术持何种态度；三是在信息技术发展背景之下，老年人对于养老服务的满意度。

Chae②（2001）曾开展老年人对于医疗方式选择及其满意度的研究。通过调查研究发现，居家老年患者对于远程医疗方面的满意度很高。Eastman③（2004）以老年人使用互联网的意愿为主题，进行大规模的问卷调查。结果显示老年人对于互联网的使用意愿较高；而即使不擅于使用信息技术的老年人也乐于尝试学习。Cpurtney④（2008）通过调查老年人对于居住环境的要求，以及对日常生活医疗需求方面的研究，结果发现对于老年人而言，他们更愿居住在具有优质医疗资源的环境中，通过便利和优质的医疗资源，使自己的生理和心理安全性需求得到更好满足。Godfrey⑤（2009）针对老年人信息技术方面的需求，以及老年人使用信息技术产品状况，提出以下主要建议：在研发新产品时应引入新兴科学技术，通过互联网来满足老人在社交方面的需求。

1.3.3　文献述评

从研究内容上看，智慧养老主要倾向于理论方面的研究以及智慧养老平台的搭建等相关方面。总体来说，学者们对智慧养老的研究还具有碎片化、局限性的特点，对其理论研究也尚未形成较为成熟的体系。对于我国而言，智慧养老尚是一个全新的理念与解决我国人口老龄化的发展思路。当前我国鲜有采用从区块链技术出发对智慧养老发展进行的研究。许多学者在研究智慧养老问题时，借鉴发达国家的理论和概念，忽略我国国情，导致

①　邢浩男. 长春市智慧养老发展存在问题及对策研究［D］. 长春工业大学，2019.

②　Chae Y M, Lee J H, Ho S H, et al. Patient satisfation with telemedicine in home health services for the elderly［J］. International journal of medical informatics，2001，61（02）：167-173.

③　Eastman J k, Iyer R. The elderly's uses and atitudes toward the Internet［J］. Journal of Consumer Marketing，2004，21（03）：208-220.

④　Courtney K L, Demiris G, Rantz M, et al. Needing sm art home technologies：the perspectives of older adults in continuing care retirement communities［J］. Informatics in primary care，2008，16（03）：195-201.

⑤　Godfrey M Johnson O. Digtal circles of support：Meeting the information needs of older people［J］. Computers in Human Behavior，2009，25（03）：633-642.

智慧养老对策缺乏实用性和可行性；另外，对于智慧养老实施研究与探索的区域研究，国内则主要侧重于北京、上海等一线城市。

因此，今后研究应注意：一是研究理论框架的完整性，丰富理论研究的内容；二是研究对象的多样性，应适当关注国内其他城市智慧养老的具体实践，如本书尝试选取福建智慧养老的发展为主题，分析其现状、问题和对策；三是学习国外智慧养老的先进经验知识并结合中国的国情，对国外部分国家智慧养老的做法进行分析，寻求理论和实践的有机结合，探索具有中国特色的智慧养老方案；四是积极运用信息技术如区块链，为智慧养老问题的解决提供新的发展思路。

1.4　研究思路与研究方法

1.4.1　研究思路

本章基于智慧养老和区块链等理论，结合福建省智慧养老的发展现状，分析福建省智慧养老的发展现状、存在问题，并提出相应的对策。本章的研究思路主要是以下几个阶段。

第一，通过中国知网数据库、万方数据库等信息源进行检索，对智慧养老和区块链的相关概念进行更为深入了解，为后续研究做充分铺垫。

第二，收集有关区块链与智慧养老的相关文献，并进一步总结提炼，对国内外在区块链与智慧养老方面的研究现状进行综述。

第三，结合相关资料，分析福建省智慧养老的发展现状，并结合区块链背景就其目前所存在的问题进行研究。结合国内外有关智慧养老的具体实践，为福建省智慧养老对策的提出提供借鉴。

第四，以区块链背景下智慧养老的具体应用——"支付宝+区块链"助力时间银行的建设为例，对区块链背景下智慧养老的实际运用进行总结。

1.4.2　研究方法

（1）文献研究法

利用互联网、中国知网、图书馆等途径，查阅有关区块链和智慧养老的相关资料，并对收集到的资料与文献进行整理、分析与总结。了解国内外学者对区块链、智慧养老相关的观点，总结梳理出相关成果与经验，并基于区块链的背景进行思考，对福建省智慧养老问题的解决提供经验与借鉴。

（2）案例分析法

本章将福建省智慧养老的建设实践作为案例，分析目前其智慧养老建设的现状，总结出存在的问题，并结合区块链的大背景尝试性地提出针对性的举措意见。此外，本章选取支付宝在南京市建邺区的"区块链+时间银行"作为案例，为地方政府和企业在区块链背景下的智慧养老问题提供新的发展思路。

1.4.3　研究内容

第一节是绪论，主要对本书研究背景、研究的理论意义与现实意义进行说明，整理概括国内外文献综述，并阐述本书研究的思路、方法与内容。

第二节主要采用文献研究法，对国内外学者对于区块链、智慧养老的相关概念、特征、价值以及相关理论进行阐述。

第三节收集、整理与福建省智慧养老发展现状有关的文献资料，分析福建省发展智慧养老的有利条件，并介绍了福建省开展智慧养老的具体实践。

第四节对福建省智慧养老存在的问题进行较为深入的分析。

第五节分析国内外智慧养老发展状况并进行总结，以期为福建省的智慧养老发展提供借鉴和经验。

第六节基于区块链背景，针对福建省智慧养老的发展存在的问题提出若干对策建议。

第七节收集有关区块链背景下智慧养老的实践案例，对"区块链+时间银行"的应用进行了解与分析，以期为各地区智慧养老的实践提供借鉴。

第八节对全文进行总结，并对区块链背景下智慧养老的发展进行展望。

第 2 节　相关概念及理论基础

2.1　智慧养老的有关概念及特点

2.1.1　智慧养老的概念

（1）智慧养老的内涵

国内有关智慧养老经历了从"数字化养老""信息化养老"到"科技养老"的几个阶段①，如图 3.2 所示。笔者倾向于对智慧养老做出如下界定：摆正老年群体的中心地位，整合社会相关资源并结合现代大数据技术，实现对老年群体养老需求的全面覆盖，既能快速地响应老年人的身体需求，又能够高效地满足老年群体在精神层次的需求。由此可见，智慧养老具有以人为本、时效快以及智慧化的特征，这种养老理念与社会资源高度相关，通过其及时与科学技术的协作实现养老的智慧化②。

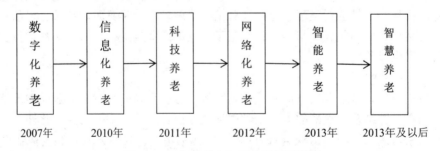

图 3.2　"智慧养老"概念发展历程图

---

① 邢浩男. 长春市智慧养老发展存在问题及对策研究［D］. 长春工业大学，2019.
② 何圆圆. 我国"智慧养老"存在的问题与对策研究［D］. 山东大学，2019.

（2）智慧养老的实质

智慧养老的实质与目标人群、技术支撑和养老功能的实现三方面相关。首先，智慧养老是以老年人为目标人群的一种养老理念。其次，智慧养老的关键依据是技术水平，通过互联网、大数据等信息化技术来支撑智慧养老服务。最后，智慧养老的开展能够及时、准确地传递老年人的需求与风险等信号，并且有助于提升人工养老服务能力。换句话说，智慧养老在健康服务、安全防护和生活护理等方面具有其独特优势①。

2.1.2　智慧养老的特点

以往的养老模式包括社区、养老机构和家庭养老。智慧养老可以通过嵌入、整合一定的信息技术促进这三种养老服务模式的互融互通，进而使得养老信息能够在养老相关方即供应者、需求者、管理者之间畅通无阻进行流通，从而促进养老服务质量的提升。具体而言，智慧养老的特点包括以下几方面。

第一，交互性。这是"互联网+"养老模式最基本的特征。养老服务平台为智慧养老的供需方和管理者架起桥梁。在应用这个平台的过程中，需求方提出需求，服务方提出所能提供的服务，而管理方通过该平台可以及时地对有关服务资源进行整合，以最短的时间满足各方需求，最终可以实现三方共赢。

第二，一体化。智慧养老模式可以联通养老服务管理的有关主体，集中各方力量解决办事难的问题。在信息传送过程中存在着诸多障碍，而智慧养老平台则能够帮助政府、企业和有关部门有效地应对这个问题，进而实现信息共享与业务合作。老年人通过互联网、区块链等技术作为终端工具可获取全方位服务。

第三，个性化。传统养老模式存在着一些问题，如医疗水平与看护水平有限。而老年人也拥有自己的人生价值清单，希望得到尊重并实现自我实现的需求。在具体感受智慧养老服务的过程中，老年人将不会产生被监控与束缚的感觉，相反嵌入式的智能设备能为年长者提供友好的服务方式如私人定制，使老年人个性化需求得到满足。

第四，产业化。在"互联网+"改革背景下，更多的企业在探索智慧养老的发展过程中，摆脱发展传统行业的惯有思想，尝试多领域、多角度进行探索，而不是仅仅局限在医疗领域、生活照护与精神慰藉等传统的行业领域，而是朝着综合化、多元化的方向发展。"互联网+"养老产业链逐渐形成，除了传统的产业之外还出现了金融服务与旅游服务等项目。

第五，智能化。科学技术可以协助形成多层保障体系。智慧养老可利用智能化设备来为指定用户群体提供本地化、人性化的服务，在降低人力资源成本支出的基础之上，智慧养老服务的质量和效率也因而得到提高。此外还能实现智慧养老相关方管理的智能化，智慧养老服务平台可以在充分整合涉老大数据基础上，将其与智能终端设备连接，通过手机、电脑等设备协助有关部门进行需求的识别，挑选出合适的机构，并帮助实现社区养老服务管理的智能化。

---

① 王文茹. "互联网+"背景下的智慧养老研究［D］. 河北经贸大学，2019.

2.1.3 智慧养老服务体系构建

近20年来，智慧养老服务体系的探索和建设引发了我国许多学者的关注。王辅贤（2004）[①] 认为，社区养老若没有收费而是当成一项慈善事业，会使养老服务的质量下降。因此，对于社区养老服务体系建设，其主张营利和非营利结合，有偿提供服务与低偿提供服务相结合。李宗华等（2005）[②] 认为，欧美地区所采取的社区照顾模式能为我国提供借鉴。结合我国采取的传统家庭养老模式，其提出应当建设以家庭养老服务为主，结合社区以及其他非营利部门提供的养老服务，构建符合我国国情的智慧养老服务体系。由于老年人的需求呈现出多样化的趋势，应该通过社会各种资源合力满足这些需求。沈嘉璐（2015）[③] 认为，福州市建设的智慧养老服务体系的现状能够反映出养老服务体系的问题，进而提出在智慧养老服务体系中要重点关注四个部分，包括养老服务的提供者、养老服务的对象、养老服务的提供者和养老服务的内容。

2.2 区块链的概念与特点

2.2.1 区块链的概念

区块链作为计算机技术的新型应用模式，起源于比特币，是支撑比特币的底层技术。区块链是一串通过使用跟密码学方法关联进而产生的数据块，在每一个数据块当中都包括一批次跟比特币网络交易相关的信息，帮助验证数据有效性、真实性（防伪）以及生成下一区块[④]。对区块链这一概念较为全面的认识，如图3.3所示。

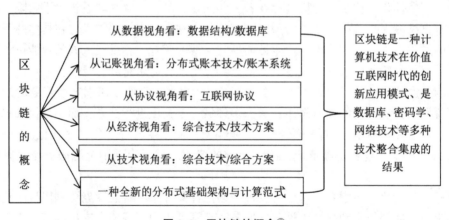

图 3.3 区块链的概念[⑤]

在本质上，区块链是所有交易参与者已经执行，并进行共享的交易或者是数字事件的分布式记录或分布式公共分类账本数据库。区块链中的交易需要通过验证，而验证的过程

① 王辅贤. 社区养老助老服务的取向、问题与对策研究 [J]. 社会科学研究，2004（06）：110-113.
② 李宗华、李伟峰、陈庆滨. 欧美社区照顾模式对我国的启示 [J]. 东岳论丛，2005（04）：76-78.
③ 沈嘉璐. 福州市智慧养老服务体系研究 [J]. 学术评论，2015（03）：126-133.
④ 杨熳. 基于区块链技术的会计模式浅探 [J]. 新会计，2017（09）：57-58.
⑤ 资料来源：根据区块链研究综述总结。

则由大多数参与者经过达成共识来完成的，交易完成后的相关信息具有永久留存的特点。这使得每一交易可以在区块链上进行确凿、可验证的记录。在科技层面上，该技术则设计了许多科学技术问题，包括数学、密码学、互联网和计算机编程等。

在应用视角上，区块链拥有去中心化、不可篡改、全程留痕、可以追溯、集体维护、公开透明等特点，这些特点使得区块链能够创造信任，让人们感受到区块链的诚实与透明。区块链在信息不对称方面的独特优势为它创造了更为丰富的应用场景，它能够帮助多个主体实现相互间的协作信任和一致行动①。

2.2.2 区块链的特征

一是去中心化。区块链最本质、最突出的特征便是去中心化。因为无需依赖第三方管理机构，并且降低了对于硬件设施的依赖，没有中心管制的限制，区块链技术的各个节点之间通过分布式的储存与核算，可以进行自我校验、传输和管理有关信息。

二是开放性。基于开源的基础，区块链技术的有关数据可以公开透明地对外开放，但也会注重交易各方的隐私问题，对私有的信息和数据进行加密。通过公开的接口，任何人都可以对区块链的数据进行查询，对有关的应用和开发进行了解，整个区块链的系统信息是公开透明的。

三是独立性。区块链系统是独立的、不依赖于第三方的系统，其基于协商一致的规范和协议（类似比特币采用的哈希算法等各种数学算法）。区块链中的所有节点都能在排除人为干预的前提下，在系统内自动对数据进行验证和交换，并能够保证这些过程的安全。

四是安全性。区块链的相对安全性在于只有超过所有数据节点的51%才能对网络数据进行修改，这能够有效避免主观人为对于数据的更改。

五是匿名性。从技术层面来说，区块链各个节点内的重要信息，如身份信息，若没有法律的强制要求不需要进行公开以及验证，并且信息的传送过程可匿名进行②。

2.3 理论基础

2.3.1 马斯洛需求层次理论

美国心理学家马斯洛将人们的需求进行分类，按照由低到高的顺序分别是生理需求、安全需求、社交需求、尊重需求和自我实现需求③。马斯洛认为人们的需求具有不同的层次，并且具有传递性，当满足较低层次的需求之后，人们就会追求更高层次的需求，同时所处环境也会对人们需求的满足产生巨大的影响。

该理论为我国智慧养老的发展提供了明确的发展方向，智慧养老核心是"以人为本"，终极目标就是要满足老年人不同层次、多元化的养老需求，针对老年人的需求提供个性化养老服务。

① 人民日报. 区块链，换道超车的突破口 [EB/OL]. http://www.chinanews.com/cj/2019/11-04/8997152.shtml, 2019-11-04.
② 姚忠将，葛敬国. 关于区块链原理及应用的综述 [J]. 科研信息化技术与应用，2017，8 (02)：3-17.
③ 马斯洛. 动机与人格 [M]. 许金生，程朝翔，译. 北京：华夏出版社，1987：42.

图 3.4 马斯洛需要层次图

1. 生理需求和安全需求是维持人类生存的基本需求。目前，随着我国国家的政策支持和经济的发展，已经初步实现了老有所养，老年人不必苦恼于生理需求这一基本的层次。安全需求于老年人而言则主要是健康、安全这两个方面。安全性是在智慧养老服务过程中，为老年人提供基础保障，包括身体健康的安全，也包括保障老年人、有关机构和组织信息数据的安全。目前我国在安全需求方面的举措还未能满足老年人的需求，仍然需要对这一方面进行提高和完善。

2. 社交需求、尊重需求和自我实现需求是需求的较高层次。为了满足老年群体在这三个层次的需求，需要借助智慧养老新模式所独有的优点，更好地满足老年人此类高层次的需求。社交需求属于较高层次的需求，绝大多数老年人与外界交流沟通机会少，情感上的需求难以得到满足。智慧养老应注意为老年人提供精神慰藉服务。尊重需求是指他人对个体本身的认可与尊重，因此，在提供智慧养老服务时也要注重老年群体对于获得尊重的需要。自我实现需求是最高层面上的需求。伴随年龄增长，认知理解能力与记忆力随之下降，老年人无法得到他人对于其价值的认可，自我价值难以得到有效实现与满足。因此，在面向老年群体提供养老服务时也不能忽略其自我实现的需求。

伴随着经济社会进步与医疗卫生条件的改善，如今的老年人生活与生命质量同时得到提高，老人的诉求由追求"生命养老"向"品质养老"转变。智慧养老应更关注老年人自身，同时注重把信息技术的应用与发挥老年人价值相结合，更符合马斯洛需求层次理论，更体现"以老为本"这一理念。

2.3.2 福利多元主义理论

1978 年英国的沃尔芬德在《志愿组织的未来》这一报告中①，首次提出了"福利多元主义"的概念，并提出实现福利供给者多元化，可以采取吸纳社会志愿者组织的措施，扩大社会福利供给者的队伍。福利作为全社会的产物，其来源应该是多元的，完全依靠国家或者依赖市场的想法是不正确的。除了国家和市场，还应考虑把家庭作为社会福利的责任方，使得国家、市场和家庭合力提供社会福利，相互补充，相辅相成，根据不同的福利服务需求选择相应的提供方。要在一定程度上打破层级限制，更重视地方和社区的参与。

---

① 于华伟. 福利多元主义视角下随迁老人异地养老问题研究 [D]. 华中科技大学，2015.

第 3 节　福建省智慧养老发展现状

3.1　福建省人口老龄化现状

福建省人口老龄化形势在近年来愈发严峻（如图 3.5 所示），老龄人口增速的提高给福建省带来了较大压力。根据人口普查有关数据，在 2000 年，省内 60 周岁以上的人口数量达到 364 万人，而在 2010 年组织的第六次人口普查的数据显示，这一数值增长了15.7%，达到了 421 万人①。在 2011-2015 年间，平均每年省内 60 周岁以上的老年人口增长了 17.73 万人，达到了 3.9% 的年均增长率，老龄化进程呈显著加快的趋势；而 80 周岁以上老年人口的年均增长率更为严峻，达到了 14.05%。据统计，2016 年底，福建省老年人口的数量为 532 万人，占总人口比重为 13.7%。其中 80 周岁及以上老年人口则是增长到了 92.4 万人，占总人口比重的 2.69%，体现出省内老年群体高龄化的特点。老年群体中还存在一个显著的空巢化的特征，全省的空巢老人达到了 119.64 万，在福建省老年人口中占比达到了 22.49%②。然而在未来，省内老龄化的形势仍不容乐观。根据老年科学研究中心的预测，到 2020 年，福建省内 60 周岁以上的老年人口将持续增长到 615.73 万人，将达到 15.02% 的占比③。

65岁以上老年人口（万人）　　比重（%）

图 3.5　福建省 2012—2019 年老年人口增长情况④

---

①　国家统计局. 福建省 2010 年第六次全国人口普查统计公报［EB/OL］. http：//www.stats.gov.cn，2014-10-13.

②　徐涓. 推进新福建智慧养老产业发展［N］. 福建日报，2018-04-09（010）.

③　福建设立养老产业投资基金 总规模达 60 亿着力投资五大方向［EB/OL］. http：//fj.people.com.cn，2016-01-07.

④　资料来源：根据福建省统计局. 福建省国民经济和社会发展统计公报整理。

3.2 福建省智慧养老发展的有利条件

3.2.1 产业层面的项目引进与政府主导的服务改善双管齐下

沿海地区拥有发展经济的天然优势，拥有实力强劲、数量众多的各类企业，而且政府政策的制定也更为灵活与开放。福建省高科技产业发展速度快，目前处于较成熟的发展阶段，在充分借鉴智慧养老的试点城市经验基础之上，福建省建立了政府与企业合作的模式。依托信息技术产业开展政企合作，不仅能促进城市经济水平与竞争力的提升，还能促进和完善智慧养老的发展与建设。

3.2.2 基础设施建设良好①

至 2016 年底，省内的养老床位数呈现翻倍增加的趋势。根据统计，在"十一五"期间，每千名老年人所拥有的床位数是 14.96 张，而在 2016 年则是达到了 30.1 张。省内目前建有 2219 个社区养老服务中心站，全省的社区居家养老服务中心站基本达到了全覆盖，此外社会福利中心在各市、县的建设已基本达到 97% 的覆盖率。

至 2019 年 6 月，全省共有各类养老床位 22.95 万张，其中护理型床位 13.6 万张，占比 59.3%；民营（含公建民营）养老床位 15.86 万张，占比 69.11%；每千名老人平均拥有养老床位达 35.6 张，提前实现"十三五"35 张的目标；已经建成城市街道和中心乡镇居家社区养老服务照料中心 488 所，覆盖率达到 85.7%，比 2018 年末上升 5.6%；建成标准农村幸福院 6458 所，其他农村居家养老服务站等设施 3502 所，建制村养老服务设施覆盖率达 69.4%，比 2018 年末上升 16.4%，全省养老基础设施建设推进较快，福州市鼓楼区已实现社区日间照料中心全覆盖。

3.2.3 多元化资金投入

在 2015 年，为了促进社会组织积极参加社会养老服务项目，福建省民政厅联合财政厅投入了 1250 万。2016 年 1 月，在福建省民政厅、财政厅以及福建省能源集团的资金支持下，总规模为 60 亿元的"福建省养老产业投资基金"项目落地实施。2017 年，为推动养老服务业的发展，省级财政预算投入了 8.1 亿元作为补助资金。相较于 2016 年，2017 年增加 4.52 亿，增长 55.8%。此外，在 2017 年，为扶持智慧养老服务项目的发展，积极获取来自社会各界的资本，福建省发布《关于鼓励社会资本投资养老服务 PPP 工程包的实施方案》②，方案中提出要采取养老服务 PPP 工程包的方式来建立综合性的养老服务设施。2019 年至今，全省各级财政投入养老服务的资金达 18.44 亿元，其中福彩公益金投入 4.2 亿元，引导撬动社会资本 15.47 亿元。

---

① 福建省财政厅. 福建省养老服务发展现状调研报告［EB/OL］. http：//czt. fujian. gov. cn/zwgk/dcyj/201908/t20190830_ 5015040. htm，2019-08-30.

② 福建省民政厅. 关于印发《关于鼓励社会资本投资养老服务 PPP 工程包的实施方案》的通知［EB/OL］. https：//www. sohu. com/a/133264855_ 465257，2017-04-10.

3.2.4　"双区"试点促进闽台交流合作

2015 年，为了促进福建省经济社会较快发展，国务院先后发布了两项文件，即《中国（福建）自由贸易试验区总体方案》与《关于同意设立福州新区的批复》，文件中明确提及要将福建省自贸试验区打造成为一个示范区，两岸政府、企业可在此进行经济合作。金门县也采取积极的举措，如开展"智慧金门"项目，促进金门和厦门共同建设智慧项目。两岸政府部门的利好政策为福建省智慧养老的发展开辟了更为广阔的道路，福建省不仅可以吸收借鉴台湾地区关于智慧城市建设的经验，还能够促进两岸智慧共建的突破。目前，闽台合作的成效主要体现在两个方面。一是对于民办养老机构建设的支持。通过加大资金支持和补助，对养老床位进行补贴，推动民办公助模式的发展。二是对于公立养老机构的支持。为促进公立养老机构的运营，政府采取了多种形式推动公建民营养老机构发展，例如合资、承包、合作以及委托运营等，推动公建民营模式的发展。

3.3　福建省智慧养老的具体实践

3.3.1　厦门市智慧养老建设

厦门市的智慧养老模式主要是以"互联网+智慧养老"为主。2015 年，为促进养老服务的发展，厦门市采取了建设养老信息化服务平台、开通"12349"养老服务专用号的举措[1]。信息化的养老服务平台有助于厦门市对社会上的养老资源进行整合，老年人待在家里便可以享受养老咨询、健康保健以及家政保洁等多元化服务项目。老年人还能够根据自己的需求，使用社会养老服务机构提供的智能软件作为工具，可以购买就医全程陪护服务，帮助老人解决到医院就医的难题。近年来，通过政府与社会共同发力的方式，厦门市初步探索出一条"互联网+养老"的智慧养老模式[2]。

2019 年，全国进行的养老服务改革将厦门选为其中一个试点[3]。为了提高社区养老服务水平，厦门提出在 2021 年要建立"市—区—街（镇）—村（居）"四级联动的网格化工作格局。厦门市的智慧养老建设不只是加强传统养老的基础设施建设，还协调统筹各方面的资源，合力为老年人打造"没有围墙的养老院"。厦门市的智慧养老服务集线上线下健康管理、紧急救援、生活服务、社会参与、机构管理五大功能于一体。

3.3.2　福州市鼓楼区智慧养老建设

福州市鼓楼区联合中国移动通信集团福建有限公司、中国对外贸易中心集团有限责任公司创建智慧养老服务示范基地[4]。本着"政府主导、企业运作、共创共享、长效运营"

---

①　福建日报 . 厦门率先开通养老服务信息化平台 ［EB/OL］. https：//china. huanqiu. com/article/9CaKrnJKO8j，2015-05-09.

②　廖翔宇 . "互联网+"背景下信息化居家养老服务的探索与研究 ［D］. 福建师范大学，2017.

③　厦门网 . 厦门入选全国养老服务改革试点 力争 2021 年建立四级联动的网格化工作格局 ［EB/OL］. http：//news. xmnn. cn/xmnn/2019/09/06/100593856. shtml，2019-09-06.

④　福州新闻网 . 鼓楼拟打造智慧养老服务示范区 提供高水平服务 ［EB/OL］. http：//glq. fuzhou. gov. cn/xjwz/glyw/glywszb/201806/t20180619_ 2465626. htm，2018-06-19.

的原则，三方发挥各自优势将有关产业如医疗卫生、便老服务、助老安全等进行整合，老年人可以因此享受到高标准、高水平以及高质量即"三高"的养老服务产品。此外，基于促进养老服务内容的多样化，满足老年人更高层次的需求的目的，"养老家园"这一模式得到了三方的一致认可，在"养老家园"进行大范围推广前，三方对时间银行、照护评估以及疾病管理等进行试运行。

近年来，鼓楼区对养老服务进行进一步规划，旨在打造省级居家与养老服务示范区，并建立起社区养老服务中心，意在构建 15 分钟覆盖鼓楼区的 10 个街镇的居家、社区养老服务圈。

第 4 节　区块链环境下福建省智慧养老存在的问题

4.1　养老信息化建设滞后

智慧养老之于我国是一个新的模式，福建省乃至全国对智慧养老产业的建设都尚未成熟，而区块链、互联网技术在智慧养老建设上的应用更是少之又少。大数据、云计算和区块链技术在某些方面的应用甚至还处在空白的阶段。信息化滞后的问题给智能终端带来的问题尤为突出，比如检测出现误差、产品售后服务不及时等，老年人的实际需求不能够得到很好满足。与此同时，在智慧养老产业发展过程中，信息安全也面临着巨大挑战，主要表现为管理机构的规范化程度、信息标准化程度需要统一等。此外，与养老产业信息化的实施有关的各个部门，包括政府、社区、科技服务机构之间信息的实时交互与共享度还有待提高。

4.2　信息化与智能化程度低

在智慧养老产业的发展过程中，福建省相关产业信息化、智能化程度偏低，存在技术发展障碍。主要表现在以下几方面。

（1）对以现代信息技术为基础的智能设备的开发与应用仍处于探索阶段。因此在涉及信息的获取、应用与整理等方面还存在诸多问题，导致难以充分采集数据信息，这将对养老信息的分析、处理和开放共享产生影响。智慧养老相关的智能产品目前存在较为单一的问题，通常为便携式手环或智能手机，难以满足老年人对智能养老产品的个性化、多样化需求。此外，由于难以有效对接信息数据、智能设备和老年人所需要的服务，因此智能设备的更新速度往往落后于智慧养老服务的发展，这使老年人的实际需求问题难以得到有效解决。

（2）福建省智慧养老产品的"智慧性"不足。智慧养老的核心是以老年人为本，而智慧养老产品在使用时却无法吻合其设计理念，许多智能产品都给其使用者带来"异物感"或"义务感"。对于老年人而言，这些产品操作烦琐，并不符合他们的使用能力与生活习惯，导致老年人对这些产品缺乏使用兴趣，当然更无法熟练使用。而且绝大多数智能产品只是被动响应老年群体的需求，导致老年群体不愿意接收相关产品。

4.3　优质智慧养老项目覆盖面过窄

对省内已有的智慧养老项目进行分析，可以发现优质养老项目的数量较少。国外所推行的智能养老公寓信息化系统在福建省的覆盖范围小，部分智慧养老的项目仅覆盖部分小区和福利院，仅有小部分人群获益。省内的养老服务项目内容主要是面向老年群体的基本生活护理、医疗健康等传统项目，未能及时发现老年人的心理问题以及生活方面的需求，相关金融业和心理资源行业的发展速度极其缓慢，养老服务产业结构出现严重失衡现象。

养老服务业的跨度广、产业链长，涉及资本投资、产品开发与生产以及市场销售等多个环节。只有各个环节产生一体化协同发展，才会发挥养老服务的最大效应。处于初级发展阶段的福建省养老服务业，未能很好地协调好上述各环节。许多企业不仅未能进行明确的分工协作，还出现统揽上述几个环节的现象，而因为能力不足以及专业化程度低，反而导致了高成本、低效率的不良结果①。

此外制约福建省优质智慧养老项目发展的一个因素是缺乏创新能力。虽然就目前的发展而言，省内的老年服务市场发展速度较快，但是养老市场提供的项目缺乏创新点，大多数是根据我国台湾地区还有一些发达国家的经验在本地进行应用，未能因地制宜，未对其管理模式和方法加以创新，也未能创新地开发与改造有关养老服务的产品。

4.4　产业供需矛盾突出

近年来，福建省各类家庭成员结构的急剧变化给家庭和社会带来了很大的挑战。对于家庭而言，传统的家庭养老模式的负担愈发沉重；对社会而言，社会需要更多能够提供给老年人专业化、精准化服务的养老机构。然而随着时间的推移，老年人的养老需求和家庭、社会的养老服务之间的矛盾愈发严重。供需矛盾的表现之一便是省内养老床位的供需问题。据相关资料②，至 2019 年 6 月，省内提供给老年人的养老床位数为 22.95 万张。平均可向每千名老年人提供约 35.6 张的床位。虽然与 2013 年的有关数据相比，2019 年的数值已经有所增长，但是根据我国的标准，养老的床位数应达到为每千名老年人提供 40 张床位数，这说明在养老床位问题上矛盾尚未得到解决，缺口仍然较大。另外，老龄化给提供养老服务的企业也带来了挑战。大多数企业仅根据当前市场状况提供产品，并未深入了解调查老年人的实际需求、老年人消费方面的特点，导致不能根据老年人的实际需求设计差异化产品，在市场上便会出现老年群体需求大却不能得到有效供给的现象。

养老服务产业区域资源配置不均衡的现象也制约着福建省智慧养老的发展。根据区域分布进行划分，省内经济发达的城市基础设施较为完善，养老服务业提供的服务的种类、形式也更加完善，例如福州和厦门在智慧养老的发展在省内就处于领先的地位。而省内其他地区的养老服务业提供的服务供给有限，供需矛盾突出。根据城乡进行划分，福建省内的民办养老机构在城乡的分布不均。据福建老龄网的统计，省内的民办养老机构多集中在城市，占比

① 杨立雄 . 中国老龄服务业产业发展研究［J］. 新疆师范大学学报（哲学社会科学版），2017（02）：69-76.
② 张俊浦 . 论老龄产业发展的机遇与挑战［J］. 中共山西省直机关党校学报，2013（05）：35-38.

达80%以上，而在农村则低于20%。

4.5 优惠力度不足且政策落实不到位

在2014年出台的《福建省人民政府关于加快发展养老服务业的实施意见》中①，福建省政府提出了发展养老服务业的建议，运用政府的政策扶持对其发展进行引导。然而意见中并没有涉及具体的实施准则，相关政策的落地实施因此受到影响。

对于民办养老机构而言，用地难、融资难的问题没有得到缓解。根据相关调查，省内民办的养老机构在申请优惠待遇过程中存在困难，不仅相关建设项目难以得到批准，补助经费的申请也是一个重大难题。对于相关投资方而言，因为养老服务业的性质特殊，即半盈利性和半福利性，所以需要政府给予诸如金融、税收等方面相应的扶持才能保证适当的收益。但目前政府政策所提供的优惠力度与政策的落实状况对于福建省民间资本的吸引力低，兴办养老机构的愿景难以实现。对于市场建设而言，智慧养老业相关的管理制度也存在着诸多缺陷，其中行业规范标准的缺失、政策盲点等问题较为严重。

4.6 人才资源匮乏且缺乏专业团队保障

虽然福建省对于人才队伍的建设高度重视，但是多停留在对其原则性的要求，欠缺具体实施细则。据调查显示②，福建省养老服务业对于专业的年轻人才吸引力低，主要是因为薪资水平不尽人意，从事养老服务业的人才在社会上缺乏认可。而现有的人才资源的文化水平偏低，并且还存在着服务质量差的问题。福建省养老机构现有入住人数53013人，按照护理人员与老人1∶5的比例计算，护理人员应达到10603人。然而省内现有养老护理人员仅9391人，且部分人员且并不具备养老护理职业资格，专业性的护理人员严重短缺，影响养老机构的服务质量。

从目前福建省养老服务机构的职员构成而言，处于40~50岁这个年龄段的农村女性占据相当高的比例，她们不仅专业水平低、知识技能欠缺且身兼数职，说明目前养老服务业的整体专业性还有很大的提升空间。省内养老服务专业人才匮乏，更是缺乏能够开展理论探索和进行服务项目设计的高端人才，这就决定了福建省养老服务业长期处于较低的发展水平。智慧养老产业的智能产品设计、行业顶层设计、行业操作标准制定等工作都难以高质量高效率地开展。根据调查，养老服务与管理专业在省内并未得到重视与推广，仅在极少数的职业院校中可见，社会上缺乏针对该专业的服务人才的培训。

在福建省乃至全国都缺少专业的智慧养老团队。政府、企业、机构等在推进智慧养老项目的发展过程中，未能得到专业团队的积极指导和持续推动。在项目建设过程中遭遇的难题，尤其是涉及技术层面的专业知识无法得到有效的指导，只能慢慢进行探索，这对智慧养老项目建设的专业化水平和建设的速度与质量都造成了影响③。

---

① 余新仁. 发挥优势，加快发展——解读《福建省人民政府关于加快发展养老服务业的实施意见》[J]. 社会福利，2014（03）：26-27.

② 王丹素. 加快我省现代养老服务业人才培养[N]. 福建日报，2015-08-03（011）.

③ 张雷，韩永乐. 当前我国智慧养老的主要模式、存在问题与对策[J]. 社会保障研究，2017（02）：30-37.

第 5 节　国内外智慧养老的发展现状及经验总结

5.1　国外智慧养老实践经验

由于发达国家较早进入老龄社会，因此其养老服务体系相对较为健全。对于智慧养老产业的发展，国外一方面是希望通过科技手段，既增强老年人的独立生活能力，又尽量降低人工服务成本；另一方面是出自人性化考虑，希望能够尊重老人隐私，注重对于老年群体的精神慰藉。

5.1.1　日本完善的法律体系

在日本，65 岁以上的人口已经达到总人口的 1/4。作为老龄化最严重的国家之一，日本政府对于智慧养老高度重视，通过颁布相关法律法规探究智慧养老在日本的具体实施，把它当作一项产业进行发展。日本政府先后出台多部与养老服务相关的法律，总体上形成了较为完善的法律体系，从而为维护老年人的权益提供了充分的法律保障。

表 3.3　日本养老政策法规汇总①

时　间	名　称	主要内容
1959 年	《国民年金法》	20 岁以上 60 岁以下国民皆年金，65 岁开始领取
1963 年	《老人福利法》	倡导保障老年人整体生活利益，推行社会化养老
1983 年	《老年保健法》1985 正式生效	使日本老年福祉政策的重心开始转移到居家养老
1986 年	《高龄者雇用安定法》	旨在为老年人就业提供政策支持
1988 年	《实现老龄福利社会措施的原则与目标》	老年人福利政策的方向和施策目标
1989 年	《促进老人健康与福利服务十年战略规划》	确立了国家对高龄者的"保健医疗福利"服务基本方针
1995 年	《老龄社会对策基本法》	建立"每个国民都能终身享受幸福的老龄化社会"
2001 年	《社会福祉法》	扩大社会福利事业的范围，加强对事业主体的管理
2001 年	《高龄者居住法》	方便高龄老人的生活、居住和出入
2003 年	《健康增进法》	对老年人的健康保障作出了相应的法律规定
2006 年	《无障碍法》	保障高龄者及残疾人无障碍移动的相关法律

---

① 资料来源：赵晓征. 日本养老政策法规及老年居住建筑分类 ［J］. 世界建筑导报，2015（03）：27.

5.1.2 美国远程医疗与科技支持①

美国拥有巨大的远程医疗服务市场，据统计，该市场在 2016 年的规模已经达到 3 亿美元，而且发展态势强劲。预计到 2030 年，美国 65 岁以上的老年人将超过全国人口的 20%。美国的医院重视远程医疗的发展，出于方便老年人的目的，为他们建立初级电子健康档案。

此外，美国的科技水平居世界前列，科技公司的数量众多，这为智慧养老发展提供了强大的技术支持。在智慧养老产品的研发过程中，许多高科技的厂商，例如苹果公司、飞利浦等做出了重大的贡献。为了能够满足老年人的实际需求，这些公司凭借自己雄厚的科技实力，对所生产和提供的产品进行改造，注重产品的适老化和智能化。这些公司还针对老年网友开发了智慧养老的应用程序软件，它能够在手机、电脑或其他通信设备上运行。

5.1.3 英国智能化养老公寓②

英国的社区照顾模式包括老年公寓、日间照顾中心以及护理机构等。英国依托移动互联网、大数据等信息化手段和技术设计出全智能老年公寓，使老年人的生活自理能力得到了极大提高，生活质量得到了改善，实现生活起居智能化。

具体而言，智能化养老公寓能使老人的衣食住行得到改善。在出行方面，当老年人外出摔倒时，置于地面的安全传感器将迅速通知相关医护人员以及家属。在生活起居方面，大部分老年人由于记性差，在做饭煮菜时经常忘记关掉电源而产生危险隐患，此时置于厨房内部的传感器将会作出相应的反应，给老年人及其家属发出警报。

5.2 国内智慧养老实践经验

我国政府愈发重视智慧养老的建设，强调建设智慧养老服务信息平台，并且引入高科技，实现对相关资源的整合。

5.2.1 乌镇"线上+线下"的智慧养老建设③

2015 年 8 月，乌镇在养老照料中心引入"互联网+养老"服务体系。为实现智慧养老服务的智能化，该体系引入了大数据、互联网等现代科技。为了向老年人提供高质量的现代化养老服务，乌镇建立了本地的智慧养老数据库并对其进行实时更新与监测，对于老年人的基本状况进行记录，并且还建立了专属老年人的健康档案，在数据库中包含老年人接受服务的记录。

此外，为了能够为老年人提供专业化以及智慧化的服务，乌镇还建立了养老信息服务平台。该服务平台可以根据实际需求为老年人配置硬件设施。线下由企业在老年人家安装物联智能设备，包括报警定位系统和呼叫系统等。线上则是连接起养老信息服务平台和硬件设

① 中商情报网.2016 年美国远程医疗服务 B to C 市场预计达到 3 亿美元规模 [EB/OL]. https：//www.askci.com/news/hlw/20160510/1156337681.shtml，2016-05-10.

② 徐凤亮、王梦媛. 国内外智慧养老比较与发展趋势的研究 [J]. 劳动保障世界，2019 (27)：17-18.

③ 新华网. 智慧养老体系下的乌镇养老服务照料中心 [EB/OL]. http：//www.360doc.com/content/16/0615/18/4135736_ 568041634.shtml，2016-06-15.

施，子女可以远程了解家中老人的身体状况，医院也可以根据该平台实时了解老年人的各项生命体征数据。

5.2.2　河南省洛阳市创新打造居家社区智慧养老新模式①

对智慧养老服务的探索，首先洛阳市采取了构建"信息化平台+服务队伍"的模式。在这个模式下，该地区成立 12349 居家养老服务网站，为老年人搭建了一个全天候呼叫的平台、调动养老服务的平台、老年人的服务支付与监管平台以及远程医疗平台。该架构积极引入"互联网+"发展模式，以老年人的服务需求为导向，以老年人信息数据为支撑，开通了名医问诊、家政服务、生活帮助等服务。

其次，洛阳市智慧养老探索出"线上+线下"服务结合的新模式。该地区的居家养老服务中心针对老年人的特征采取了相应的措施，针对老年人行动不便的问题开发上门服务管理系统；针对老年人对网络使用不熟练的情况，开发出社区助购系统及客户端服务系统。此外，居家养老服务中心还积极探索"互联网+"的新服务模式，包括"互联网+"背景下的照护服务以及金融服务等。

5.2.3　山东烟台市"医养学康"综合示范区②

烟台"医养学康"综合示范区注重人才培养。该示范区针对人才不足的情况，规划建设烟台卫生健康职业学院以培养应用型护理人才，为医院以及养老机构提供人才支撑。学生们在学校能够享受到烟台地区两所专业护理学校的优质资源，提高自己的专业素养。为了能够提供更为优质的护理服务，学校定期组织学生到拥有先进护理技术的国家如美国、日本学习。

此外，示范区不受传统养老理念的束缚，主张老年人需要进行实践并且学习新的知识。采取设立老年大学的举措，在乐天养老中心对老年人进行再教育，让老年人学习新知识，了解新技术，满足其精神需求。此外开展海上垂钓、播种以及采摘等活动，老年人可以根据兴趣选择性参与，更好地调动其"动起来"的兴致。

5.3　国内外经验总结及启示

国外对于智慧养老的理念起步早，采取的相关措施在探索中不断完善，具有完备的法律法规，相关的服务有远程医疗、智能化公寓等，集中在智能化可穿戴设备以及智能家居等的开发。在宏观层面上，国外智慧养老采取的措施是通过颁布政策明确智慧养老的标准。在微观层面上，针对老年人的实际需求，有针对性地制定相关政策。我国应借鉴国外的智慧养老发展经验，并结合我国国情，探究具有中国特色的智慧养老模式。我国智慧养老产业开展试点的整体比例还比较低，与智慧养老相关的法律法规还在不断制定完善中。

通过对国内外智慧养老实践经验的分析，对福建省可提供以下启示：一是政府应大胆借

---

① 国家发改委. 走进养老服务业发展新时代——养老服务业发展典型案例汇编之发展养老产业和智慧养老篇（案例 3）［EB/OL］. http：//www. yangcc. com/news_ article. php？ newsid＝8644，2018-02-26.

② 国家发改委. 走进养老服务业发展新时代——养老服务业发展典型案例汇编之发展养老产业和智慧养老篇（案例 32）［EB/OL］. http：//share. iclient. ifeng. com/shareNews？ aid＝52753942&fromType＝vampire，2018-02-27.

鉴国内外智慧养老的发展经验，推动区块链背景下智慧养老的发展；二是制定智慧养老标准体系并出台相关法律法规，为智慧养老提供政策保障；三是要重视智慧养老信息平台的建立，通过平台整合老年人相关的信息，推动涉老信息在智慧养老相关方的联通；四是要加强对养老相关人才以及团队的培训，提高智慧养老的服务质量。此外，还应当建立多元灵活的筹资模式，为智慧养老筹集资金，引导民间资本进入，探索引入政府与民间资本共同建设的模式。

第6节　区块链背景下福建省智慧养老发展对策

目前我国信息平台建设正处在起步阶段，与之相对应的是对老年人信息的收集和分享、社会对老年人提供的养老服务、智能产品的开发还不成熟，具体实践仍在不断探索中。为了满足日益多元化的养老需求，政府、企业和社会组织都应该参与智慧养老的建设过程中，以责任共担为思想，积极吸引多元化服务主体的参与，以多层次、可持续为原则，建立起智慧养老制度。

6.1　促进区块链与智慧养老融合

区块链技术的出现，一是可以解决养老健康数据在传输与保存过程中的安全，还有数据共享的安全性等问题；二是在没有权限限制的区块链上，有关各方都可以查看所有记录，智慧养老相关方可以协商，共同决定数据的查看权限，数据的可靠性、安全性因此得到了保障。

基于此，将区块链技术应用于养老服务领域打造的智慧养老服务系统主要包括以下两个方面：一是智慧健康管理服务。通过区块链技术和大数据结合，可以对老人日常自主采集的个人健康数据进行检测；然后该数据会自动上传到互联网平台，有专门人员对老人健康数据定期整理与汇总，定期向老人的监护人或健康管理机构反馈老人的健康状况信息。二是智慧居家安全服务。老年人独居的情况难以避免，容易引发一系列安全问题。通过智慧感知数据终端，可以实现对居家水、电、气、门禁等进行实时安全监测。通过智能感知，一旦出现安全隐患，系统会立即发出报警，以保障老人生命和家居财产安全。

福建省需重视在智慧养老建设中科学技术的重要性，不断推进智慧养老产品的科技水平。首先，智慧养老服务平台为智慧养老相关方架起了数据联通的桥梁，平台的好坏直接关系到数据交流的效率，因此要不断优化平台的设计。其次，政府相关部门应当鼓励社会各界研发适合老年人的智慧养老产品，运用区块链技术保障信息的安全并满足老年人情感交流和精神慰藉。最后，政府应重点关注并鼓励创新型小企业发展，加强对其的专利保护，鼓励创新型企业在发展中采用区块链等相关技术；同时，政府应制定相应的法律法规鼓励企业间进行公正合理的竞争，以防止不良产品干扰市场秩序从而妨碍区块链技术的应用推广。

6.2　推动信息化平台的建立

信息服务平台通过对老年人的远程监测可以获得海量的涉老信息，通过主动响应老年群体的需求，在对日常监测到的数据进行深度挖掘处理与实时监控的基础上主动为老年人提供所需服务，如图 3.6 所示。

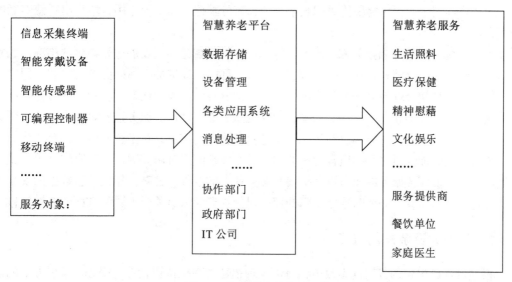

图 3.6　智慧养老实现过程①

首先，信息网络系统有助于线上的智慧养老数据的交流。可通过科学规划逐步建立该系统，将有利于涉老部门的协同配合。通过该系统能够实施监测老年人的数据，建立起一个涉老部门数据与老年人数据相结合的完善数据库。同时，实现养老信息平台的高层级化和跨区域化整合，多渠道地收集数据，把从社区收集信息进一步扩大到从街道、市到省收集数据，进一步提高数据的共享程度。

其次，养老信息平台的建立为数据共享系统提供了一个平台，有利于促进信息的共享、深度开发与合理利用。对智慧养老大数据进行深度挖掘与应用，进而指明未来养老产业的发展方向并准确引入社会资本。

此外，福建省拥有城市多区叠加的优势，可利用这一优势来支持智慧养老领域众创、众包、众扶等创业支撑的平台建设，并为初创企业提供资金和技术支持，并在市场应用和推广等方面予以扶持。

6.3　完善智慧养老发展的顶层设计规划

首先，要制定完善的法律法规，并推动智慧养老标准体系的建立，全方面促进智慧养老产业的发展。利用养老信息平台，政府可获取老年人口的相关数据，例如身体健康的状况、省内老年人口的分布情况等，准确为老年人提供社会保障。对于优质养老项目覆盖过窄、未能得到有效推广的问题，要从关键点和使用条件入手进行分析和研究，通过树立典型的方式来实现大范围的推广，还可以充分利用媒体分享好的经验。与此同时，为加强优质智慧养老项目的推广效果，应通过政策优化设计，激发企业参与的热情和积极性。拓宽智慧养老投融资渠道，降低融资门槛，政府还可以通过政策设计为社会资本的进入进行补助，或者采取政

---

① 资料来源：王晓慧，向运华．智慧养老发展实践与反思［J］．广西社会科学，2019（07）：81-88．

府购买服务的方式推动产业资金的进入。同时把控参与智慧养老产业建设的企业层次，引入合规企业，鼓励社会机构、团体组织等民间力量投入智慧养老产业的建设中，活跃建设队伍。对智慧养老企业提供财税优惠和政策支持，充分发挥市场主导作用，培育出智慧养老的领军企业。

其次，统筹智慧养老相关方，建立协调机制。针对智慧养老发展过程遇到的难题，成立专门的应对机构，统筹财政和民政等智慧养老有关部门，促进部门间的协作。协调部门之间的合作机制，科学合理地对养老产业进行规划，细分各个阶段的任务，明确各部门的职责。

最后，完善和强化监管机制。居家社区养老服务点多面广，服务监管难度大，信息服务涉及老年人隐私多，强化监管有利于保障智慧养老服务的质量。对于企业而言，合法化的经营是前提，政府加强对企业的监督管理能够实现有效地配置资源。因此，政府的许可是企业开展服务、改变相关服务的质量以及扩展其服务业务的条件，针对老年人信息数据的安全性要求对企业进行监管，必要时成立专门的部门以保护老年人有关个人隐私方面的数据信息。

6.4 加大资金投入力度

根据目前已出台的各项优惠政策，可以发现福建省在扶持智慧养老服务业发展方面的优惠政策力度还不够。因此，需要完善相关的优惠政策并加大优惠力度。首先，对于民办养老机构进行优惠，如开办补助与床位运营的补贴，将福利彩票的公益金用于养老服务事业；免征涉老企业在日常照料、护理等方面取得的服务收入的增值税；对于同时赡养两名以上老年人的个人，允许提高其个人所得税税前扣除基数等。其次，提高政府对于民办养老机构一次性补助标准，鼓励民间资本通过合资、承包、租赁等方式参与管理，或运营公立养老服务设施。最后，发挥闽台地缘的优势，选择福建省内规模较大的台商投资区作为中心，打造养老服务业产业示范基地，加大对于智慧养老服务业的政策优惠力度，如土地、金融、人才等。[①]

此外，养老有关部门与机构可统一行动并协调配合，为智慧养老产业的发展制定相关扶持政策，如提供政策保证和资金补贴等。将政府、医疗机构、家庭等社会因素连接起来，将社会资本带入养老产业并整合社会资源，积极鼓励吸引社会力量的参与，进一步实现养老服务主体的多元化。

6.5 对老年人进行再教育

根据马斯洛需要层次理论，在解决了基本生活问题之后，老年群体在更高层面的追求如人际交往、情感交流和知识再教育会逐步凸显出来。然而，因为老年群体在年龄、习惯以及知识储备等方面存在不足，所以老年人的互联网应用能力较低；大数据、物联网以及区块链等技术的快速发展，将使一定数量的老年人难以适应未来养老模式的新变化。因此，开展面向老年人的信息技术教育，缓和其对智慧养老的不适感具有相当的紧迫性。

一是要持续培养老年人智慧养老理念，采取丰富的宣传、推广活动，促进老年人对于智慧养老这一概念的理解。福建省政府可通过社区工作人员和志愿者，组织老年群体集体

---

① 陆杰华，王伟进，薛伟玲. 中国老龄产业发展的现状、前景与政策支持体系 [J]. 城市观察，2013 (04)：5 -13+21.

活动或上门讲解；也可借助政府丰富的宣传资源，如宣传册、报纸、电视、智能设备免费体验等形式，进行"信息技术+养老服务"的宣传与推广，使老年人与社会养老服务机构切实接触并了解智慧养老这一新的养老模式。

二是应面向老年群体开展信息技术教育。信息技术发展日新月异，老年人难以跟上其发展步伐，福建省政府应充分认识老年人信息技术教育的重要性，针对实际问题引导相关方成立老年信息技术培训班。培训机构根据老年人对于信息技术以及区块链的知识缺乏、智能设备操作障碍等问题，设计相应的教学模式，通过强化训练、以老带新等手段让老人能够较为熟练地操作智能设备。

6.6　加强专业人才队伍建设

智慧养老的发展离不开科技的有力支撑，而相关的科技研发与应用对于专业技术人才的需求缺口大。为了缓和智慧养老专业人员缺乏的现状，有关部门应该采取必要的措施，加强专业人才的培养，加快专业队伍的建设进程。

一方面，福建省可借鉴美国在建立老龄服务业从业人员职业教育体系方面的经验，通过政策鼓励省内的高校、职业院校与养老服务机构进行合作，对养老服务人才进行系统性培养，积极鼓励各大高校自主规划发展开设相关专业课程，加强与区块链或者信息技术相关的人才尤其以养老护理员及数据工程师等应用创新型人才的培养力度。另外，台湾在智慧养老服务产业的人才培养、培训等方面也积累了较为丰富的经验。福建省也可利用与台湾"同文、同种、同族、同源"的优势，深化两岸在智慧养老的技术、人才与项目等方面的交流。

另一方面，应扩大养老服务志愿者队伍的规模，通过鼓励动员企业、社会组织、高校学生或具有空闲时间的年轻人加入老年人公益服务中，积极开展"关爱老年人"活动。比如，泉州市丰泽区华大街道华大社区就借助华侨大学丰富优质的大学生资源，通过周末与假期邀请师生参与社区居家养老服务，并不定期邀请华侨大学教授在社区开设"爷爷奶奶"课堂①。此外，还可以通过"劳务储蓄""义工银行"等帮扶机制以实现志愿服务的常态化。最后，还可以充分发挥低龄老人的力量，对生活上能够自理且具有独立社交能力的低龄老龄人进行基础的专业技能培训，这可以在一定程度上解决专业护理人员数量不足的问题。

第 7 节　区块链赋能智慧养老的实践——支付宝+区块链+时间银行

通过在中国专利信息中心对区块链与养老进行检索②，仅搜索到三条与区块链相关的养老专利申请，其中包括基于区块链的养老服务时间结算信息处理方法和系统，这说明区块链应用于养老行业的实践仍处于萌芽阶段，但政府相关部门、专家学者都在积极地探究

①　王啸挺．泉州城市居家养老服务体系建设中的政府治理研究［D］．华侨大学，2016．
②　包凡仁，陈思，何振宇，朱庆华．区块链技术在智慧养老领域的应用［J］．中国信息界，2019（05）：82-85．

区块链背景下的智慧养老问题。

由于在智慧养老领域，缺乏具体的区块链应用的实践经验，因此通过研究区块链对于时间银行的价值，了解区块链技术对于养老行业的价值所在。

7.1 时间银行的概念

20 世纪 80 年代，美国埃德加·卡恩教授提出"时间银行"这一概念，他假设每个人时间等价，从而能够使用时间对产品或服务的价值进行衡量[①]。"时间银行"的实质是整合社区资源且量化服务时间，并且能够实现劳动成果的延期支付[②]。"时间银行"是一种新型的互助养老模式，志愿者通过做好事积累"公益时"之后可存入"银行"，在未来为自己或者他人来兑换相同时长的养老服务。据了解，"时间银行"已在美国、瑞士以及日本等地拥有成功的实践。

7.2 区块链在时间银行的价值

根据近年来国外时间银行的具体实践，可以发现由于存在手工记账、管理混乱以及缺少监管等原因，使得时间银行在积分的发放与支取、服务的分配与管理以及互助活动的信用的方面出现诸多问题。此外，由于时间银行中时间的存储、兑换的周期较长，在记录过程当中很容易出现错误甚至遗失。当志愿者迁离当地之后，其中的数据如何在多地进行流转和通兑也成为一大难题。这些问题影响了时间银行长期健康地运转。区块链技术则为解决这些问题提供了技术支持，其拥有的透明的特性可确保每次互助服务之后的可追溯，提高了互助服务的信任度、延续性和规模。应用区块链技术之后，时间银行可以确保"时间"的存储和兑换公开透明，永久在链，并且能够防止丢失或者被篡改情况的出现，还可跨机构、跨区域通兑。

首先，时间银行的目标和发展的要素是重建人和人之间的信任。区块链技术能够实现价值在链上的流转，而且还能保证区块链上的信息是真实可靠、不可篡改的，能够契合时间银行的设计理念。区块链"去信任化"的特征可以创造出可信的环境，以促进时间银行的发展。在信任的基础上，困扰时间银行发展的"通存通兑"的问题能够得到有效解决，并且通过探索区块链技术在养老时间银行场景的具体应用能够帮助构建统一运行的平台和数据库。[③]

其次，区块链技术能够帮助缓和人力资源方面的压力进而增加养老服务的供给。养老业的发展长期受到招人难、用人难、留人难这些问题的影响。时间银行这一新模式可帮助探索人力资源在养老服务需求多的地方开发和培育的新路径。

最后，能够构建互联统一且更为安全的运行平台。区块链技术将有益于时间银行安全快捷地进行大数据的分享。一方面，通过持有数据控制权，相关用户能够保护好自己的隐

① Cahn E S. Time Banking：An Idea Whose Time Has Come？ ［EB/OL］. https：//www. yesmagazine. org/economy/2011/11/18/time-banking-an-idea-whose-time-has-come/，2011-11-18.

② 陈友华，施旖旎. 时间银行：缘起、问题与前景 ［J］. 人文杂志，2015（12）：111-118.

③ 陈洁. 基于区块链的社区互助养老"时间银行"模式初探 ［J］. 五邑大学学报（社会科学版），2019，21（03）：48-52+94.

私；另一方面，区块链技术把大量可信的用户数据汇集在一起，使其能够产生更大的商业和科研价值。

7.3　支付宝首次将区块链应用于时间银行

2019 年 11 月 20 日，支付宝建立了全国首个基于区块链技术的时间银行①。与南京建邺区一起尝试用区块链解决问题，希望其成为永不打烊的爱心储蓄所。南京建邺桃园居社区志愿者们可在支付宝内存储公益时间，并通过区块链技术防止丢失或被篡改，为自己兑换养老服务。

"建邺时间银行"将身份证作为唯一凭证，在志愿者入户之前通过支付宝的相关功能，可以确保上门的志愿者和接单人一致。此外，志愿者的书面协议、对公益和助老服务的承诺也会通过短视频的方式保存到区块链当中。在志愿者入户之后，他们可以在支付宝进行下单、接单、存储公益时间、兑换养老服务等活动，并且整个流程都会被记录在区块链上，确保"兑换"长期有效，有效地解决志愿者的时间在多地的流转与通兑问题。

根据 GPS 定位系统全程监测服务情况，该平台还可以全程监控预约服务到结束评价的过程，有效提高养老服务的安全性。此外，通过运用大数据智能推送技术，"建邺时间银行"可以对受助老人不同类型的需求产生服务标签，自动生成受助者和志愿者画像，筛选符合条件的志愿者进行推送，极大地提高了服务匹配效率。同时，在老年人手机上安装"小微"智能语音助手的软件功能可以帮助老人实现人机对话"一键式"操作，提升了助老服务的便捷性和满意度。建立在区块链上的"建邺时间银行"引领建邺养老产业技术革新和产业变革，它也有望成为以相互信任为基础的民间互助社区，培养互帮互助的社会新风尚和创新服务模式。

第 8 节　小节

随着人口老龄化问题不断加剧，福建省养老压力也在不断增加。区块链在保障老年人信息安全、老年人日常监测数据的深度挖掘以及实时监控上有着独特的优势。基于此，区块链技术的运用在能够更好满足老年人需求的同时，也显著降低对服务人员的需求。未来，通过充分利用区块链的去中心化、不可篡改等特性，再与信息化、智能化技术，如互联网、大数据等技术结合，可以全方位地覆盖老年人的养老服务需求。

福建省智慧养老建设的时间相对较短、经验不足，还处在一个不断探索的阶段。在推进智慧养老的建设中，福建省还存在着养老信息化建设滞后、智能化与信息化程度偏低、优质智慧养老项目覆盖面过窄、产业供需矛盾突出、优惠力度不足、人才资源匮乏等问题。通过分析国内外智慧养老的案例与经验，本章尝试提出福建省应当通过推动信息化平台的建立、完善顶层设计规划智慧养老发展、加强专业人才队伍建设、加大资金投入力度

---

①　新浪网. 支付宝首次将区块链技术应用于"时间银行"［EB/OL］. http：//finance. sina. com. cn/money/bank/bank_ hydt/2019-11-20/doc-iihnzahi2107750. shtml？dv=1&source=cj, 2019-11-20.

和对老年人进行再教育的应对举措。

由于区块链与智慧养老的结合尚处于初级发展阶段，在全国范围内的具体实践相当少。因此，本章选取区块链背景下南京市建邺区的"区块链+时间银行"作为个案分析，为研究在新兴信息技术背景下未来智慧养老发展开拓了新的路径和视角。同时，区块链助力智慧养老还可以从区块链助力养老金融服务、人工智能养老服务、医养结合以及养老供应链等方向入手，推动"智养链"的发展。此外，区块链还能与智慧养老领域的实体产业相结合。

本章分析了区块链背景下福建省智慧养老存在的问题以及应对策略，但由于笔者知识水平和认知的局限性，对于区块链以及网络技术的了解不够深入，在涉及具体的应用方面还需在以后的学习和研究过程中进一步补充完善。此外，本章提出的在区块链背景下福建省智慧养老的问题和对策，其适用性和可行性仍待实践的检验。

第4章 福建省智慧医疗存在的问题 与对策研究

第1节 绪论

1.1 研究背景

1.1.1 信息技术的快速发展

大数据时代悄然来临，似乎一切都可以用大数据化的方式呈现在公众面前。2015 年 11 月发布的《中共中央关于制定国民经济和社会发展第十三个五年规划的建议》，大数据第一次被列为我国的国家战略①。同年，国务院发布《促进大数据发展行动纲要》，明确指出大数据已成为战略性资源，要加快在健康医疗等领域开展大数据实践应用②。根据工信部发表的《大数据产业发展规划（2016—2020 年）》，2020 年将基本构建完成大数据产业体系③。信息技术的不断发展以及社会各领域信息化水平的逐渐提高，将不断助推我国大数据产业的发展进步；同时，广阔的市场、旺盛的需求更将助力大数据产业的兴盛。2015—2020 年中国大数据产业规模如图 4.1 所示④。

互联网产业的快速发展对网络速度要求进一步提高，这无疑成为第五代移动通信技术（5G）发展的重要推动力。世界各国抓住机遇，大力推进 5G 基站建设，以迎接下一波科技浪潮。2019 年 10 月 31 日，中国移动、中国联通、中国电信三大运营商公布 5G 商用套餐，并于 11 月 1 日正式上线 5G 商用套餐，目前我国共有 50 个城市入选 5G 首批开通城市名单⑤。后疫情时代，随着 5G 技术的逐渐普及，偏远地区的病人能够享受到大城市医

---

① 《中共中央关于制定国民经济和社会发展第十三个五年规划的建议》［A］. 行政权力结构视角的金融监管体制改革研究［C］. 中国经济改革研究基金会，2016：1.

② 促进大数据发展行动纲要［J］. 成组技术与生产现代化，2015，32（03）：51-58.

③ 大数据产业发展规划（2016—2020 年）［N］. 中国电子报，2017-01-20（005）.

④ 中国产业发展研究网. 2018 年中国大数据产业规模及预测：市场产值将突破 6000 亿元［EB/OL］. http：//www.askci.com/news/chanye/20180424/153907122106.shtml#，2018-04-24.

⑤ 5G 时代真的来了！三大运营商公布 5G 商用套餐［EB/OL］. http：//m.news.cctv.com/2019/10/31/ARTISyJS3R0M91L6HZGYe06X191031.shtml，2019-10-31.

院专家的远程会诊、远程超声、远程手术、远程监护、智能导诊、AI 辅助诊断、VR 病房探视等医疗服务，这不仅节省了病人的诊治时间，提高了诊断效率，也降低了他们在城乡医院重复检查治疗的医疗费用。

大数据、5G 技术以及其他信息技术的发展，一方面给我们的生活带来惊喜的改变；但另一方面，数据的爆炸性增长导致网络世界各种结构化欠缺、价值密度降低。因此，我们需要相应的先进技术和模式对这些数据进行系统化处理。"智慧城市"这一理念就是将各种数据信息收集分类，并系统优化应用于经济生活的各个领域。同时，自从"智慧城市"被正式提出后，我国医疗事业开启了智慧医疗的建设与发展阶段，医疗改革和医疗信息化有了新的发展方向。

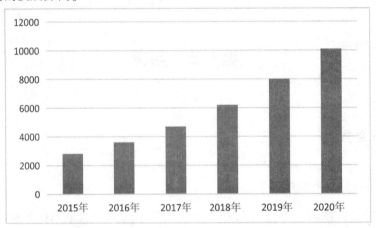

图 4.1 2015—2020 年中国大数据产业规模及预测（单位：亿元）

1.1.2 突发公共卫生事件

自 2019 年末以来，全世界相继爆发了新型冠状病毒肺炎。该病毒的流行性很强，世界各地的死亡人数不断攀升，导致全球众多国家和地区社会秩序混乱，医疗卫生系统陷入瘫痪。此次突发的大型公共卫生事件，正是对全世界各国医疗卫生系统的一次重大考验，也是检验各国医疗系统对突发公共卫生事件的处理应变能力。

此次疫情事件爆发后，许多国家利用智慧医疗实施远程监控、远程诊治等诊疗手段，充分体现了智慧医疗的独特优势和作用。智慧医疗对于应对突发性公共卫生事件具有良好的特性，可以联合各种先进的信息技术，高效率协同不同国家、不同地区技术精湛的医生及相关实施，能非常有效地克服传统医疗服务的弊端，充分发挥现代科技的优势，较为完美妥善地处理此类突发公共卫生事件。因此，智慧医疗的上述特征更加坚定了各个国家和地区发展智慧医疗的信心和决心。

1.1.3 医疗信息化改革

2009 年国务院发布《关于深化医药卫生体制改革的意见》，标志着新医疗体制改革拉开帷幕①，新医疗改革的重中之重就是信息化发展。新医改与信息化相辅相成，随着医疗改革的不断深入推进，医疗信息化程度也随之不断提高。根据《全国医疗卫生服务体系规划纲要（2015—2020 年）》，到 2020 年，实现全员人口信息、电子健康档案和电子病历三大数据库基本覆盖全国人口，并且保持三大数据库每天实时动态更新以保证数据信息的有效性；互联互通的国家、省、市、县四级人口健康信息平台将全面建成，积极推动移动互联网、远程医疗服务等发展②。

利用信息技术推动医疗改革是医疗科学发展的必然趋势，智慧医疗是新一代信息技术与医疗行业融合的一次有益尝试。新一代信息技术可为医疗领域提供收集和存储信息资产等技术支持。智慧医疗不仅可以提高医疗效率，还可以促进资源的合理配置。更重要的是，它可以有效确保医疗安全，并进一步促进医疗保健事业的发展和改革。

目前，医疗改革进入攻坚期。在新兴技术突飞猛进的时代背景下，智慧医疗，在相关行业政策中频频出现（见表 4.1）。本章以智慧医疗为核心，重点研究福建省智慧医疗服务现状、福建省智慧医疗发展过程中存在的问题以及相应的发展对策。

表 4.1　我国智慧医疗相关政策

时间（年）	发布单位	政策	主要内容
2009	国务院	中共中央国务院关于深化医药卫生体制改革的意见	加快医院信息化进程，提高服务能力与水平；完善公共卫生信息系统，加强预测和分析；加快基金管理、费用结算与控制、医疗管理与监督等具有复合功能的医疗保障信息系统建设。
2012	国务院	卫生事业发展"十二五"规划	完善区域信息平台，实现医疗资源共享，逐渐实现医疗卫生应用系统信息互联互通；提高医院信息化程度，规范医疗过程，优化资源配置；加快建立全国统一的医药卫生信息化标准体系。
2012	卫生部	健康中国 2020 战略研究报告	未来 8 年投入 611 亿元预算的全民电子健康系统工程，包括医疗卫生系统的标准化建设、建立全民电子健康档案和区域性医疗信息化平台三项工作。
2015	国务院	全国医疗卫生服务体系规划纲要（2015—2020 年）	开展健康中国云服务计划，积极应用新技术，普及智慧医疗，推广健康大数据的应用；至 2020 年，实现三大数据库基本覆盖全国人口，多业务应用系统的互联互通和业务协同。

---

① 新华网 . 智慧医疗步入启动期［EB/OL］. http：//www. xinhuanet. com/info/2017-02/24/c_ 136081802. htm，2017-02-24.

② 新华网 . 智慧医疗步入启动期［EB/OL］. http：//www. xinhuanet. com/info/2017-02/24/c_ 136081802. htm，2017-02-24.

时间（年）	发布单位	政策	主要内容
2018	卫健委	《全国医院信息化建设标准与规范（试行）》	对智慧医院建设中的核心技术：大数据、物联网等建设要求作出明确规定。
2018	国务院	《国务院办公厅关于促进"互联网+医疗健康"发展的意见》	促进互联网信息技术与医疗健康服务深度融合，创新医疗健康服务模式，加快推进健康中国建设，提升医疗健康服务与现代化管理水平。
2019	卫健委	《医院智慧服务分级评估标准体系（试行）》	建立健全科学的智慧服务的评估改进体系；建立分级管理医院智慧服务系统，关注智慧医院发展，并将之正式纳入评价体系。

1.2　研究意义

1.2.1　理论意义

如今中国的人口年龄结构发生变化，人口老龄化趋势愈发明显，人口红利优势被大大削弱，"看病贵、看病难"的问题尤为突出；我国居民的医疗健康理念逐渐转变，从"治已病"向"治未病"转变；居民对医疗信息安全需求的意识增加，因此需要强化在预防疾病、治疗疾病过程中的医疗信息安全。而以新一代信息技术为依托的智慧医疗，可以助推医疗产业信息化的进一步发展，有助于医疗管理部门、医院为居民提供更优质、更个性化的医疗服务。

从现有对智慧医疗的研究来看，许多学者都对智慧医疗的含义、特点与具体实施进行了系统的分析，但是以某地区智慧医疗实践情况为探究对象并进行系统性分析的研究相对较少。因此，本章在学习借鉴已有对智慧医疗相关研究的基础上，选择福建省为研究对象，较为深入地分析该地区智慧医疗发展情况和存在问题，并提出相应的可行性解决方案，可为今后其他地区智慧医疗的发展提供有益的参考借鉴。

1.2.2　实践意义

智慧城市是以网络基础设施和平台建设为基础的城市发展模式，智慧医疗则是建设智慧城市不可或缺的重要部分，也是传统医疗的现代化创新和改革。以福建省智慧医疗实践作为本章的研究对象，其实践意义体现在如下三个方面。

一是提高福建省对突发性公共卫生事件的应对能力。2019 年底爆发的新冠病毒疫情给我们的启示是，应当提高对突发性公共卫生事件的应变能力，并且思考福建省该如何将智慧医疗的理论与实践成果应用于类似事件。在此次疫情期间，火神山、雷神山医院以 5G 技术为依托开展智慧医疗救治；平安智慧医疗上线新冠肺炎智能阅片，提高诊断效率；部分省份通过"5G 网络平台+远程医疗"投入新冠病毒诊疗。福建省通过各地区提供的案例进行分析测评，并结合福建省的情况，利用智慧医疗灵活多变的特性，因地制宜地制定相应的突发性公共卫生事件应对方案的实施，并通过智慧医疗的实践开展避免和减少类似事件带来的损失。

二是提高各级医疗部门对智慧医疗发展的重视程度。福建省应当提高对智慧医疗的重视，并思考该如何将现有研究转化为实践。2017 年 10 月 18 日，习近平同志在党的十九大报告中提出健康中国战略，人民健康是民族兴旺和国家富强的重要标志①，健康中国也是实现"中国梦"的重要保障。因此，加强智慧医疗相关研究，既可以充实智慧医疗相关理论与实践，还可以提高福建省卫生部门对其重视程度。当前智慧医疗的建设在我国方兴未艾，亟待进一步探索。通过对智慧医疗系统化的研究，以此来指导福建省智慧医疗建设，可在一定程度上避免盲目建设、重复建设的问题。

三是智慧医疗产业的发展是经济建设与智慧城市建设的一个重要组成部分，在民生提升和改善方面具有很大的优势。对智慧医疗产业系统性规划，整合人才、技术、需求、资源，既能助力智慧医疗产业的持续高效发展，又能解决社会中长期存在的"看病难、看病贵"等亟待解决的医患矛盾问题。例如，传统医疗模式单一有限，缺乏灵活性和便利性，无法满足人民日益增长的医疗健康需求；而智慧医疗具有精准化、个性化、广泛性等特点，可以更好满足人们更高层次的就医需求。

1.3　国内外文献综述

1.3.1　国内研究现状

2015 年 3 月，李克强总理提出打造健康中国，并首次提出"互联网+"的概念；同年，国务院提出要不断推进医疗健康大数据在全国的应用示范。党的十八届三中全会在《中共中央关于全面深化改革若干重大问题的决定》中，提出加速建设信息化平台，实现对公共卫生服务资源高度整合②。专家学者对智慧医疗的研究热度不断攀升，相关实践研究也逐渐增多，为智慧医疗的发展打下了坚实的基础。目前，国内学者对于智慧医疗的研究取得一定成果，形成了大致的理论框架。虽然智慧医疗在我国仍处于萌芽、初始阶段，但发展速度较快。以下将从智慧医疗的含义、智慧医疗技术、智慧医疗实践以及智慧医疗发展对策四个方面进行阐述。

一是智慧医疗的含义。目前，学者们还未能就智慧医疗的含义达成一个统一准确的概括。沈甦（2016）认为③，智慧医疗是指以电子健康档案为依托，综合运用信息技术以及生物技术，将相关医疗卫生机构和医疗资源有机统一，构建一个共享、交互的医疗平台；王帅（2019）认为④，"智慧"是相对于传统医疗来说，研究人员将信息技术与传统医疗

---

①　人民网．健康中国战略［EB/OL］. http://theory.people.com.cn/n1/2018/0823/c413700-30246291.html, 2018-08-23.

②　中共中央关于全面深化改革若干重大问题的决定［EB/OL］. http://cpc.people.com.cn/n/2013/1116/c64094-23561785.html, 2013-11-16.

③　沈甦.我国智慧医疗建设的现状及发展策略研究［J］.上海医药, 2016, 37（15）: 54-56+60.

④　王帅.大数据技术在智慧医疗领域的应用研究［J］.商讯, 2019, 155（01）: 80+103.

相结合，从而实现医疗体系的智能化；刘晓馨（2014）认为①，智慧医疗是通过信息技术达到医患之间、医疗人员设备之间的互动；裴加林等（2015）认为②，智慧医疗是利用医疗信息化技术，在医疗与 IT 基础设施融合基础上进行决策的过程。

二是智慧医疗技术研究。近年来，大数据、5G 等信息技术产业蓬勃发展，为智慧医疗的发展提供了坚实的技术支撑。大数据技术以海量信息为依托，提高了医疗效率、实现了个性化医疗以及保障了信息安全③。2019 年是 5G 技术迈入商用的元年，5G 技术在医疗领域也得到了充分利用，一方面可以用于临床医学模拟，另一方面可以提升医疗卫生综合监管效能。总之，5G 技术是推动智慧医疗更加快速发展的重要技术支撑。

三是智慧医疗的应用研究。对智慧医疗体系的研究是为了应用，将研究转化为实践成果。智慧医疗通过全方位分析病患的数据信息，然后比较多种诊疗措施的有效性，形成针对性方案；实现医疗过程公开透明，可以一定程度改善医疗服务品质；通过远程监控系统收集慢性病人的数据，分析反馈后传输给监控设备，便于调整今后的用药和治疗方案；此外，智慧医疗还可以对病人档案实行先进的归类分析。

四是智慧医疗发展对策研究。主要是在总结国外智慧医疗发展的相关经验教训和启示的基础上，根据我国智慧医疗发展情况，结合本国国情因地适宜地寻找适合我国智慧医疗的发展路径。

1.3.2 国外研究现状

自 2009 年"智慧医疗"概念提出以来，美国、英国等发达国家积极开展智慧医疗建设，并且取得了一定的研究成果。尤其在理论研究方面，国外研究者在智慧医疗系统建设、数据信息分析等方面均颇有建树。

一是智慧医疗的内涵研究。阿韦蒂斯·多纳伯迪安（Avedis Donabedian）是医疗质量概念中三维内涵理论的第一个提出者，其建立的医疗质量管理模式被各国所采纳并使用④。

二是智慧医疗的技术支撑研究。Lin C，Huang L，Chou S 等提出一种适用于大量医疗数据分析处理并存储的技术方法⑤。2010 年 HIMSS 医疗信息亚太博览会上，全球信息技术服务商 IBM 展示了"智慧的医疗"技术方案⑥。IBM 作为信息技术厂家，一直关注如何将 IT 技术与医疗卫生行业完美结合，并且与各科技公司联袂合作研究，以期推动各国智慧医疗的发展。

三是智慧医疗的应用研究。国外的医疗信息化比国内发展更早，相关的应用研究也相应的更早出现。以美国为例，美国医院信息建设已逐渐成熟，已建立完善的医院信息系统（Hospital Information System，HIS），该系统并非过多关注系统之间的整合，而是侧重于医疗流程与系统的链接，可以实现临床、管理等多项功能；另以英国为例，英国具有先进的

① 刘晓馨. 我国智慧医疗发展现状及措施建议［J］. 科技导报，2014，32（27）：12+3.
② 裴加林，田华，郑杰. 智慧医疗［M］. 北京：清华大学出版社，2015：33-218.
③ 王帅. 大数据技术在智慧医疗领域的应用研究［J］. 商讯，2019，155（01）：80+103.
④ 阮旭梅. IBM 大中华区大数据业务竞争战略研究［D］. 大连理工大学，2017.
⑤ 李睿宇，许学军. 大数据背景下我国智慧医疗的应用研究［J］. 经济研究导刊，2019（06）：156-157+175.
⑥ 崔泳. 践行"智慧的医疗"IBM 以技术推进卫生改革［J］. 中国信息界（e 医疗），2010（07）：52-53.

医疗数据分析、规划等智慧医疗相关应用系统，医疗卫生服务协作性高，可以为患者提供更加人性化、个性化的服务①。

四是智慧医疗产业市场研究。由于国外智慧医疗发展较早，因此智慧医疗产业市场发展水平较高。全球智慧医疗市场主要集中在欧美，其中美国、欧洲和日本是主要产品生产地。例如，美国智慧医疗市场约占全球大部分的市场份额，德国是欧洲主要的设备生产国和出口国，生产的每三台设备就有两台为出口。

1.3.3　文献评述

上述国内外文献研究表明，当前有关智慧医疗的研究热点聚焦于其技术支撑以及理论应用等方面。医疗领域的智慧化借由新兴信息技术得到飞速发展，世界各国争相进行医疗改革，推动新兴信息技术和医疗领域的结合，开启"智慧医疗"时代。国外已经将智慧医疗理论研究成果进行了一定程度的应用实践，但是在我国目前基本处于初步发展阶段，理论研究层面尚处于消化吸收层面，且未能较好地将发达国家的理论研究成果与我国实际国情密切联系，导致实践层面缺乏实用性和可行性；此外，国内在智慧医疗研究方面缺乏针对特定研究对象的研究，主要研究对象是一线发达的城市，而针对二三线城市和企业的研究相对较少。因此，本章拟将以福建省的智慧医疗发展为对象进行研究，以期为国内智慧医疗的实践提供一定的经验借鉴。

1.4　研究思路和研究方法

1.4.1　研究思路

本章研究主要分为两个阶段：一是通过图书馆线上线下资源、中国知网数据库等途径，搜集相关文献，为本章的开展奠定理论基础，同时了解掌握国内其他地区以及福建省智慧医疗发展现状。二是分析探讨福建省智慧医疗发展过程中存在的主要问题，并在借鉴国内外成功的智慧医疗实践经验的基础上，对福建省智慧医疗的下一步发展提出较为可行的建议。

1.4.2　研究方法

（1）文献研究法

在研究中，对目前存在的相关文献进行整理和归纳，对国内外尤其福建省智慧医疗进行大量文献研究，为本章后面的分析论述提供理论支撑。

（2）个案研究法

以福建省智慧医疗建设情况作为案例，系统分析其发展现状以及存在的主要问题，最终提出针对性的对策建议。

---

① 薛鹏. 医疗信息化管理现状及对策研究［D］. 福建师范大学，2017.

第 2 节　相关概念及理论基础

2.1　智慧医疗的内涵和特征

2.1.1　智慧医疗的概念

"智慧医疗"伴随"智慧城市"的提出应运而生，并成为其重要的组成部分。信息技术贯穿智慧医疗发展始终，并为其提供强有力的保障。截至目前，智慧医疗还未有明确、统一的定义，许多学者和研究机构对其的含义有着不同的理解与阐述。智慧医疗英文简称 WIT120，2009 年 IBM 公司提出"智慧医疗"后，这一理念开始出现在大众视野。在综合分析各种观点的基础上，笔者将其定义为：利用先进的信息技术，实现医患人员和医疗资源之间的良性双向互动，通过打造强大的医疗管理信息平台，实现医疗管理的信息化。

2.1.2　智慧医疗的特征

（1）互联性

传统医疗机构之间为垂直系统，各机构之间协作性较差、没有统一规范的标准，容易形成"信息孤岛"；而智慧医疗可以打破"信息孤岛"的局面，通过电子病历、档案和互联互通的医疗共享平台，方便被授权的医生读取信息，患者也可以自愿选择医疗机构和医疗人员。智慧医疗架起了各医疗机构之间、患者和机构之间以及医疗资源之间无缝链接的"桥梁"。

（2）协作性

智慧医疗打破传统医疗信息的隔阂，通过大数据的技术，把各种医疗数据信息变成可分享的归类档案信息，整合并共享医疗信息和记录，以期构建一个综合的专业医疗信息体系。增强医疗机构和人员之间的协作，便于沟通交流和合作活动的高效开展。

（3）预防性

通过云计算、物联网等新一代信息技术，能够对重大的医疗事件做到快速响应并进行及时处理分析，从而实现医疗过程重心前移，从治病向预防转移。"健康中国"战略的提出，表明了我国政府对人民健康的高度重视，预防疾病的理念也逐渐深入人心；同时，人口老龄化以及亚健康发展的趋势决定了预防疾病已成为越来越重要的医疗目标。

（4）普及性

智慧医疗管理系统支持基层医疗卫生机构与中心医院的高效对接，以便开展远程医疗、安排转诊和医疗人员培训，可以有效缩小各级医疗机构的发展差距。智慧医疗进程的不断开展，普及范围的不断扩大，有利于各城市、乡镇医院之间的无缝衔接，便于医疗人员沟通最佳治疗方案、提高治疗效率，并可以最大限度降低患者的交通、住宿等成本。

（5）创新性

智慧医疗管理系统可以提升知识和信息化处理能力，推动医疗产业临床创新和研究，进一步推动医疗改革的进程。智慧医疗是以新一代信息技术为支撑,因此它具有很强的创新性和成长性,有利于突破现有的医疗技术,也有利于提高医疗人员能力和水平。

（6）可靠性

智慧医疗管理系统可以提高医疗信息化水平,诊疗过程的大量数据和诊疗案例可随时查询调阅,为从业医生制定治疗方案提供有效参考,使从业医生的诊断有据可依,确保每一个诊断和诊疗步骤的可靠性、安全性,可最大限度避免医疗事故的发生。

2.2　智慧医疗产业

目前医疗卫生行业涉及政府、城市医院、农村和社区基层医疗机构,再加上需要医疗服务的社会公众以及在具体医疗服务过程中所采用的先进信息化手段和"互联网+"平台,即构成智慧医疗产业的系统要素。在产业发展上,智慧医疗产业链连接了上下游的开发商、运营商、服务商等。

智慧医疗由智慧医院系统、区域卫生系统以及家庭健康系统三大板块构成①。三个板块中以医院信息化发展最为成熟,市场规模约 70 亿元;区域医疗信息化居中,家庭健康信息化规模最小②。与国外智慧医疗市场相比,我国各板块仍处于扩张阶段,家庭健康信息化模块尤甚,具有巨大的市场发展空间。

2.3　理论基础

2.3.1　智慧医院建设的"5R 模型"构想

智慧医院是传统医院的转型,首先,这与医学模式的变革有关,其主要特点是精准医疗,促进预防性、预测性、参与性、个性化的 4P 医学模式发展;其次,智慧医院将服务模式从传统治疗转变为全过程健康管理;再次,智慧医院适应不同时代的医疗需求,更加重视健康管理。

在此基础上,崔文彬等（2017）提出智慧医院 5R 模型③:第 1 个 R,是患者关系管理系统 PRM,提高医疗服务水平,改善患者就医体验,向全程健康医疗转型;第 2 个 R,是实行电子病历 EMR,以医疗人员为主,提高医疗安全性的同时保证高质量治疗;第 3 个 R,是科研信息管理系统 SRIS,以科学研究为主,以数据信息为基础进行研究,将生物学信息与临床信息相结合;第 4 个 R,是医院资源管理系统 HRP,以信息时代的人工智能等新技术为依托进行运营管理,向专业化管理转型;第 5 个 R,是区域医疗信息系统 RHIS,注重医疗联合体互相间的联通合作,促进医院集团化发展,向网络协作转型。

---

①　许敏,白杨,等.智慧医疗及相关产业发展、问题及建议 [J].中国数字医学,2017（08）:12-20.

②　大健康系列之七:［智慧医疗］迁移市场规模,投资者早进入早布局 [EB/OL].http://www. 360. doc. com/ content/16/0701/21/3066843_ 572272315. shtml,2016-07-21.

③　崔文彬,唐燕,刘永斌,王淑,高春辉,王淼,于广军.智慧医院建设理论与实践探索 [J].中国医院,2017,21（08）:1-4+8.

2.3.2 新公共管理理论

新公共管理理论在第二章的 2.2 中已有详细阐述，在此不再赘述。

第 3 节 福建省智慧医疗发展现状

3.1 福建省智慧医疗发展历程

为落实国家卫生计生委《关于加快推进人口健康信息化建设指导意见》和加强福建智慧医疗相关建设的要求，福建省政府作出大力推动医改、规范"互联网+健康医疗"服务、促进健康医疗大数据产业发展等一系列重大决策①。"十二五"时期，按照国家卫计委"4631-2"信息化建设框架，福建省人口健康信息化建设获得重大突破。通过医疗改革、统筹规划、集中建设、逐步推进，以不断提高人民群众的满意度为核心目标，稳步推进智慧医疗的建设与发展进程，基本形成了以居民健康为核心的信息化建设体系（如表 4.2 所示）。

表 4.2 福建省智慧医疗发展重要事件

年份	事件
2012	全省实现就诊一卡通
2015	覆盖城乡居民的基本医疗卫生制度初步建立
2017	实现基层卫生信息化建设全覆盖
2019	全省人民健康信息平台基本建成，实现从省到村五级卫生健康信息网络互联互通
2019	全省所有公立医疗机构以及 50%的民营医疗机构已接入全民健康信息平台

数据来源：福建省人民政府网②

福建省政府及各相关部门采取的各项重要发展措施，提高了医疗服务效率，提升了人民群众对于医疗事业的满意度，真真正正使人民群众得到了实惠。如全省三级医院实施结构化电子病历系统建设；全省全面联网医疗保险信息系统；建设区域医疗平台等，有效提升了福建省的医疗服务水平，为群众异地就医提供了极大的便利。（如表 4.3 所示）。

---

① 福州市人民政府网.《福建省"十二五"卫生事业发展专项规划》[EB/OL]. http：//www.fuzhou.gov.cn/ghjh/zxgh/201211/t20121119_ 136868.htm，2012-11-19.

② 福建省人民政府网.省市两级全民健康信息平台建成 [EB/OL]. http：//www.fujian.gov.cn/xw/fjyw/201912/t20191220_ 5165136.htm，2019-12-20.

表 4.3　福建省智慧医疗发展重要措施及意义

措　施	意　义
完善居民健康信息系统建设，提高信息采集内容和数据质量	健康档案实现了跨机构、跨平台共享利用，部分检验、检查结果已在网上开展互认
推动以电子病历系统为核心的医院信息化建设，全省三级医院实施结构化电子病历系统建设	医学影像系统、移动医疗、精细化管理、手机 App 服务以及多样化的业务子系统应用，有效提升了医疗服务水平
全省全面联网医疗保险信息系统	率先在全国实现跨区域、跨平台实时结报，为群众异地就医提供了极大便利
对全省基层医疗卫生机构临床诊疗和公共卫生服务实行信息化管理	带动了儿童免疫规划信息系统、妇幼卫生信息系统、慢性病管理系统等一系列基层卫生机构业务信息化的发展
建设区域医疗平台	为全省医疗机构药品集中采购交易、新农合跨区域即时结报、全省采供血管理系统应用奠定了基础
完善全员人口数据库，与卫生信息系统进行整合	促进了卫生计生工作的融合与发展

3.2　福建省智慧医疗平台

如前文所述，新一代信息技术赋能智慧医疗的未来蓝图已清晰规划。通过各种先进的信息监测技术，能有效降低诊疗风险、科学制定治疗方案、准确计算诊疗费用以及预测治疗效果等。

2017 年 9 月，福州建成全国肝病和肝癌大数据平台，该平台汇聚了全国 60 余家医院的数百万例肝病案例信息，为诊疗过程提供系列数据支撑[①]。目前，该平台能做到肝癌治疗费用预测值与实际值误差极小；根据预测费用和病人病情，调整医疗方案，避免过度医疗。同时，该平台将开展肝病诊疗临床技术的研发，推动肝病产业技术的科研成果转化。

2016 年 11 月，数字福建（长乐）的国家健康医疗大数据中心及产业园区启动运作，福建成为国家健康医疗大数据中心的"领航者"[②]。强化信息技术与医疗各领域方面的深度融合，福建已率先做出行动。

3.3　福建省部分地区智慧医疗实践

3.3.1　福州市

2002 年，福建省立医院全面取消挂号，提供支付宝、微信等移动 APP 和线下工作站点多种预约就诊渠道。通过大数据分析计算出诊专家平均接诊时间；智能移动应用预约和

---

① 林世才. 医疗信息化的福建实践 [J]. 人口与计划生育，2018（09）：45-47.
② 福州新闻网. 国家健康医疗大数据中心与产业园建设试点工程在长乐揭牌 [EB/OL]. http：//news. fznews. com. cn/shehui/20161127/583a2357d9fee. shtml，2016-11-27.

提醒服务贯穿于各个就医环节；福建省卫生计生委通过智慧医疗应用，在该院开展"改善服务、方便群众就医"专项行动，为福建省其他医院提供参考借鉴。

目前，智慧治疗系统使得该院门诊患者CT检查预约时长大幅降低，平均候诊时间也大大缩短，群众满意度显著提高（如表4.4所示）。

表4.4 智慧医疗实践前后对比

项目	2015 年	2018 年
平均候诊时间	58 分钟	12 分钟
CT 检查预约时长	7 天	2 天
群众满意度	83.27 分	89.36 分

数据来源：福建省卫生计委会①

3.3.2 莆田市

莆田从2012年已开展影像远程集中会诊，最初的做法是提供影像远程集中会诊。而现今优化诞生出影像"滴滴"会诊平台，原来建在三甲医院里的线下集中会诊模式消失，多种派单相结合的线上接单会诊模式登上舞台②。

莆田荔城区新度卫生院没有专职的影像医生，但是该卫生院通过互联网从全市注册影像专家库中，签约28名上级医院影像医生。现在卫生院的技师可以将拍好的影像直接上传至影像会诊中心，在线签约专家就可以根据卫生院拍摄影像修订诊断书，最终出具报告并签字。患者可凭报告单直接在市级医院就诊，免除过度检查，并且仅需扫描二维码即可获得电子报告。

平台开通后，医院拍片的修订率大幅降低。借助平台，卫生院影像检查量增加，汇集数名注册影像专家和医疗机构，全市累计开展数十万影像会诊，平均会诊时间大大缩短，审核率接近百分之百，实现基层医疗卫生机构、影像医生、患者等多方共赢③（如表4.5所示）。

表4.5 影像会诊平台运行后各情况变化

	拍片修订率	影像检查增加	注册影像专家	注册医疗机构	全市影像会诊	平均会诊时间	审核率
平台运行后	65%→30%	约150	50 名	56 家	16 万例	5 分钟	99%

数据来源：林世才.医疗信息化的福建实践［J］.人口与计划生育，2018（09）：45-47.

3.3.3 龙海市

2013年龙海市卫生局进行村卫生所信息化建设专项调研，并于2014年初制定出台了

---

① 福建省卫生健康委员会."改善服务、方便群众就医"专项行动［EB/OL］.http：//wjw.fujian.gov.cn/，2018-08-21.

② 徐秉楠.莆田："滴滴"影像一键直达［EB/OL］.http：//wjw.putian.gov.cn/zwgk/mtbd/201910/t20191028_1418836.htm，2019-10-28.

③ 林世才.医疗信息化的福建实践［J］.人口与计划生育，2018（09）：45-47.

具体的实施方案，主要做法有强化组织领导、配备软硬件设备、积极组织相关培训、建立有效奖惩制度。目前，龙海市规划信息化建设村级卫生所 472 家，其中设备由省级配备的 309 家，老区补助设备 55 家，县本级配备 108 家。配备完全的村级卫生所有利于乡镇的卫生医疗信息化建设，扩大了智慧医疗的覆盖范围，推动了乡镇的智慧医疗发展进程，为其他乡镇地区的智慧医疗建设提供了有价值的借鉴[①]。

3.4　福建省智慧医疗发展成果与亮点

目前，福建省智慧医疗得到初步发展，相关指标稳定增长（如表 4.6 所示），已经基本构建由核心医疗机构和基层卫生机构组成的覆盖城乡的医疗卫生服务体系。与 2018 年相比，2019 年福建省在医疗卫生机构、卫生人员和床位等方面均有显著的提高。

通过近年来的持续建设，福建省智慧医疗取得了一定的发展成就。比如，福建省医院信息化建设处于全国前列，基本形成了医疗信息化框架；全省县级以上综合医院已经基本实现了信息化管理；全省实行了联通的信息化管理，基本实现了全省就诊一卡通和社保卡全程就诊结算；三级医院基本形成了具有信息安全保障的计算机网络化管理系统。

表 4.6　福建省智慧医疗相关指标发展状况

项目 年份	医疗卫生 机构	医院	基层医疗 卫生机构	妇幼保健 院（所）	卫生人员	床位	医疗机构诊疗 人次（万）	服务效率 （人次/人/天）
2018	27588	641	26421	91	318397	192513	23355.4	9.0
2019	27788	678	26596	90	334527	202374	25053.3	9.0
变动	200	37	175	1	16130	9861	1698.0	0

数据来源：福建省卫生健康委员会[②]

第 4 节　福建省智慧医疗发展过程中存在的问题

4.1　个人信息保障问题

智慧医疗建设和实践过程中必然产生海量数据，存在较大信息安全隐患。然而，国家目前已出台的相关政策和法律还不完善，已有法律法规可操作性差，尚未制定针对性的宏观指导。如何保证在医疗服务过程中保护医患人员信息安全是法律亟待解决的问题。

福建省将启动实施省统筹区域平台互联互通工程，构建全民健康信息平台，平台大数

---

① 福建省卫生健康委员会. 龙海市村卫生所信息化建设扎实推进［EB/OL］. http：//wjw. fujian. gov. cn/jggk/csxx/ghyxxc/xxhjs/201411/t20141113_ 2367897. htm，2014-11-13.

② 福建省卫生健康委员会. 2019 年福建省卫生健康事业发展情况［EB/OL］. http：//wjw. fujian. gov. cn/jggk/csxx/ghyxxc/fzgh/202004/t20200424_ 5254056. htm，2020-04-24.

据将囊括患者个人健康信息与医师的职业信息，包括许多富有商业价值的数据，属于个人安全与隐私问题。因此，在实施智慧医疗的进程中，采取何种有效的法律和政策措施，确保个人在享受充分有效的医疗服务时，用户数据仅是用于正当医疗用途，而个人隐私等信息得到较高等级的保护成为推进智慧医疗的一个关键问题。福建省尚未根据线上医疗信息保护出台相应的法律法规，保护患者和医师的隐私安全仍无法可依。

4.2 关键技术支撑问题

智慧医疗就是将云计算、大数据、5G 通信等新一代技术与医疗深度结合。取得关键性技术支撑突破的问题迫在眉睫，只有充分掌握信息技术的使用并与医疗互通，才能使智慧医疗的实现成为可能。智慧医疗技术研究范畴涉及多种关键性技术，而研发环节突破这些关键技术难度较大。

目前，福建省新一代信息技术基础设施建设尚不完善，关键性支撑技术还未实现突破性进展；现有关键技术仍存在诸多问题，比如，创新研发能力较弱、关键技术掌握不足。如果无法实现核心技术的创新和突破，相关数据信息便无法得到有效保护与应用，智慧医疗的智慧化与规模化发展成为空谈，智慧医疗的推广也难以开展。此外，福建省尚未建立联盟区块链，区块链技术没有得到充分使用和突破，数据分享过程中数据审核、审计耗费时间长，没有区块链技术保障医疗信息安全。

4.3 标准化问题

尽管福建省智慧医疗促进了一部分的信息整合，但目前关联程度仍旧不高；并且各个系统之间的标准也各不相同，标准化问题凸显。由于历史原因，医疗卫生相关部门的信息系统独立建设，造成了不兼容、无联通的状况，无法实现信息的及时共享。

医疗系统是典型的垂直信息系统。如果不同医疗机构之间信息相互独立，将形成信息孤岛，不利于开展大量的标准化工作。目前福建省还没有形成统一的信息化标准和完善的共享机制，各机构之间缺乏相互协调机制、信息资源共享度和利用率较低，导致各个机构之间不能进行良好的交流沟通，工作和管理效率低下；在技术人才方面，全省没有统一的智慧医疗技术人才培养机构，特别是城乡医疗机构技术人才所掌握的相关技术差异比较大，水平良莠不齐，因此无法开发统一的智慧医疗系统和应用。

4.4 发展不平衡问题

福建省不同区域经济发展差距较大，例如闽东南的厦门地区临海且设有经济特区，是国家著名旅游城市，因此经济较为发达；而闽西北靠近山区及内陆地区，经济发展较为缓慢。经济发展的不平衡导致这些地区之间的医疗发展也相对不平衡，这不可避免掣肘了智慧医疗的发展进程。福建省各地区设有不同层级的医院，而城乡之间、各地区之间医院的信息化进程不同，存在较大差距，智慧医疗的推进程度也不一致。三甲医院系统相对完善，智慧医疗程度较高，已经普遍实施了结构化病历；部分三乙医院的相关信息系统尚未成熟；二级或更低层级的医院信息化水平仍处在较低的阶段，基本停留在医疗费用管理或简单的病人信息管理层面，这与国家提出的互联互通的要求存在较大差距。

4.5　医疗培训与观念问题

在智慧医疗开展过程中，开发或引进了许多高效便利的技术，需要高水平和专业能力较强的医疗人员对相关医疗设备进行操作与定期维护，更需要相关技术人员在智慧医疗建设推广过程中不断地创新突破，这是保障智慧医疗快速发展和推广的必要条件。因此，无论是医疗产品的使用、医疗服务的提供和推广都需要经过专业化培训，以提高医疗相关人员的信息化和专业化水平。但福建省目前没有相对应的专业培训机构，造成相关医疗人员素质参差不齐。此外，人们深受传统的"重治疗、轻预防"医疗观念的影响，对新兴的信息化医疗模式认知较少，导致智慧医疗"治未病"的理念认可度较低。

第 5 节　国内外智慧医疗的发展现状及经验总结

5.1　国外智慧医疗的发展

国外智慧医疗产业正处于高速发展阶段，形成了较为完整成熟的产业链；智慧医疗相关产品设备需求大，市场前景广阔。从表 4.7 可以看出，2009—2015 年，全球智慧医疗市场销售额的增长率在绝大多数年份均远远超越 GDP 增长率，说明在全球消费者追求健康时尚的生活理念和人口老龄化的背景之下，智慧医疗市场在全世界的发展势头迅猛，发展潜力巨大。

表 4.7　全球智慧医疗市场销售额及增长率

	2009	2010	2011	2012	2013	2014	2015
市场销售额（亿美元）	1599	1791	1959	1992	2134	2255	2514
同比增长（%）	5.75	12	9.38	1.68	7.13	5.67	11.5
GDP 增长率（%）	0.1	3	2.7	2.3	2.3	3	2.9

数据来源：百度文库 . 智慧医疗产业发展现状及思考［EB/OL］. https：//wenku. baidu. com/view/9cca460 2001ca300a6c30c22590102020640f232. html，2018-12-25.

下面分别以美国、欧洲、日本、新加坡等地区为例，说明其智慧医疗市场与智慧医疗产业的发展概况。

5.1.1　美国：智慧医疗强国，产业发展成熟

美国的"2011 年度创新战略"将卫生医疗保健领域的信息技术利用作为创新的六大优先领域之一①。奥巴马政府极力推行包括电子处方和电子病例在内的医疗技术应用，并

---

①　中国产业信息网 . 2015 年发达国家智慧医疗总体发展概况分析及市场展望［EB/OL］http：//www. chyxx. com/industry/201510/351601. html，2015-10-24.

以此为基础开发医疗合作平台，推进远程医疗计划。从智慧医疗的应用来看，美国的远程医疗服务已经成为常态化、规模化应用，远程医疗服务已涉及十几个专科医疗领域。

美国作为世界强国，拥有强大先进的科学研发能力，因此智慧医疗设备的技术水平世界领先。同时，作为全球智慧医疗市场龙头和智慧医疗强国，美国智慧医疗市场约占据全球市场份额的五分之四，同时五分之二全球需要的智慧医疗设备由美国生产。

5.1.2 欧洲：市场交易旺盛，发展前景广阔

2015 年英国、德国、法国等西欧十一国智慧医疗设备市场销售额约为 500 亿美元，同比增长 10%左右①。由于大批计划外移民涌入、医疗设备更新的需要以及人口老龄化形势较为严峻等问题，欧洲智慧医疗市场的需求仍将继续保持较快的速度增长。

由于人口老龄化程度较高，英国大力推行智慧医疗相关产业的发展，智慧医疗产品进口额远高于出口，智慧医疗相关产业发展迅速，市场前景广阔。英国卫生部积极利用互联网技术保障人民健康。Berkshire 地区定期召开医疗信息化研讨会，深入探讨促进移动医疗项目在本国的推广。德国智慧医疗产业规模仅次于美国，是欧洲最大的医疗设备生产国和出口国。法国是欧洲第二大医疗设备生产国，同时也是欧洲主要医疗设备出口国之一，并且进口了许多先进的电子诊断成像设备以及植入式智慧医疗设备，以推进该国智慧医疗的建设与发展。

5.1.3 日本：市场需求巨大，发展势头迅猛

早在 20 世纪 70 年代，日本已开始探讨远程医疗的可行性。20 世纪 90 年代，日本就开始研究如何将智能移动设备和新兴技术用于医疗健康，但因为技术限制，并没有形成产业化的规模。随着物联网技术、无线传感技术、RID 内嵌技术等信息技术的渗透，日本在智慧医疗领域发展迅猛②。

从 1992 年开始日本实施健康档案制度，给所有 40 岁以上的人提供健康档案，日本厚生劳动省计划在 2020 财年建成全国统一的健康档案系统，使日本医疗机构可共享医疗档案；1996 年厚生劳动省成立远程医疗研究班，2005 年成立日本远程医疗学会；日本京都大学等知名学府联合开发智慧医疗装置，索尼公司于 2017 年推出"Work Performance Plus"健康支持计划，将健康管理首先运用于职场中；政府相关部门组织开发出在线远程医疗系统 CLINICS，大力推进远程医疗和病例电子化。

5.1.3 新加坡：强大的综合医疗信息系统

2012 年 3 月，新加坡信息通信发展管理局（IDA）与卫生部联合发起了远程医疗合作征求计划，为老年人开发智慧医疗项目，改革传统医疗流程和模式，改变传统管理制度、

---

① 百度文库.智慧医疗产业发展现状及思考［EB/OL］. https：//wenku. baidu. com/view/9cca4602001ca300 a6c30c22590102020640f232. html，2018-12-25.

② 人大经济论坛.日本智慧医疗创新案例［EB/OL］. https：//bbs. pinggu. org/thread-6402868-1-1. html，2018- 05-21.

人才培养以及收益评估，建立有效的商业模式保证远程医疗服务长期、持续地进行①。在信息通信技术（ICT）的帮助下，老人随时随地都能获得远程医疗支持。除此以外，新加坡还提出了一系列配套措施，通过 ICT 技术打造新加坡强大的综合医疗信息系统。

5.2　国内其他主要区域智慧医疗的发展现状

国内智慧医疗产业正处于初步发展阶段，智慧医疗产业链尚未完善，销售额与国外差距较大，但增长势头强劲。从表 4.8 可以看出，2009—2015 年，我国智慧医疗市场销售额的增长率远远超越同期 GDP 的增长率。同时对比表 4.7 和表 4.8，可以看出，我国智慧医疗市场销售额的增长率也远远超越全球智慧医疗市场销售额的增长率，而且在该时期均保持了两位数的增速，2010 年的增长率高达 49.1%。这说明智慧医疗市场在我国有相当大的发展潜力，智慧医疗产业是未来发展的朝阳产业。

表 4.8　我国智慧医疗市场销售额及增长率

	2009	2010	2011	2012	2013	2014	2015
市场销售额（亿元）	53.5	79.77	102.4	121.2	156.5	191.8	259.9
同比增长率（%）	25.3	49.1	28.4	18.5	29.1	22.6	35.5
GDP 增长率（%）	9.2	10.4	9.3	7.8	7.7	7.4	6.9

数据来源：百度文库. 智慧医疗产业发展现状及思考［EB/OL］. https：//wenku. baidu. com/view/9cca460 2001ca300a6c30c22590102020640f232. html，2018-12-25.

下面分别以我国深圳、杭州、宁波等地区为例，说明其智慧医疗市场与智慧医疗产业的发展概况。

5.2.1　深圳市

深圳市由东方汇富主导，联合大健康行业 50 家企事业单位共同发起成立智慧医疗协会。该协会成为深圳大健康产业的"孵化器"和"资源整合平台"②，引导智慧医疗及大健康产业的发展；该协会组织开展行业调研、标准设立和企业服务工作，以智慧医疗这一前瞻性行业的发展壮大为契机，开展对健康医疗行业垂直服务价值和横向产业价值的金融资本的运营支持；同时，该协会还通过积极开展国际、国内交流等举措，引导推动深圳智慧医疗行业和医疗健康产业的可持续发展。

5.2.2　杭州市

杭州市秉持"互联网+医疗健康"理念，积极创新新一代信息技术在医疗健康领域的应用，推进智慧医疗系统的建设深化医疗改革，推行一系列智慧医疗创新措施③。杭州不

---

① 百度. 新加坡的智慧城市建设内容，有什么是值得我们学习的？［EB/OL］. https：//baijiahao. baidu. com/s？id =1615360821381488139&wfr=spider&for=pc，2018-10-26.

② 深圳智慧医疗协会. 协会介绍［EB/OL］. http：//www. zhylxh. com/col. jsp？id=101，2020-03-19.

③ 新华网. 杭州迈向"智慧医疗"时代［EB/OL］. http：//www. xinhuanet. com/globe/2017-12/11/c_ 1368048 12. htm，2017-12-28.

仅在各县市建立了卫生信息平台，基本完成了集约化应用建设，而且还建立了跨省转诊预约平台；以智慧医疗为支持发展医养护一体化分级诊疗模式；开通移动支付功能，实现全面、快速便捷缴费，进而推出医技检查一站式预约，简化流程，给病人带来便利；2017 年 5 月，杭州市政府联合阿里巴巴支付平台推出电子社保卡和基于智慧医疗诊间结算的医疗移动支付。

5.2.2 宁波市

宁波市以政府为主导，通过深化医疗改革、创新医疗服务，优化医疗资源配置，构建开放统一的互联网健康医疗便民惠民服务新平台，形成了区域联动的远程医疗服务体系。强化联通线上线下的健康医疗创新服务新生态，打造医养护联合的健康医疗服务新格局[1]；构建健康服务链，建设"智慧健康"保障体系，实施"云医院建设"，加快推进智慧医疗，并基于医疗内资源提供一体化医疗服务。目前，宁波在全市形成了线上线下协同、医院基层联动、医养护融合的健康智慧医疗服务新格局，提升了医疗效率和医疗效益，提高了群众就医的便捷度和满意度。

5.3 国内外发展现状经验总结及启示

国外的智慧医疗发展较早，无论是对理论层面的研究或者是对智慧医疗的实践都比国内成熟，并且形成了较为完整的产业链和庞大的市场。从宏观层面来看，国外有比较规范的医疗卫生科学管理体系；从中观层面来看，国外医疗产业规模庞大，医疗机构服务质量和效率较高；从微观层面看，国外医疗管理理念已经细致到家庭和个人健康管理。此外，国外均非常重视利用智慧医疗开发先进技术，寻求医疗服务效率提升和医疗费用的下降。

我国医疗领域正处于智慧化建设的初步阶段，随着医改的深入和各种形式医联体的建设，智慧医疗可以在分级诊疗医疗体系的建设中作为串起不同级别卫生健康管理机构、医疗机构、患者和大众的"针线"，进而在医疗体系内发挥更积极的作用。

另外，从国外智慧医疗的发展历程中不难发现，智慧健康的发展很大程度上源于企业的贡献。因此，我国在发展智慧医疗的建设过程中，应该由政府引领方向，研究机构、医院、医疗管理部门、高校等联动起来形成合力，以实现更好地利用智慧医疗高效智能服务社会大众的目标。

第 6 节 福建省发展智慧医疗的对策

6.1 出台相应政策和法律法规

智慧医疗属于一个新兴产业，相关的政策和法律法规尚不明确。由于智慧医疗将共享

---

① 薛鹏. 医疗信息化管理现状及对策研究 [D]. 福建师范大学，2017.

许多医患信息，这些个人信息的保障问题是智慧医疗发展的一个关键问题。只有加强顶层设计，保护数据信息安全，才能使智慧医疗的发展得到相应的政策扶持和法律法规保障，进而促进智慧医疗产业的发展壮大。

针对福建省处于医疗改革加速期的实际情况，政府管理部门应鼓励医学及相关领域的专家联合研讨法规制度的修订工作，围绕智慧医疗出台有关个人信息保障的政策和制定完善相应的信息安全法规，为智慧医疗的发展提供政策基础和法律保障。同时，政府应该落实监管职责，监督落实已有的政策和法律法规的执行情况，逐步提升网络与信息安全保障能力，为智慧医疗信息安全保驾护航。在制定保护医患相关信息法律法规的过程中，可以利用区块链技术的匿名性和完善的授权策略，保证数据信息分享的安全性。

6.2　促进新一代技术和智慧医疗实践的融合

新一代信息技术蓬勃发展，大数据、云计算、5G 技术等迅速崭露头角。促进新一代信息技术与智慧医疗实践融合，将信息变为富有价值的宝藏，将为智慧医疗的进一步发展提供无限契机。融入新一代信息技术的智慧医疗有助于提高医疗服务水平和效率、提升医疗过程中的服务质量，为患者提供更加便捷高效的服务。

福建省应进一步加大创新研发能力，学习、消化吸收国外先进技术，借助信息技术和物联网、互联网推动智慧医疗的发展，提高对数据信息的加工处理等能力；特别要充分利用区块链技术来发展智慧医疗。一般来说，数据格式冗杂导致智慧医疗信息共享困难，且需要核心化的管理机构进行授权和管理，该过程需要大量时间精力。而在医疗结构和研究机构间建立联盟区块链，可以节约数据分享过程中数据审核的时间，大大提高智慧医疗系统的运行效率。

6.3　提高对信息标准重视，实现标准统一

为从根本上解决信息孤岛和数字鸿沟等问题，福建省应打造一个将各医疗机构资源打通的省级医疗资源库，各级医疗部门在建设各个管理平台时应采用统一的技术标准，解决资源重复和数据互通问题。

福建省对于医疗信息标准的制定，可以根据国家公布的卫生信息化领域的相关标准，如《信息技术/数据源的规范与标准化》[①]，要强调集约化，实现统筹规划，集约建设；制定必要的监督机制，用于纠正偏离标准的信息系统；当统一的标准建立后，应大力推广信息标准，在技术标准规范统一的情况下推进智慧医疗的应用；在对全省医疗资源进行系统详尽分析的基础上，建设一个全省通用的共享医疗资源库，从而提高医疗信息化资源联通度和共享度。

6.4　缩小城乡发展差距

由于福建省经济发展不平衡造成医疗发展不平衡、不充分，智慧医疗的范围局限于较为发达的闽东南沿海地带，而经济发展缓慢的闽西北地区智慧医疗的普及率较低；大城市

---

① 陈杰 . 医疗信息化建设中的问题及对策 [J]. 信息与电脑（理论版），2018（14）：3-4.

与城乡之间的智慧医疗发展也不平衡，城乡差距较大。

针对智慧医疗发展不均衡的问题，福建省应该通过大力发展信息化基础设施建设，尽量平衡各地区之间、城乡之间在基础设施方面的建设差距，并利用互联互通的平台，实现平台对接以及各地区之间医疗信息共享，保障医疗的连续性，提供各项远程服务；还应提升县乡级医院信息化水平，实现填平补齐，逐步开展还未实行的智慧医疗相关业务，统筹规划、完善县乡级医院信息建设，缩小城乡智慧医疗水平差距；可以选择智能化水平较高的三甲医院，开展智慧医院示范工程，为县乡医疗机构的信息化发展提供参考；推进医保卡和第三方移动支付软件无缝对接，确保患者使用一张卡就可在全省各城市、各县、各乡镇实现无障碍就诊。

6.5　加大智慧医疗的资金投入

近年来，我国已经出台了许多确保医疗经费投入和落实的有关政策法律，保障各项医疗资金能够较为平均地投入到各个省份的医疗卫生建设事业中，福建省卫健委也提高了对智慧医疗建设的重视并增加专项资金投入，但是目前的经费仍然捉襟见肘。另外，福建省各级医疗部门对有限的医疗经费也不能做到"物尽其用"，分配较不合理。

国外智慧治疗的建设实践表明，智慧医疗资金的持续投入是智慧医疗稳步建设，进而推广和普及智慧医疗的重要保障。对比国内其他沿海省份，福建省经济发展并不突出，存在资金匮乏等问题。智慧医疗的可持续性发展需要大量资金支持，财政医疗支出不足是制约福建省智慧医疗发展的关键问题。因此，针对智慧医疗资金不足的情况，福建省各医疗管理部门应为智慧医疗建立专项的发展资金，合理分配国家和省政府下拨的医疗经费；福建省医疗部门也应该加大对智慧医疗实施较好的各级医疗机构的相关奖励，鼓励其更新先进的医疗设备和资源，以此来提高各机构对智慧医疗发展和建设的积极性。

6.6　加强相关人员培训及推动医疗观念的变革

除了投入资金解决智能化医疗设备的可持续性问题，与智慧医疗发展相关的人才可持续性也是应当重视的问题。打造"高精尖"的科技研发人才团队是发展智慧医疗非常重要的条件。针对此类问题，首先，福建省医院管理部门应该树立人才意识，强化人才观念，在积极引进外部先进人才的同时，联合福建省相关高校，建立多类型多层次的智慧医疗应用型人才培养体系；其次，针对已有的医疗队伍人员进行信息化技能的培训，以提高他们的信息化操作水平和远程医疗水平；最后，专门设立培训经费预算，鼓励科研人员外出交流学习，通过与国内外优秀同行的互动交流，克服智慧医疗建设中的技术难关。

另外，大部分人对于传统的就医模式还有根深蒂固的思想，患者更习惯于面对面的诊疗模式，医疗人员也习惯于线下的治疗程序。这在一定程度上不利于线上远程医疗平台的发展，也会增加患者不必要的、医疗费用之外的支出。因此在未来智慧医疗软硬件设施建设基本完备的情况下，福建省政府应该利用各种渠道大力宣传，让人们了解智慧医疗带来的高效便捷，特别是其"治未病"的健康医疗理念，引导人们慢慢转变就医理念，形成新的就医习惯，促使更多医患人员投入线上医疗平台中。

第 7 节　小结

随着信息时代的到来以及人们对于医疗健康需求的提升转变，传统医疗显然不能满足人民多样化和不断提高的医疗服务需求。因此，在信息技术日益发展成熟的背景下，智慧医疗作为医疗信息化进一步延伸的产物而诞生。

本章基于智慧医疗相关理论，并结合福建省的智慧医疗实践进行研究，通过对文献的分析总结，得出福建省在推进智慧医疗建设的过程中，还存在个人信息保障不足、关键技术支撑未有突破、存在信息孤岛、发展不平衡、可持续性不足、传统观念难以改变等问题，阻碍福建省智慧医疗的信息化、智能化和共享化发展步伐。借由对国内外智慧医疗发展实践的借鉴，本章针对福建省的具体情况，提出相应的对策措施，如加强顶层设计，完善法律法规建设；促进新一代技术和智慧医疗实践的融合；建立完善的智慧医疗信息平台，实现医疗信息和资源的整合和共享；加强相关人员培训；推动医疗观念的变革等，以期能对福建省智慧医疗的发展提供借鉴价值。

此外，我国其他省市的智慧医疗建设仍在初步发展阶段，本章的研究可为其他地区的智慧医疗事业发展提供借鉴与启示，在此基础上探究适合自身发展的可行方案。

第5章 大数据环境下福建省智慧教育存在的问题与对策研究

第1节 绪论

1.1 研究背景

随着信息技术以及互联网的飞速发展，人类行动的数字化程度越来越高，从而产生的数据量也越来越多。我们逐渐步入大数据时代，大数据掀起的风暴席卷到了我们生活的各个方面。近年来，许多国家将大数据战略视为突破本国重要领域发展的关键战略。2015年11月，我国在《中共中央关于制定国民经济和社会发展第十三个五年规划的建议》中提出"实施国家大数据战略，推进数据资源开放共享"①，这是我国第一次把大数据战略加入进国家战略之中。

随着当今信息技术产业的快速变革，以及经济社会各领域网络信息化水平的逐渐加深，强烈的需求和庞大的市场将会大力驱动我国大数据产业继续高速发展②。工信部发表的《大数据产业发展规划（2016—2020年）》表明，我国到2020年将基本形成"技术先进、应用繁荣、保障有力"的大数据产业体系③。

2009年，IBM正式提出了"智慧的城市（Smarter City）"愿景，作为其在教育领域的延伸，教育信息化逐渐迈向了"智慧教育"时代。2015年，国务院在《促进大数据发展行动纲要》中提到，"大数据已成为国家重要的基础性战略资源，正引领新一轮科技创新"，我国要建设"教育文化大数据"④。这说明利用大数据驱动教育变革已是一种必然的趋势。我国教育部2018年工作要点提出了进一步推动教育信息化发展的途径：启动教育信息化2.0行动计划，实施宽带卫星联校试点行动、大教育资源共享计划、百区千校万课

①《中共中央关于制定国民经济和社会发展第十三个五年规划的建议》[A]. 行政权力结构视角的金融监管体制改革研究[C]. 中国经济改革研究基金会，2016：1.

② 中国产业发展研究网. 2018年中国大数据产业规模及预测：市场产值将突破6000亿元（附图表）[EB/OL]. http://www.askci.com/news/chanye/20180424/153907122106.shtml#, 2018-04-24.

③ 大数据产业发展规划（2016-2020年）[N]. 中国电子报，2017-01-20（005）.

④ 促进大数据发展行动纲要[J]. 成组技术与生产现代化，2015，32（03）：51-58.

信息化示范工程、网络扶智工程，推进智慧教育创新示范，普及推广网络学习空间应用①。这表明，作为教育信息化 2.0 的智慧教育已经成为我国教育信息化发展的最新愿景。

崔鹏宇（2018）认为，智慧教育是指利用先进的教学方式来为人们提供智慧学习环境，支持教育管理向更智慧的方向发展，促使人们各方面的能力与社会发展的方向一致②。由此可知，智慧教育是新一代互联网技术与教育领域结合的产物。教育大数据收集存储了教育领域的信息资产，是发展智慧教育最重要的基础，并以此进一步推动了教育的发展和变革。本章以智慧教育为核心，重点研究大数据在福建省是如何为智慧教育服务的，以及大数据环境下福建省智慧教育发展存在的问题及其应对策略。

1.2　研究意义

1.2.1　理论意义

进入大数据时代，由大数据分析等信息技术所支持的智慧教育模式已经成为教育信息化变革的下一步目标，为我们指明了未来教育发展的大方向，因此非常有必要对智慧教育进行深入研究。从国内外学者对智慧教育分析情况看，虽然很多学者都对智慧教育的有关概念和特征进行了分析，并且研究探索了智慧教育建设的有关技术及模式。但是，以智慧教育在地方的实践为研究对象，进而对其进行系统性阐述的研究较少；另外，智慧教育理论研究的深度仍然需要进一步拓展。因此，本章除对大数据及智慧教育的有关定义进行相应阐述之外，还对福建省智慧教育发展现状和存在问题进行深入分析，为今后此类研究奠定一定基础。同时，本章对于现有国内外智慧教育的发展经验进行总结，并提出相应的福建发展智慧教育的对策，为今后深入研究此类问题提供了有益参考，拓宽了研究的深度和广度。

1.2.2　实践意义

以福建省智慧教育地方实践样本作为研究对象，其实践意义主要体现在下面三个方面。

一是提高各级教育部门对智慧教育发展的重视程度，并积极指导福建省智慧教育建设。张光明（2014）指出，智慧教育的建设可以孕育出更多的优质教育，并推动教学模式的改革，能够真正使"优质公平教育"的目标得以实现③。因此，对智慧教育的研究可以引起各级教育部门对智慧教育的重视，并为真正实施"优质公平教育"提供方向指南。当前智慧教育建设在我国仍然处于萌芽阶段，还需要进一步探索其内涵与特征。我们首先应该厘清智慧教育的概念，并在借鉴分析国内外成功经验的基础上，解决怎么建设的问题，以此来指导福建省智慧教育的建设。

二是推动教育大数据平台的建设。沈学珺（2013）认为，大数据时代的来临使教育

---

① 本刊编辑部．教育部 2018 年工作要点（摘要）[J]．人民教育，2018（05）：17-23.
② 崔鹏宇．大数据时代的智慧教育的发展 [J]．计算机产品与流通，2018（06）：59.
③ 张光明．宁波市智慧教育区域推进策略与实践研究 [D]．宁波大学，2014.

数据分析在不断地向纵向和横向伸展，多维度、多层次和非结构化的教育大数据可以更加完整和确切地说明教学的经过和成果①。大数据技术的应用能够将这些基础数据中的有效信息提取出来进行分析，以此促进对教学的精准评价及预测。本章将从各个方面阐述大数据在教育领域的价值，以期推进教育大数据平台的建设。

三是为其他地区智慧教育的建设提供借鉴价值。随着大数据时代的来临，人们的差异化需求越来越明显，因此要发展智慧教育必须利用大数据为学生提供个性化服务，这就需要找到适合学生的行之有效的应用模式。通过对福建省智慧教育建设的研究，积累智慧教育发展的经验与教训，可以作为其他地区的智慧教育建设的案例，共同推进中国的智慧教育建设。

1.3　国内外文献综述

1.3.1　国内研究现状

（1）教育大数据的研究

2013 年以前，国内对教育大数据的关注度不高。自 2013 年开始，国务院等各级部门相继出台大量的政策以保证进入大数据时代后我国处于领先地位，从而掀起了在教育领域运用大数据技术来促进教育发展的浪潮。2015 年，国务院在《促进大数据发展行动纲要》中提出了从政府大数据、大数据产业、大数据安全保障体系三个方面入手推进大数据领域的十大工程，并将建设教育大数据加入了 "公共服务大数据工程" 的目标中②。这引起了各研究机构和研究者的高度关注和重视。因此，有学者将 2015 年称为中国教育大数据元年。笔者通过梳理与分析相关文献资料，分别从教育大数据的概念、教育大数据的技术与方法以及教育大数据的应用等三个部分进行详细阐述。

一是研究教育大数据的概念。对于教育大数据的概念，学界还未完全达成共识。孙洪涛、郑勤华（2016）认为教育大数据是一个具有一定循环规律和教育价值，并能够为教师、学生以及教学过程服务的庞杂的数据集合③。杨现民等（2015）将教育大数据定义为大数据的一个部分，指的是存在于教育领域的大数据，将其视为从教学过程以及与教学有关的活动中所收集到的，可以推动教育领域发展的同时能带来巨大价值的数据集合④。杜婧敏等（2016）则指出整个教育过程中所产生的数据集合才是教育大数据的真正含义，大数据不仅是建设教育大数据中心、分析全过程的学习数据，更是一种共享的生态思想⑤。

二是教育大数据的技术与方法研究。对教育大数据技术与方法的研究重点涉及教育大数据采集、挖掘以及分析技术等方面。在对教育数据进行收集时，首先应该运用教育大数

---

① 沈学珺．大数据对教育意味着什么 [J]．上海教育科研，2013（09）：9-13.

② 促进大数据发展行动纲要 [J]．成组技术与生产现代化，2015，32（03）：51-58.

③ 孙洪涛，郑勤华．教育大数据的核心技术、应用现状与发展趋势 [J]．远程教育杂志，2016，34（05）：41-49.

④ 杨现民，王榴卉，唐斯斯．教育大数据的应用模式与政策建议 [J]．电化教育研究，2015，36（09）：54-61+69.

⑤ 杜婧敏，方海光，李维杨，全赛赛．教育大数据研究综述 [J]．中国教育信息化，2016（19）：2-4.

据采集技术。邢蓓蓓等（2016）认为数据采集一般会运用物联感知类技术、视频录制类技术、图像识别类技术、平台采集类技术等[①]。其次应该运用数据挖掘及分析技术。杨现民等（2015）认为，数据挖掘能够将拥有不同来源的原始教育数据转变成易于人们理解和利用的信息[②]。2012 年，顾小清等首次将学习分析技术引入国内[③]。胡刃锋等（2018）认为，教育数据的分析与挖掘二者之间有密切的联系，它们采用的分析技术也比较类似，主要应用网络分析法、话语分析法和内容分析法等[④]。

三是教育大数据应用研究。教育大数据可以应用于提供适应性教学、发现教学规律以及为校园进行科学化管理等。不同的学者对大数据的应用有不同的看法，胡弼成等（2015）认为，教育方面大数据产生的重要成果主要体现在促进教与学，推进教育决策的科学性，促进教育评价的全面性和客观性等方面的应用，同时还能助力智慧教育[⑤]。祝智庭等（2013）则从研究范式的角度，认为大数据在教育技术领域的应用有着不同的教育技术范式，学习分析学和教育数据挖掘将成为大数据在教育领域的具体应用[⑥]。

（3）智慧教育的研究

2009 年及之前国内智慧教育的研究几乎都与钱学森倡导的"大成智慧学"有关，即"大成智慧教育"。之后，关于智慧教育的研究逐渐呈现增加的趋势。以下将从智慧教育的内涵研究、智慧学习环境研究、体系架构及技术支撑研究以及发展战略和对策研究四个方面进行阐述。

一是智慧教育的内涵研究。不同的学者从不同的方面阐述了智慧教育的有关内涵。如杨现民（2014）认为，智慧教育是依托物联网、云计算、无线通信等新一代信息技术所打造的物联化、智能化、感知化、泛在化的教育信息生态系统，是数字教育的高级发展阶段[⑦]；而有的学者则认为从 IBM 公司"智慧地球"衍生出来的"智慧教育"和人们所期望的智慧教育相差甚远，这些学者认为智慧教育是我们由信息化时代迈向智慧时代的必然产物[⑧]。

二是智慧教育的智慧学习环境研究。智慧学习环境的含义是指能够支持人们学习行为产生的真实环境和模拟出来的环境结合，它是智慧教育建设的基础。有学者指出，构建智慧学习环境"必须符合学习情境感知、智能化学习支持和学习系统集成等三个核心特征"[⑨]。目前，国内对智慧学习环境的研究已具备一定规模，大致的理论框架已经形成，但是研究者们大都将目光集中于理论层面，缺乏实践方面的研究。

---

① 邢蓓蓓，杨现民，李勤生．教育大数据的来源与采集技术［J］．现代教育技术，2016，26（08）：14-21.

② 杨现民，王榴卉，唐斯斯．教育大数据的应用模式与政策建议［J］．电化教育研究，2015，36（09）：54-61+69.

③ 顾小清，张进良，蔡慧英．学习分析：正在浮现中的数据技术［J］．远程教育杂志，2012，30（01）：18-25.

④ 胡刃锋，李瑶．教育大数据研究热点探析［J］．延边教育学院学报，2018，32（02）：58-60+63.

⑤ 胡弼成，王祖霖．"大数据"对教育的作用、挑战及教育变革趋势——大数据时代教育变革的最新研究进展综述［J］．现代大学教育，2015（04）：98-104.

⑥ 祝智庭，沈德梅．基于大数据的教育技术研究新范式［J］．电化教育研究，2013，34（10）：5-13.

⑦ 杨现民．信息时代智慧教育的内涵与特征［J］．中国电化教育，2014（01）：29-34.

⑧ 陈琳，孙梦梦，刘雪飞．智慧教育渊源论［J］．电化教育研究，2017（02）：13-17.

⑨ 习海旭，廖宏建，黄纯国．智慧学习环境的架构设计与实施策略［J］．电化教育研究，2017，38（04）：72-76.

三是智慧教育的体系架构及技术支撑研究。对于智慧教育体系架构方面的研究，重点在于探索如何在教育领域内运用智慧城市的体系架构，如杨现民等（2015）指出，智慧教育系统并不是一个单独存在的系统，为了使数据得到共享，应该按照一定的标准将智慧教育系统与其他系统衔接起来①。而对于技术支撑方面的研究，越来越多学者将目光聚焦在大数据技术方面，柯清超教授在 2013 年首次将大数据与智慧教育结合起来②。吴文峻（2017）认为，大数据技术的应用为教学提供了更加丰富的管理手段，为教育教学带来了全新的思路和途径③。

四是智慧教育发展战略和对策研究。对于开展智慧教育的战略及对策研究，学者们主要将国外智慧教育的发展经验与我国教育信息化的现状相结合，以期找出符合我国智慧教育发展的本土化路径。此外，研究者们还对信息化环境下的智慧教育的区域推进策略进行了研究④。

1.3.2 国外研究现状

（1）教育大数据的研究

2012 年，美国教育部发布了《通过教育数据挖掘和学习分析促进教与学》的报告，介绍了美国教育行业应用大数据的现状，并以教育大数据在自适应学习系统中的应用为例进行了分析说明；与此同时，该报告提出了当今在美国教育领域应用大数据所面临的机遇和挑战⑤。2012 年，美国的研究机构 Brookings Institution 在研究报告中指出："大数据使得查探关于学生表现和学习途径的信息成为可能，而不用依赖阶段测验表现，导师就可以分析学生懂什么以及对学生最有效的技术是什么。通过聚焦大数据的分析，教师可以用更微妙的方式研究学习状况。⑥"国外对于教育大数据的研究热点主要集中于教育大数据的理论应用探讨、大数据处理技术在教育领域的应用以及大数据背景下的学习方式研究这三个方面。

（2）智慧教育的研究

在智慧教育发展方面，全世界的各大互联网公司依靠自身的经济和技术实力，加强与各国政府和院校的合作，以推进智慧教育平台的建设。针对智慧教育，IBM 提出了用任何设备进行学习；向以学习者为中心转变；建构学习共同体；专业化的学习服务以及系统观的教育这五大对策⑦。2013 年，IBM 提出智慧教育未来发展的五大代表性方向，分别是学习者的技术沉浸、多元且具有个性的学习路径、服务型经济的知识技能、系统文化资源的

① 杨现民，余胜泉．智慧教育体系架构与关键支撑技术 [J]．中国电化教育，2015（01）：77-84+130．
② 柯清超．大数据与智慧教育 [J]．中国教育信息化，2013（24）：8-11．
③ 吴文峻．面向智慧教育的学习大数据分析技术 [J]．电化教育研究，2017，38（06）：88-94．
④ 苏泽庭．信息化背景下的智慧教育推进策略研究——以宁波市为例 [J]．中国电化教育，2015（02）：46-50+69
⑤ Marie Bienkowski, Mingyu Feng, Barbara Means. Enhancing Teaching and Learning through Educational Data Mining and Learning Analytics [EB/OL]. http：//www.docin.com/p-963991024.html，2012-12-03．
⑥ Darrell M West. Big Data for Education：Data Mining, Data Analytics, and Web Dashboards. Governance Studies at Brookings [R]. Washington：Brookings Institution，2012：1-10．
⑦ 陈耀华，杨现民等．国际智慧教育发展战略及其对我国的启示 [J]．现代教育技术，2014，24（10）：5-11．

全球整合以及为 21 世纪经济发展起关键性作用[①]。

美国、英国、韩国等发达国家先后开展了较为系统的有关智慧教育的研究和实践，通过对文献梳理发现，这些国家对于智慧教育研究的热点主要是对技术支持学习和学习模式的研究。对技术支持学习的研究主要聚焦于人工智能领域、智能教学系统以及虚拟现实技术领域等方面。通过这些研究来推动智慧教育的内涵、特征和实践产生新进展。

1.3.3　文献评述

上述国内外文献研究表明，当前有关教育大数据的研究热点重点聚焦于大数据相关理论以及技术应用等方面。近几年，改进大数据处理的算法、大数据与互联网的结合研究及大数据技术改进等方面已经成为大数据领域的研究热点[②]。智慧教育的相关研究点主要倾向于理论的研究以及智慧教育平台的设计及搭建等方面。教育领域的智慧化发展在大数据时代的影响下迎来了新的发展高潮，世界各国相继加入该发展浪潮，推动先进技术与教育的高度结合，以此提升教育信息化水平。与此同时，随着互联网的高速发展，大数据的应用已经渗透到教育领域，但是智慧教育在我国仍然处于初步发展阶段，因此本章拟将大数据和智慧教育结合起来，以福建省的智慧教育发展为对象，尝试对福建省的智慧教育发展提供若干思路。

1.4　研究思路、研究方法和研究内容

1.4.1　研究思路

本章思路可以分为以下几个阶段：首先，对大数据与智慧教育的有关概念进行更深入了解，为后面的研究提供充分的理论基础。其次，以中国知网数据库、维普数据库及万方数据库的内容为研究资料的基本信息源，通过搜索、收集大量关于大数据与智慧教育的相关文献，了解大数据在我国教育领域的价值及大数据时代下福建省智慧教育的现状。再次，分析大数据时代福建省智慧教育发展存在的问题，并根据国内外智慧教育发展的经验，尝试提出福建省发展智慧教育的若干对策。最后，以福建省三明学院的智慧教育平台建设为例，对案例进行总结，了解其特性及发展规律，以期为其他类似高校的智慧教育平台建设提供借鉴。

1.4.2　研究方法

（1）文献研究法

通过对收集到的相关文献进行整理、思考和分析，总结与研究内容相关的成果，了解和掌握当前国内外智慧教育发展和研究状况，并对智慧教育的建设经验进行借鉴分析。与此同时，对福建省智慧教育发展现状进行总结，得出自己对大数据背景下福建省智慧教育

---

① IBM. 智慧地球赢在中国 [EB/OL]. http：//wenku. baidu. com/view/d9fe4e0abb68a98271fefa06. html，2013-08-24.

② 孙鸿飞，张海涛. 基于文献计量与可视化方法的国内外大数据领域研究动态研究 [J]. 情报科学，2018，36（11）：169-176.

发展策略的有关观点。

（2）个案研究法

将福建省三明学院的智慧教育平台建设情况作为案例进行系统分析、解释和推理，以了解其特性和发展规律，从而为其他教育机构提供智慧教育平台建设方面的借鉴和经验。

1.4.3　研究内容

本章研究的主要内容和论文框架如下。

第一节，绪论，主要说明论文的研究背景、研究的理论意义与现实意义、国内外文献综述，并阐述了研究的思路、方法和内容。

第二节，主要采用文献检索法和文献研究法，对大数据和智慧教育等有关概念、特征、价值以及相关理论进行阐述。

第三节，对研究对象即福建省智慧教育的发展现状进行研究。

第四节，对福建省智慧教育存在的问题进行分析。

第五节，对国内外智慧教育发展情况进行总结，以期为福建省的智慧教育发展提供借鉴和经验。

第六节，针对福建省智慧教育发展存在的问题提出若干对策。

第七节，通过相关资料收集，对福建省三明学院智慧教育平台的建设情况进行分析，并借此为其他教育机构发展智慧教育提供借鉴。

第八节，对全文进行了总结，并对大数据环境下智慧教育的发展作出展望。

第 2 节　相关概念及理论基础

2.1　大数据的有关概念及属性

2.1.1　大数据的概念

大数据（big data），又称巨量资料。虽然截止到目前对大数据的概念尚未有统一的界定，但不同的研究者从各自不同的角度，对大数据的概念进行了相应的阐述，具有代表性的大数据概念归纳如下：麦肯锡全球研究所认为，"大数据"通常是"指大小规格超越传统数据库软件工具抓取、存储、管理和分析能力的数据群"[①]。而美国高德纳公司则对"大数据"给出了这样的定义："大数据"是需要新处理模式才能具有更强的决策力、洞

---

① James Manyika. et al. Big data：The next frontier for innovation，competition，and productivity［EB/OL］. http：//www. mckinsey. com/insights/business technology/big data the next-frontier-for/innovation. 2011-05-25.

察发现力和流程优化能力的海量、高增长率和多样化的信息资产①。大数据在两位外国学者所编写的《大数据时代》一书中，指对收集到的所有数据进行处理和分析，而不是像以前一样利用随机抽样法从总体中抽取样本这种简单的方法②。

2.1.2　大数据的属性

（1）数据属性

大数据同传统数据一样是事实或观察的结果，是在归纳总结既定事实的前提后所必然诞生的产物，是用于表达客观事物的原材料，且能使所关注事物的发生条件和发展过程规律被揭露出来。但是大数据和传统数据相比，大数据具有庞大的数据规模，是由用户自发形成的、价值密度较低的数据。

（2）技术属性

大数据的应用与以互联网为代表的信息技术的发展密切相关，同时数据的整理与分析也需要信息技术的支持，因此大数据涉及的技术会更加复杂。2001 年，研究机构 Gartner 的分析员道格·莱尼曾经指出大数据的"3Vs"属性，即从 Volume（数据体量）、Variety（数据类型）、Velocity（处理速度）三个技术上的特征来定义大数据③。庞大的数据体量、数据种类繁多、数据的处理速度快是大数据的三个基本技术属性。在莱尼的理论基础上，IBM 公司提出了大数据的"4V 说"，提出了大数据的另一特征——Veracity（真实性），即追求高质量的数据④。

（3）社会属性

大数据有两个基本来源：一个是物理世界，另一个则是人类社会⑤。大数据是人们日常行为活动自发形成的各种数据的集合，大数据的形成是一个十分开放的过程。冯仕政（2016）认为民众在数据形成中的角色由以往的被动变成了主动⑥，因此大数据的社会属性来源于民众在数据形成过程中的广泛参与。

2.1.3　教育大数据的概念

教育大数据是大数据的一个分支，指的是存在于教育领域的大数据。通过文献研究发现，目前尚未对教育大数据做出一个统一规范的定义。有学者将教育大数据分为广义教育大数据和狭义教育大数据两类：前者是指人们在平时所有的教学活动中产生的数据；后者

---

① Gartner. 3D Data Management：Corltrolling Data Volume，Velocity and Variety［EB/OL］. http：//blogs. gartner. com/doug-laney/files/2012/01/ad949 - 3D - Data - Management - Controlling - Data - Volume - Velocity - and - Variety. pdf，2014-10-10.

② 维克托·迈尔-舍恩伯格及肯尼斯·库克耶. 大数据时代.［M］. 周涛，译. 杭州：浙江人民出版社，2013：46.

③ Gartner. 3D Data Management：Corltrolling Data Volume，Velocity and Variety［EB/OL］. http：//blogs. gartner. com/doug-laney/files/2012/01/ad949-3D-Data-Management-Controlling-Data-Volume-Velocity-and-Variety. pdf，2014-10-10.

④ 冯仕政. 大数据时代的社会治理与社会研究：现状、问题与前景［J］. 大数据，2016（02）：9-10.

⑤ 徐鹏，王以宁，刘艳华，等. 大数据视角分析学习变革——美国《通过教育数据挖掘和学习分析促进教与学》报告解读及启示［J］. 远程教育杂志，2013（06）：11-17.

⑥ 杨现民，唐斯斯，李冀红. 发展教育大数据：内涵、价值和挑战［J］. 现代远程教育研究，2016（01）：50-

61

则仅仅指学习者行为数据①。也有学者认为教育大数据指整个教育活动过程中所产生的以及从教学过程以及与教学有关的活动中所收集到的，可以在推动教育领域发展的同时带来巨大价值的数据集合②。

大数据环境下的教育大数据和传统教育数据相比，其优越性除了庞大的数据规模外，还体现在能够及时反馈、数据细化程度高、具有真实性以及指导性等。这些特点为教育的发展提供了新的机会和路径。

2.1.4 面向智慧教育的大数据的价值

（1）推动教育管理的科学化

我国传统的教育管理方式是制度管理，它不考虑个体的差异，因此管理质量和效率低下，而教育大数据正好可以解决这一问题。大数据环境下，教育管理者愈发注重利用大数据挖掘技术从海量教育数据中提取出有效信息，并对这些信息进行分析，找出其中隐藏在教育管理过程中实际存在的问题，从而为推动教育管理的科学化和做出科学决策提供参考依据。大数据下的学校管理可以对外界的需求进行智能处理，能够推动学校管理向"智"理发展（如图5.1所示）。

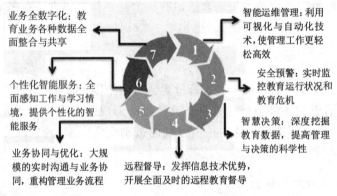

图5.1 大数据环境下的教育管理③

（2）推动教学模式的改革

利用大数据技术对学生学习行为的大数据进行分析和预测，可以使教师充分了解每一位学生的学习状况，迅速、准确地掌握学生的学习能力、学习需求和兴趣。教师通过将其在教学过程中掌握的经验同教育数据相结合并进行分析，不仅可以更好地了解自我和学生，及时改进自己的教学模式和计划，还可以根据学生的学习需求有针对性地为学生提供资源，提高与学生沟通的顺畅性。与此同时，各级教育机构也可以利用大数据技术对教师进行考核，分析教师的教学策略和模式是否有效，促使教师及时做出调整，这样不仅有利于提高教学质量，还有利于提高教师的自身能力。

---

① 徐鹏，王以宁，刘艳华，等. 大数据视角分析学习变革：美国《通过教育数据挖掘和学习分析促进教与学》报告解读及启示 [J]. 远程教育杂志，2013（06）：11-17.

② 杨现民，唐斯斯，李冀红. 发展教育大数据：内涵、价值和挑战 [J]. 现代远程教育研究，2016（01）：50-61.

③ 资料来源：根据相关资料整理。

（3）推动科学研究的发展

大数据时代，样本逐渐趋近于总体。对于教育领域而言，科学研究由按一定的概率进行抽样、探求确切的函数关系向对所有样本进行研究、找寻非严格的相关关系转变[40]。大数据技术的应用减少了研究经费的投入，各项科研数据的获取也更加方便与快捷。在利用数据分析为科研人员提供了更加个性化、客观的科研资料的同时，教育大数据还可自动为科研人员寻找研究方向相同的合作伙伴，从而推动传统学术研究过程的变革。

2.2　智慧教育的内涵和特征

2.2.1　智慧教育的概念

"智慧教育"概念是从"智慧地球""智慧城市"等理念中衍生出来的，信息技术贯穿其发展始终，为其提供强有力的技术保障。但是，目前学术界对于"智慧教育"的概念界定尚未统一，不同的学者和研究机构对智慧教育的概念有不同的解读。最早提出"智慧教育"概念的是 IBM 公司，其认为未来智慧教育的内涵是：以学生为中心、实时统计与分析、集成管理、多样化的互动式体验、共享资源等①。而我国教育界权威学者祝智庭等（2012）则指出，智慧教育就是通过利用智能化技术构建智能化环境，为老师和学生提供有效灵活的教学方式，将不可能变为可能，以此为社会培育出各方面综合能力较强的人才②。

2.2.2　智慧教育的特征

（1）教学方面

在教学过程中，智慧教育提倡将信息技术与课堂教育进行深度融合。教师在教学的过程中，可以实时便捷地获取大量的信息资源，利用多种教学设备和软件，使教学更加形象生动。同时，智慧教育系统通过对师生在课堂上的状态进行分析，智能地为教师调整教学计划、拓展教学内容，打造灵活开放的课堂。在课后，可以将教学过程、学生笔记等信息录入教育系统，以便学生后续进行复习和交流，同时促进教师对自我教学过程进行评价及思考，提升教师的专业素养。

在智慧教育的环境下，自主学习逐渐成为主要的学习方式，教育环境也不仅仅局限于课堂，学习者可以通过互联网，利用移动智能终端自主选择和学习自己感兴趣的内容。同时，通过各种智能技术对学习者进行分析，为其提供个性化服务。

（2）技术方面

从技术角度来看，智慧教育信息系统工程需要大量的技术支持。比如，利用情境感知技术为用户提供个性化的推送服务；利用智能管控系统，对教育管理、教学资源、教学过程实施智能控制，进行智能诊断和智能分析；发现在教学过程中存在的问题，进行智能调节；利用全方位交互系统促进学生之间、师生之间随时随地交流。

---

① IBM. Education for a Smarter Planet The Future of Learning [EB/OL]. http：//www.ibm.com/smarterplanet/us/en/education_ technology/ideas//，2012-09-09.

② 祝智庭，贺斌. 智慧教育：教育信息化的新境界 [J]. 电化教育研究，2012，33（12）：5-13.

2.3　理论基础

2.3.1　教学系统设计理论

一般认为，一个完整的教学系统设计理论应该包括三个基础理论：关于学习结果的理论、关于教学策略的理论和对不同的教学结果运用针对性教学策略的理论。这说明，如果学习者想要学习某种特定的知识或技能，那么就必须采用与之相匹配的教学策略对其进行教学，而这种教学策略能够合理地促进学习者学习该种知识和技能。

美国教育心理学家罗伯特·加涅对教学系统设计理论的建立进行了开创性的工作。加涅认为学习发生同时依赖于外部和内部条件，而要达成教学目标则需要有效地调整外部条件来帮助、引发和推动内部条件产生效果，因此应该将教学过程视为一个整体来进行规划①。他的教学系统设计理论建立在两个基本观点之上：第一，产生学习结果的本质原因是学生的学习，而老师的教学只是一个外部支撑条件而已，所以应"以学论教"；第二，提供的学习条件不同会产生差异较大的学习结果。由此观点，加涅从学习与记忆加工模型（如图5.2所示）② 出发，将学习结果分为五种类型：言语信息、智慧技能、认知策略、动作技能和态度③。

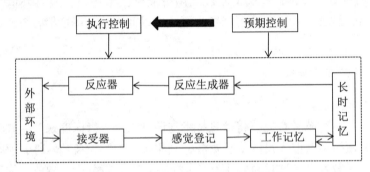

图5.2　加涅学习与记忆加工模型④

2.3.2　未来教育理论

吴波（2003）将"未来教育"的定义简单表述为：为未来育人，育未来有用的人⑤。未来教育理论的主要内容是，在新课程体系规定的内容框架下，运用多媒体数字化的先进教学手段，配合对学生主体意识的激活和发扬，让广大学生在学习活动中主动探索知识结构的规律和人类认识世界的规律；增强动手能力和运用知识解决问题的能力，为自己的未来、为社会的未来、为世界的未来作出贡献。薛焕玉（1988）指出，未来的教育将具有以下基本特征：高度重视人的个性生长和自我完善；未来的学校教育必然教会学生学习的

① 加涅. 皮连生等译. 教学设计原理 [M]. 上海：华东师范大学出版社，2005：131-133.
② 加涅. 皮连生等译. 教学设计原理 [M]. 上海：华东师范大学出版社，2005：151.
③ 加涅. 皮连生等译. 教学设计原理 [M]. 上海：华东师范大学出版社，2005：193-203.
④ 资料来源：根据加涅的学习与记忆加工模型整理.
⑤ 吴波. 对"未来教育论"的粗浅思考 [J]. 重庆改革，2003（02）：59-60.

方法而不是结果；未来的教育将是终身教育①。曹昭全（2003）认为，未来教育建立在教育理论基础和信息技术基础上。离开了教育理论就不能称其为"教育"，离开了信息技术就不能其称为"未来"。这两个"基础"结合在一起，就形成了面向现代化和面向未来的教学模式②。

第 3 节　福建省智慧教育的发展现状

3.1　信息化基础设施

"十二五"期间，福建省教育信息化得到了快速发展，"三通两平台"建设取得初步进展。据统计，全省已接入互联网的完全小学以上中小学 6899 所、约占学校总数的 98.9%，城市学校普通教室中的多媒体教室覆盖率超过 85%，农村学校超过 65%，大部分有能力的学校都搭建了各自的校园网③。福建省各个高校拥有的计算机数量从 300 多台到 7000 多台不等，拥有服务器数量从 4 台到 200 多台不等；接入互联网总带宽从 20M 到 10 210M，网络存储总量从零到 400TB④。

《福建省"十三五"教育发展专项规划》指出，福建省将充分发挥教育信息化"引擎"作用，以教育信息化全面推动教育现代化⑤。在此期间，福建省将继续推进多媒体技术与传统教学手段的有效结合，同时向农村中小学引入互联网搭建工程，并由省财政安排经费为全省中小学修建多媒体教室。福建省还为全省 4683 所完全小学以上农村中小学接入 20 兆宽带网络，5 年内宽带接入费用全部由省财政承担。

3.2　信息化支撑平台

福建省教育厅将教育数据的全面收集整理作为目标，利用"政府引导、企业参与、合作运营"的方式，来推动省级教育资源公共服务平台的搭建。在省级基础教育资源公共服务平台基础上，还与福建省华渔教育科技有限公司共同打造了福建省教育信息化统一平台，来满足师生们的教学需求。福建省高等教育信息化在《福建省教育信息化"十二五"发展规划》的指导下，全省所有高校均建立了门户网站和部门二级网站，多数高校建有特色网站和专题网站，网站运行指标良好；绝大多数高校建立了数字图书馆，教学资源丰富；部分高校在小范围内完成数字资源共建共享机制，并且运行状况良好。

---

① 薛焕玉 . 未来教育的基本特征 ［J］. 未来与发展，1988（04）：5-9

② 曹昭全 . Intel 未来教育的实施途径与对策 ［J］. 教育探索，2003（02）：59-61.

③ 国家互联网信息办公室 . 福建省专项督导教育信息化应用驱动 ［EB/OL］. http：//www.cac.gov.cn/2016-04/27/c_1118751425.htm，2016-04-27.

④ 朱月翠，张文德 . 基于"互联网+"的福建省高等教育信息化联动发展思考 ［J］. 中国教育信息化，2016（07）：59-63.

⑤ 福建省教育厅 . 福建省"十三五"教育发展专项规划 ［EB/OL］. http：//www.fvti.cn/yb/2016/0516/c3381a102955/page.htm，2016-04-28.

3.3　信息技术与教育深度融合

福建省教育厅在《福建省教师队伍建设规划（2017—2020年）》中提出，开展中小学教师信息技术应用能力提升工程，努力在2017年前基本完成全省中小学教师的信息技术应用能力提升全员培训①。福建省大力支持利用互联网技术来推动教学方法和教学内容的变革，探索出开放和共享的教育模式，从而使老师的多维度和特殊化的教学需求得到满足。此外，福建省还鼓励各中小学建立教师信息技术应用能力测评体系、培训体系和教师主动应用机制，实施中小学校长信息化领导力专项培训和乡村教师信息技术应用能力专项资助计划。

3.4　专业化技术支撑队伍

福建省支持建立健全县、校两级由计算机管理人员组成的技术支持服务体系，为信息技术设备的正常运转提供有效的技术支持和服务。同时，该省建立教育信息化人才队伍的培养激励机制，通过多种方式和渠道整合电教、教育装备、教研等相关部门力量，明确分工，使教育信息化发挥出最大的价值和作用，形成具有现代信息技能和素养的教育信息化建设、维护、服务和管理队伍，确保教育信息化各项建设的正常推进。

福建省教育厅还鼓励各地教育主管部门与有关部门联合制定相关政策，引进和培养网络、计算机专业人才，对其在人员编制上给予足够的保证，在职称、待遇等方面给予适当的优待，以此来保持专业化技术支撑队伍的稳定。

第4节　大数据环境下福建省智慧教育存在的问题

4.1　开展智慧教育的实力不足

为了提升教育信息化的水平，福建省于2017年9月1日发布了《福建省中小学智慧校园建设标准》。该标准指出智慧校园建设的目标为：将互联网信息技术与学校的物理空间有机结合起来，为师生建立智能开放的教育教学环境，提高教育教学质量和管理水平，促进师生全面发展②。但是，目前福建省开展智慧教育的建设实力不足。首先，福建省参与智慧教育建设的人才十分匮乏。有学者指出，智慧教育是人才培养模式的创造性发展，因此在智慧教育的建设过程中需要大批创新人才的加入③。可是，由于福建省此类人才资源的保障机制还不够完善，从而导致了专业人才的稀缺。其次，随着信息技术的迅猛发

---

① 福建省教育厅. 福建省教师队伍建设规划（2017-2020年）［EB/OL］. http：//www. fvti. cn/rsc/2018/0131/c248a118123/page. htm, 2017-12-29.

② 福建省教育厅. 福建省中小学智慧校园建设标准［EB/OL］. http：//www. fjqzedu. gov. cn/content. aspx? uni＝7b84b7b7-963d-4604-aa29-81387f4fc301, 2017-09-01.

③ 宣玉莹. 中国智慧教育的现状与发展对策［J］. 产业与科技论坛, 2017, 16（06）：170-171.

展，有关智慧教育的研发投入不足，缺少科研机构的参与，从而导致智慧教育的发展缓慢。

4.2　共享机制不完善，信息孤岛问题凸显

随着信息化投入不断增加，信息化规模急剧扩张，信息孤岛问题日益显现[①]。该问题也同样存在于福建省智慧教育建设的过程中，从而导致大量资源闲置浪费的问题。首先，由于各县（市）以及各学校的教育系统没有统一的教育信息化标准，系统间相互独立，从而导致信息纵向传递和横向互通都存在一定的问题和障碍；共享机制不完善，优质教学信息和网络资源未能得到充分利用；其次，由于各级单位内部教育管理系统较混乱，各部门之间也缺乏相互协调机制，人才和资源未能得到合理分配，导致管理效率也较低下；最后，在技术方面，由于各单位引进的技术人才不一样，所掌握的建设智慧教育系统的技术也不尽相同，技术间的差异也比较大，因此根据各单位需求开发出来的系统及软件未能得到完全统一，导致信息孤岛问题凸显。

4.3　教师的信息化水平普遍偏低

进入信息时代，我们拥有的教学资源和教学手段也越来越丰富。虽然目前福建省对智慧教育建设的重视程度有所加强，推进工作也在有条不紊地进行当中，但是其建设过程中教师本身的信息化水平和能力仍然偏低。首先，教师对有关数据的处理能力较低。教育大数据正在成为推动教育系统创新与变革的颠覆性力量[②]，已经引起教育领域许多专家学者们的重视。但是，由于目前福建省教育主管部门未对教师的信息化水平做出统一规定，因此大多数教师的数据素养相对较弱，一些教师甚至认为获取、分析教育大数据仅仅是学校或者有关专家来负责的部分。此外，大部分教师无法熟练运用 Excel、SPSS 等软件进行数据分析。因此，即便学校拥有丰富的基础数据，也无法上升到教师教学应用层面为其提供借鉴。其次，教师对网络教学平台的运用不够熟练。研究发现，由于福建省之前忽视对教师信息化能力的培养，教师对信息化教学的热情不高，大部分教师仍停留在简单运用 Word 和 PPT 进行教学和展示方面，教学方式依然传统，对教学信息化的认识有待提升和加强。

4.4　财政教育支出不足

国际上普遍采用财政教育经费支出占 GDP 的比重来衡量一个国家（或地区）在教育方面的投入水平和重视程度，在我国该指标也常常被用来作为制定教育发展战略的重要依据。

由表 5.1 和图 5.3 可知，自 2012 年以来，福建省的财政教育经费不断增加。但是，财政教育经费占 GDP 的比例并没有呈现逐渐升高的趋势，反而在 2012 年到 2013 年和 2015 年到 2019 年呈现逐渐下降趋势。这说明福建省存在财政教育支出的增长速度跟不上

---

①　张珍义. 高校数字化校园建设中"信息孤岛"现象的探讨 [J]. 中国教育信息化, 2008（13）：23-25.

②　杨现民，陈世超，唐斯斯. 大数据时代区域教育数据网络建设及关键问题探讨 [J]. 电化教育研究, 2017, 38（01）：37-46.

省内 GDP 的增长速度，经济增长的同时未能对教育资源投入给予足够的重视。

此外，国际上衡量财政教育经费占 GDP 的比重的基础标准是 4%。由表 5.1 可知，福建省近几年都未达到该标准，均未超过 3%，离 4% 的国际标准还有相当的差距。因此，福建省目前的财政教育支出仍然差强人意，还有很大的提升空间。

表 5.1　2012—2019 年福建省财政教育经费与 GDP、财政支出的比例统计表

年度	财政教育经费（亿元）	GDP（亿元）	财政教育经费占 GDP 的百分比
2012 年	562.30	19701.78	2.85%
2013 年	574.91	21868.49	2.63%
2014 年	634.60	24055.76	2.64%
2015 年	757.51	25979.82	2.92%
2016 年	789.11	28519.15	2.77%
2017 年	842.21	32182.09	2.62%
2018 年	925.06	38687.8	2.39%
2019 年	965.86	42395.0	2.28%

资料来源：根据福建统计年鉴整理。

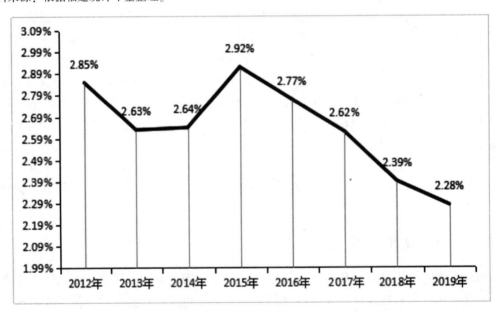

图 5.3　2012—2019 年福建省财政教育经费占 GDP 百分比折线图①

---

① 资料来源：根据《2012—2019 年福建省财政教育经费与 GDP、财政支出的比例统计表》整理。

第 5 节　国内外智慧教育的发展现状及经验总结

5.1　国外智慧教育的发展

5.1.1　马来西亚"智能学校计划"

早在 1996 年，马来西亚教育部就开始考虑智能学校的建设及其实施计划，1999 年正式提出"智能学校计划"。这一全局性改革计划目的是推动马来西亚教育系统发生颠覆性的改变。马来西亚教育部在《智能学校概念蓝图》[①] 中提到了五个建设智能学校的目标：培养有思维、有技术的知识工人；发展学生的体力、智力、精神、情感；为个人的能力发展提供机会；促进教育民主化；提高纳税人的参与度。我国华为公司与马来西亚博特拉大学在 2015 年签署了合作谅解备忘录，双方将共同推进马来西亚智慧校园网络项目的发展。

5.1.2　美国智慧教育产业的发展

作为推进美国智慧教育发展的先锐，IBM 是全球最早提出"智慧教育"概念的公司，其向全球用户发布了智慧教育变革的趋势。在美国的北卡罗来纳州格雷汉姆小学建立教育云数据平台，学校师生凭借"通用云计算服务"来获取虚拟桌面，从而掌握丰富的学习资料。弗吉尼亚州的一所中学允许学生在课堂上通过手机进行学习以及和老师进行交流，同时还可以将自己的学习经验上传至网络与他人进行分享[②]。

5.1.3　新加坡"iN2015"计划

2006 年 6 月，新加坡政府公布了"iN2015（智慧国 2015）"计划[③]。作为该计划的一个重要部分，新加坡政府决定在教育领域实施"实验学校"和"未来学校"计划，使所有学校都具有使用最新信息通信技术的能力。同时选择了几所学校作为"理想学校"的试验点，让每所学校的建设方向和目标不相同，推动这些学校的教育信息化建设，让其成为其他学校的学习典范。

5.1.4　韩国"智慧教育战略"

自 IBM 公司提出"智慧教育"概念后，韩国教育部积极吸收其先进观念，在 2011 年颁布《推进智慧教育战略》[④]，并首次提出"智慧教育"的愿景。韩国教育界人士认为，

---

① Smart School Project Team. The Malaysian Smart School：A Conceptual Blueprint ［EB/OL］. https：//www. yumpu. com/en/document/view/10162157/the-malaysian-smart-school-a-conceptual-blueprint-msc-malaysia，2016-07-12. .

② 曹胜勇. 美国教育大数据的发展现状、经验与启示 ［D］. 华中师范大学，2017.

③ 孙杰贤. 新加坡"iN2015"计划完全解读 ［J］. 通讯世界，2007（07）：50-53.

④ 陈耀华，杨现民. 国际智慧教育发展战略及其对我国的启示 ［J］. 现代教育技术，2014，24（10）：5-11.

智慧教育包含"自主""积极""适应""资源"和"技术融合"等五个基本元素。目前，韩国的"智慧教育战略"已顺利进行并取得了良好的效果。韩国的一些信息技术产业积极为本国智慧教育的发展提供资金和技术支持，信息技术与课堂教学的有机结合已经基本成型。现在智慧教育已逐渐成为韩国学校教育的新常态，韩国已成为智慧教育建设的领先国家之一。

5.2　国内其他主要区域智慧教育的发展现状

5.2.1　北京市智慧教育产业的发展

北京市海淀区作为全国首批教育信息化试点单位之一，其核心理念是"技术推动教育变革"，以此促进教育公平和优质资源共享，创造性地将信息技术与教育进行深度融合，推动"智慧教育"新常态的形成。为贯彻落实《国家教育事业发展"十三五"规划》[①]，加快教育现代化，依托"未来学校研究与试验计划"，北京市政府联合科技部、商务部和教育部，已成功举办六届"北京国际教育装备科技展览会"。2019年北京智慧教育与校园装备展融合产业创新与教育变革，成为我国最具前瞻性的产业发展引领平台，为企业指明了技术创新和市场发展的方向。

5.2.2　浙江省智慧教育产业的发展

"十二五"期间，浙江省在全国率先发布了区域性教育信息化专项规划。五年以来，全省共投入15亿元组织实施浙江省教育信息化工程，走在全国的前列。2016年9月20日浙江省教育厅发布《浙江省教育信息化"十三五"发展规划》[②]，该规划提出："到2020年，形成与本省教育现代化发展目标相适应的教育信息化体系，建成智慧教育技术环境，形成智慧教育支持服务体系，教育教学模式和学习方式发生深刻变革，全面发展智慧教育。"目前，全省99%以上的中小学校实现千兆到校，百兆到达教室和教师办公室，班级多媒体普及率达100%。同时，浙江省教育资源公共服务平台逐步建成，共开发千余门普通高中选修课网络课程和7500余个优质微课[③]。

5.2.3　湖南省智慧教育产业的发展

湖南教育信息化处于全国比较领先的位置，其中长沙市的教育信息化最具特色，在全国颇有影响。长沙市搭建了互联互通，集教育、教学、管理于一体的人人通平台；自主开发建设了长沙中小学生在线学习中心，师生利用数字资源使教与学实现常态化；推进优质学校开办卫星远程学校，实现名校名师课堂城乡共享。2017年6月20日，湖南首家全国中小学"互联网+智慧教育"示范基地建立，旨在推进"互联网+智慧教育"进入新的更

①　国务院印发《国家教育事业发展"十三五"规划》[J].教育现代化，2017，4（32）：8.
②　浙江省教育厅.关于浙江省教育信息化"十三五"发展规划［EB/OL］.http：//www.zj.gov.cn/art/2016/10/13/art_5495_2186089.html，2016-10-13.
③　浙江省教育技术中心.浙江省教育厅和科大讯飞开展战略合作［EB/OL］.http：//www.zjedu.org/art/2017/12/18/art_725_32849.html，2017-12-18.

高阶段①。

5.3　国内外发展现状经验总结及启示

从国外的经验可以看出，智慧教育的成功之处在于它可以很好地充当大数据时代媒介这一角色，建立了工具性平台式的管理体系，在一定程度上促进了产、学、研三方的结合。

从国内的智慧教育发展情况来看，大数据环境促使教育由数字化走向智慧化，智慧教育已愈发受到人们的重视，并为我们指明了未来教育发展的趋势。但目前我国的智慧教育发展处于起步和萌芽阶段，在我国的某些省市得到重视并付诸实践。

通过对国内外智慧教育的经验借鉴分析，福建省可从以下几点出发：一是福建省各级教育部门应该进一步探索和借鉴，并大胆实践基于大数据时代的未来教育；二是通过政策拉动智慧教育发展。为了使福建省智慧教育能够健康快速发展，政府应该出台相应的政策法规；三是加强对教师信息化能力的培训，建立健全人才培养体系；此外，还要为智慧教育的发展提供充足的资金，建立灵活多元的筹资规模。最后，智慧教育资金来源较单一，民间资本较少大规模进入这一行业。因此，要探索灵活的筹资模式，并且制定相应的监管条例，探索教育机构、政府和引入民间资本共同建设的模式。

第 6 节　大数据环境下福建省发展智慧教育的对策

6.1　促进教育大数据和智慧教育实践的融合

大数据时代的来临为智慧教育的发展带来了巨大的变革。随着各行业对大数据理念认识的不断深入，许多教育工作者已经意识到教育大数据是具有巨大潜在价值的信息资产。它不仅能够推动教育决策的科学化、提供个性化教育和提高教育质量，还能提高各个教育主体的管理效率。但是，当前在福建省乃至全国教育大数据的应用还处于起步探索的阶段，能否有成熟的应用模式还有待进一步研究与实践。

福建省应促进各学校进行教育大数据项目的建设和应用，以此来促进教学模式的创新和教学质量的提高。同时，应尽快出台教育大数据的相关治理方法，将利用数据进行治理贯彻到各级教育主体，构建合理的教育大数据实践框架。有学者从学校导入教育大数据项目、教育大数据的建设、数学大数据的应用以及数据驱动的精准教学四个方面构建了教育大数据实践框架（如图 5.4 所示）②。在应用教学大据实践框架的同时，福建省还应该建立统一开放的教育大数据平台，鼓励企业及有关教育机构等的参与，共同开发出独具特色的教学应用模式，充分合理地利用社会力量为智慧教育的发展做贡献。

---

① 华声在线．智慧教育新形态催生新生态 2018 互联网岳麓峰会热议"互联网+教育"［EB/OL］．http：//hunan. voc. com. cn/article/201804/201804022240115980. html，2018-04-02.

② 杨现民，李新，邢蓓蓓．面向智慧教育的教育大数据实践框架构建与趋势分析［J］．电化教育研究，2018（10）：21-22.

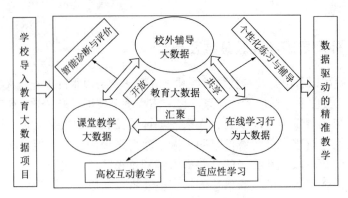

图 5.4　教学大数据实践框架①

6.2　推动教育信息化资源的共建共享

为从根本上解决信息孤岛和数字鸿沟等问题，福建省应打造一个将省、市、县、校四级资源联通的省级教育资源库。从横向管理来看，各级教育行政部门在建设各个管理平台时应采用统一的技术标准，有学者指出这一阶段应在全省范围内建设涵盖省内所有大、中、小学校的教育网络平台，实现一人一号、一校一码的实名制登录②，从而可以解决资源重复和数据互通问题。从纵向管理来看，其管理理念是将省、市、县、校四级资源贯穿在一起。首先，各个学校应对本校的资源建设情况进行调查、分析、汇总，将调查报告呈递到县级教育部门；其次，各县将各个学校的情况汇总并结合实际情况进行分析、汇总报告给市级教育部门；再次，市级教育部门对各县的资源需求进行统计分析，同时对本市的教学资源库进行完善和更新，并将本市的分析报告发送给省级教育部门；最后，福建省教育部门在对全省教育资源建设进行综合分析后，建设一个全省通用的省级教育资源库，从而推动教育信息化资源的共建共享。

有学者认为，在进行资源共建共享的过程中，可以借助"互联网+"、大数据、虚拟仿真和人工智能等技术，分类建立个性化学习路网（如图 5.5 所示），从而使优秀教学名师的教学方式和优秀学生学习的经历可以在学习路网中积累下来，尽可能地向学生们提供所需的优质教学质量以及可供参考的学习经验③。福建省应该借鉴上述思路，不断推进智慧教育的建设和发展。

---

①　资料来源：根据杨现民等学者提出的面向智慧教育的大数据框架整理。

②　杨静．我国智慧教育发展策略研究［J］．改革与开放，2016（17）：75.

③　钟绍春，唐烨伟，王春晖．智慧引领与智慧教育［J］．中国电化教育，2018（01）：109.

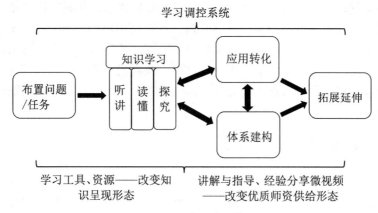

图 5.5　学习路网①

6.3　提高师资队伍的信息化技能

教师作为教育目的、意义和任务等的直接体现者、承载者和实践者，是智慧教育实践中最重要的角色②，因此智慧教育在与现代化信息技术结合的时候，还应把信息技术人才的培养和对教师信息化能力的培训放在同等重要的位置。在这方面，福建省可向广东省教研院学习，他们正在努力推动"智慧教研院"的建设，力图将具有广东特色的优质教育教学资源和广大学习者分享，争取以更快的速度和更高的质量形成与"互联网+教育"密切关联的"广东模式"③。

福建省应利用智慧教研来为教育信息化带来新的发展方向，其教师信息化技能的提升路径，笔者认为应包括如下三个方面。

首先，改变老师的传统教育理念，提升老师对教育信息化的重视程度。有学者指出④，在互联网技术高速发展的时代，老师只有改变原有的教学方法，不断拓宽自己的教学视野，用积极的态度迎接教学观念的变革，才能更好地适应由信息技术飞速发展所引起的教学变革。此外，老师要意识到提升自己的信息化教学能力可以为学生提供更好的个性化教学服务，并以此来激励学生的学习兴趣。

其次，建立专业的培训队伍和信息化管理团队。目前，福建省师资培训力量缺乏，相关部门应该筛选出一批具有先进教学理念并熟练掌握操作技能的培训教师，对老师进行信息化教学知识的培训，并制定合理的教学标准，这样才能使教师更清楚明白地了解自身的能力水平、自己的改进方向和学习内容⑤。与此同时，各级教育部门应重视信息化教学工作，建设专业的信息化管理团队，帮助老师进行信息化教学。

---

① 资料来源：根据钟绍春等学者提出的学习路网整理。

② 唐烨伟，王梦雪等. 混合学习环境下智慧型教师培训模式研究［J］. 电化教育研究，2015，36（08）：108-112.

③ 广东省教育厅. 以智慧教研推动教育信息化应用创新［EB/OL］. http：//www.gdhed.edu.cn/gsmpro/web/jytwap/content.jsp？infoid=486750&pageId=2&contentSize=1，2015-06-05.

④ 梁泽鸿，全克林. 面向智慧教育的高校教师信息化教学能力提升［J］. 中国成人教育，2018（19）：145-147.

⑤ 沈长进. 浅谈职校教师信息化教学能力提升的途径与策略［J］. 课程教育研究，2018（49）：231-234.

最后，福建省各级教育部门应建立有效的培训考核体系，并制定信息化教学管理的有关政策。在培训过程中对教师的表现进行考核，并在培训后对教师的教学过程进行追踪，了解教师信息化教学的情况。同时，各级部门应该鼓励老师参与各类信息化教学比赛，对获奖老师给予一定的物质奖励和精神奖励。此外，福建省教育部门也应该制定有关政策，将教学人员的晋升和续聘与信息化能力挂钩，提高教师参与热情，促进教师通过信息技术提高教学品质①。

6.4 加大智慧教育的资金投入

福建省的财政教育支出不足是制约智慧教育发展的关键问题之一。从各国以及其他省的智慧教育发展情况来看，智慧教育资金的持续投入是建设和发展智慧教育的基础。要想使智慧教育获得更好的发展，福建省必须从经费投入上下大功夫，资金匮乏问题主要是由经济发展状况、国家教育投资以及各级教育主管部门对资金分配不合理等原因造成的。

近些年来，虽然我国已经出台了许多确保教育经费投入和落实的有关政策法律，福建省教育厅也逐渐意识到建设智慧教育的必然性，并加大了相应的资金投入力度，但是目前的经费投入仍然不能满足智慧教育发展的需要。因此，福建省各级教育主管部门应该进一步加强对智慧教育建设的重视并提高相应的经费投入，可以为智慧教育建立专项发展资金，并采取措施使教育经费的分配更加合理，确保各级各类学校有足够的智慧教育的资金投入保障。与此同时，福建省教育部门也应该加大对各级教育单位的相关政策奖励投入，以此来提高其智慧教育发展和智慧校园建设的积极性。

6.5 推动教育管理观念的变革

福建省各级教育部门应该充分意识到智慧教育作为教育信息化的最新愿景，是由大数据时代催生的一种新的教育形态。各类教育机构要意识到智慧教育给教学工作带来的改革和创新，并充分利用智慧教育对教学进行管理。在进行管理的过程中，管理者可以通过智慧教育平台来进一步分析教学管理中存在的内部问题。例如，通过与学习者进行互动交流以及分析其学习情况等对其进行管理。有学者指出还可以收集分析一些教育管理案例，从而实现对学习者的宏观指导与微观管理②。在教育管理过程中，应该充分发挥智慧教育平台的作用，促进"线上教育"和"线下教育"的充分融合，提高学习者自主学习的能力。

---

① 芦娟. "互联网+"背景下高职教师信息化能力提升途径探索 [J]. 无线互联科技，2018（20）：88-89.
② 顾建峰. 智慧教育视域下高校教育管理实践路径探索 [J]. 中国成人教育，2018（18）：55-57.

第 7 节　大数据驱动下的智慧教育
——以三明学院智慧教育平台建设为例

7.1　三明学院信息化建设概述

进入教育信息化时代，三明学院各级党政部门十分重视学校的信息化建设质量和建设水平。其各级管理部门意识到信息化建设对于高校自身的建设与发展将产生重大且深远的影响，同时这也是缩小山区高校与沿海高校建设与发展差距最有效、最直接的手段。

2008 年开始，学校通过多种渠道向多方筹措资金建设校园网、教学和管理平台，以及教学资源等。2010 年 1 月，三明学院与三明电信公司签约了"数字校园"战略合作框架协议，在互利互惠的基础上，通过校企合作共建模式，中国电信三明分公司投入 200 万元建设学校校园网，使学校校园网的基础设施得到加强，校园网的安全性、可靠性和稳定性得到了进一步提升。同时，三明学院也在尽力解决地方新建本科院校"数字校园"建设资金投入不足的问题，努力从各方面缩小三明学院与沿海高校在校园信息化建设与发展方面的差距。

由于信息化技术的飞速发展，"智慧校园"建设成为高校教育信息化发展的重点和热点。因此，在"数字校园"建设的基础上，三明学院提出了构建"智慧校园"的基本思想，计划把"智慧校园"建设与应用作为推进该校教育教学改革、提高人才培养水平的一项重要内容进行规划与建设。2011 年 5 月，三明学院与三明电信公司又签约了"智慧校园"战略合作协议，标志着双方共同推进信息化建设与合作的工作愿景，推动三明学院从"数字校园"建设迈向"智慧校园"建设。

2017 年以来，三明学院完成"公共数据管理平台""统一信息门户平台"和"统一身份管理平台"三大平台一期建设，完成了基础支撑平台建设与部分的应用系统集成、内网统一门户、统一身份认证。统一数据中心已投入使用，办公平台（OA）、邮件往来平台、VPN、图书馆（内网）、科研系统（内网）、一卡通（内网）、教务系统等相关业务系统已经接入平台，实现了业务系统的单点登录。通过公共数据管理平台后台数据库的支撑，连通各个系统之间的数据，使其得以共享和交流。

三明学院的一系列智慧校园改革举措有效提升了学校信息化建设水平，有力促进了学校治理现代化、教学管理智能化和服务保障信息化水平。

7.2　三明学院智慧教育平台介绍

7.2.1　三明学院智慧教育平台设计理念

为了由地方本科院校向应用型本科大学成功转型，三明学院不断引入先进的教学思想，其成果导向智慧教育平台顺势出现。成果导向教育不仅被认为是引导其建设智慧教育的正确理念，还被认为是正确的教育实践。李坤崇教授以成果导向教育为基础，参照七种大学课程发展模式，提出了具有目标导向、纵向连贯、能力检验特质的成果导向教育的课程发展图（如图 5.6 所示)[1]。

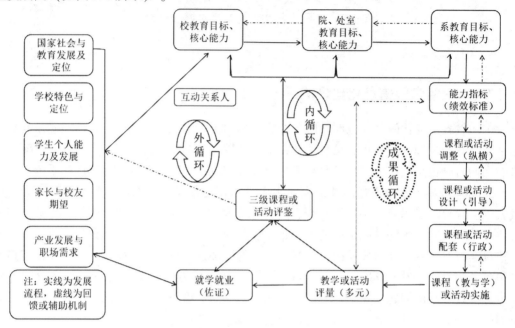

图 5.6　成果导向教育的课程发展图[2]

成果导向教育的课程发展图以内循环为核心，包括外循环和内循环，而内循环又包括成果循环。外循环的目的在于实现学校的教育目标以及维持学校的核心能力，执行周期为三至六年，属于长期的改善循环。内循环的目的在于维持校、院、系的有关教学成效，并确保学生毕业时具有相应的能力，执行周期为一至三年，属于中期的改善循环。成果循环的目标在于维持院、系的核心能力并使学生能够展现出应该具备的能力，执行周期为一学期至一年，属于短期的改善循环。

7.2.2　三明学院智慧教育平台软件架构

三明学院现代教育技术中心将其搭建的智慧教育平台软件架构划分成五个部分[3]。

在应用层，建设成果导向智慧教育平台的各种应用软件。以数据云中心和数据分析为中心，包括教学管理系统、人才测评系统和就业服务系统。在数据云中心系统，建立统一的数据资源中心，采集整合学校内、外部的各类教育信息数据，以便进行组织架构管理、角色权限管理、用户信息管理以及用户权限管理。在该基础上，利用大数据分析和挖掘技术对学校教学、科研及管理等多方面的行为进行分析，从而为管理决策提供相应的数据支撑。

---

①　李坤崇. 成果导向的课程发展模式［J］. 教育研究月刊，2009，186（10）：39-57.

②　根据李坤崇教授的成果导向教育的课程发展图整理。

③　林志兴，刘孙发，肖香梅. 成果导向智慧教育平台信息化建设——以三明学院为例［J］. 科教导刊（上旬刊），2019（01）：23.

中间层用于连接底层与应用层，使二者可以进行交互处理①。它解决了不同操作系统和硬件之间由于存在差异而不能互相交互的问题，从而使得数据能从一个应用流动到另一个中去。

大数据和数据持久层相互关联，大数据层是对所收集到的数据进行处理分析并提供分析结果，而数据持久层则用于管理保存海量数据。

基础资源层用于构建一个稳定的、具有良好扩展性的基础数据架构，使其和物理架构进行更好的交互。

7.3　三明学院智慧教育平台评价

成果导向教育作为一种先进的教育理念与实践，与三明学院应用型人才的培养理念相适应。三明学院通过搭建成果导向智慧教育平台来推进学校的教育变革，提高教学质量并进行更好的教育教学管理。三明学院的现代教育技术中心设置了核心能力指标，所有与教学有关的工作都将以该指标为中心进行，从而使学生们的学习产生所期望得到的效果②。

第 8 节　小节

随着互联网技术和大数据时代的高速发展，传统的教学方式显然不能满足当代大学生对教学的需求。因此，在互联网、物联网和大数据等相关技术日益发展成熟的背景下，智慧教育作为教育信息化的最新愿景出现在人们的视野中。本章基于教育系统设计理论和未来教育理论，通过文献研究法以及个案研究法等研究方式，对福建省智慧教育建设存在问题及对策进行研究。

首先，本章对福建省智慧教育现状进行阐述，分析得出福建省在推进智慧教育建设的过程中，还存在着开展智慧教育的实力不足、共享机制不完善，信息孤岛问题凸显、教师的信息化水平普遍偏低以及财政教育支出不足等问题，限制着智慧教育在福建省的发展。其次，通过对福建省智慧教育发展问题、原因分析以及国内外智慧教育发展经验的借鉴，本章提出促进教育大数据和智慧教育实践的融合、推动教育信息化资源的共建共享、提高师资队伍的信息化技能、加大智慧教育的资金投入、推动教育管理观念的变革等若干对策。

福建省的智慧教育虽然刚刚起步，但是可以从某些案例中探索总结出规律性、典型性的做法，加以推广。我国其他地区也可以从福建省的智慧教育建设中找到可供吸收借鉴的经验，同时对不足之处加以解决，以此寻求适合自身特色的可行发展路径。

---

① 林志兴，刘孙发，肖香梅．成果导向智慧教育平台信息化建设——以三明学院为例 [J]．科教导刊（上旬刊），2019（01）：23.

② 林志兴，刘孙发，肖香梅．成果导向智慧教育平台信息化建设——以三明学院为例 [J]．科教导刊（上旬刊），2019（01）：21-24.

第6章 厦门智慧交通存在的问题与对策研究

第1节 绪论

1.1 研究背景与研究意义

1.1.1 研究背景

在物联网技术日趋成熟、科技水平不断进步的 21 世纪，人们享受着比以往任何时候都更加优越和便捷的生活条件。交通的便捷性程度直接影响到社会经济生活的各个方面，因此越来越多的人选择在交通便捷、经济发达和各类资源丰富的城市安家立业。与此同时，由于大量人口不断涌入城市，许多城市出现人口饱和的现象，尤其是北上广深等一线城市。交通出行需求大量增加，致使交通拥堵和交通事故频发，交通安全和环境污染等问题也随之产生。为了缓解和抑制此类亟待解决的问题，智慧交通这一概念便应运而生。

智慧交通作为智慧城市建设重要的组成部分和基础支撑，交通系统的优化是建立和谐、低碳、高效型智慧城市的首要任务。因此，依托当下高水平的物联网技术和智能系统来改进完善我国的交通系统，建设和发展智慧交通模式，这对于改善人们的出行环境和便利程度，进一步提高人们的生活质量，建立环保低碳社会环境的重要性不言而喻。

在一些发达国家的许多城市，例如美国、澳大利亚、日本等，目前在智慧交通方面已有深入研究，其在智慧交通领域的建设水平遥遥领先，拥有大量实践经验。其利用高新技术与互联网相结合打造出先进的交通系统，对城市拥堵现象起到了有效的缓解作用，这对于我国建设和发展智慧交通具有一定的借鉴价值。

1.1.2 研究意义

交通的便捷程度直接影响到经济社会的运行效率，对于人们的生活质量和国家的经济社会发展起着非常重要的作用。生活在都市里的人们，无法脱离交通系统来开展日常生活。面对着城市人口的急剧上升，相当多城市的交通状况显然早已无法满足更多人的出行需求，交通系统的优化升级迫在眉睫。随着人们收入水平和生活水平的提高，许多家庭购置了私家车作为代步工具，由此引发了道路拥堵现象。同时，大量汽车尾气排放带来的环境污染，降低了市民的生活质量损害了市民的身体健康。近年来，我国政府虽然在交通运输系统也投入了大量财力，但对于城市拥堵、汽车尾气造成的环境污染、交通事故频发等现象并没有找到非常有效的解决方式。

因此，在物联网时代，如何更好地运用最新的移动互联网技术来大力发展智慧交通，克服传统交通运行模式的弊端，优化升级当前交通系统就显得尤为重要。人们都向往生活在安定和谐的社会环境中，智慧交通的建设，势必会促进低碳环保生活的形成，推动城市的可持续健康发展，并且构建"无拥堵"城市。我国应结合国内不同城市类型和城市交通的实际发展情况，借鉴现有国内外智慧交通领域的宝贵实践经验，来推动我国各个城市智慧交通的发展，推动智慧型城市的形成。因此，本研究具有极强的现实意义和必要性。

1.2　国内外文献综述

1.2.1　国内文献综述

与国外一些发达城市相比，我国对智慧交通的研究与应用起步较晚。近年来，随着智慧城市研究的迅速发展，越来越多专家学者积极投身于"智慧交通"问题的研究。他们对智慧交通的含义有着自己独到的见解，并且通过对当下智慧交通体系框架的梳理，发现其存在的主要问题，并提出相应的应对措施。这些成果，也为我国智慧交通的进一步发展提供了新的思路与依据。

在智慧交通的含义理解上，邓玉勇、李璨、刘洋（2015）指出，智慧交通作为智能交通升级版，是智慧城市建设的重要抓手①。常锦河（2016）则认为，智慧交通可理解为智能交通运输系统的升级版，以人类智慧与经验为指导，以物联网、大数据和云计算等先进技术为基础，使人、车、路、船、港与环境更加协调，实现"智"于管理"慧"及民生②。

在智慧交通建设方面，张新，杨建国（2015）认为，做好智慧交通的顶层规划是十分关键的。其观点是要根据用户对象和业务进行需求分析，在此基础上进行智慧交通的系统开发和建设，努力提升对关键技术和核心技术的掌握和应用水平，为公众提供良好的交通出行和运输服务，由此来促进城市智慧交通的良性发展③。

在我国智慧交通发展存在的问题上，较为代表性的观点认为，可以将其归纳为以下四个方面④：顶层设计不完善；对智慧交通的认识不成熟；关键技术问题尚未解决；地方保护主义的阻碍。针对这些缺陷，羡晨阳，金纬（2017）提出了三个应对措施⑤：第一，加强政府统一指导规划，优化智慧交通顶层设计。第二，强化智慧交通相关认识，规范智慧交通行业标准。第三，优化智慧交通相关技术，加快智慧交通建设步伐。通过这些途径，可以缓解智慧交通发展所存在的问题。

①　邓玉勇，李璨，刘洋．我国城市智慧交通体系发展研究［J］．城市，2015（11）：68-73.
②　常锦河．我国智慧交通建设发展浅析［J］．中国管理信息化，2016（19）：215.
③　张新，杨建国．智慧交通发展趋势、目标及框架构建［J］．中国行政管理，2015（04）：150-152.
④　冷雪．智慧交通体系发展现状研究［J］．中小企业管理与科技，2016（06）：107-109.
⑤　羡晨阳，金纬．国内外智慧交通发展的经验借鉴［J］．物流工程与管理，2017（01）：83-84.

1.2.2 国外文献综述

在智慧交通建设方面，美国处于领先地位。美国早在 20 世纪 60 年代末就开始了智慧交通系统的建设，在 20 世纪 80 年代成功研发了高新的 PATHFINDE 系统，随后美国就全面展开了有关智慧交通的进一步研究①。美国政府早就意识到智慧交通在国家未来发展战略中将起着举足轻重的作用，因此美国政府投入了大量人力与财力来支持美国智慧交通的研究和发展。2009 年 12 月，美国交通部发布《智能交通系统战略研究计划：2010—2014》，该计划强调智慧交通的重要性，并且提出了智慧交通的建设思路，让城市交通朝着智能化发展，使得城市车辆和道路更加安全；同时开发出更好的防撞保护措施，让当地市民拥有一个更加安全的出行环境。

在智慧交通发展规划上，日本将智慧交通的建设和发展规划纳入了四项优先政策领域，具体体现在 2001 年发布的《E-Japan 优先政策计划》之中。日本政府把智慧交通规划提高到国家战略层面，加强对智慧交通系统的顶层设计，旨在构建出一个统一高效，功能强大的交通系统，来满足人们的出行需求②。通过高新技术的挖掘与开拓，进一步缓解城市拥堵现象，减少交通事故发生的频率，确保人们的出行安全，打造和谐安定的智慧城市，以此引领智慧城市的发展。

1.2.3 文献评述

智慧交通在我国除了一些一线城市，在大多数城市仍然处于建设的起步阶段，我国目前对于智慧交通建设没有一个相对科学完善的建设体系。有些学者在研究过程中机械照搬国外智慧交通建设的概念与理论，脱离了我国经济社会发展的实际情况，因此造成很多西方的理论在我国城市的应用并不能发挥应有的作用和效果。与此同时，我国大部分学者仅选择发达的一线城市作为研究对象，如北上广深等，而选择智慧交通仍处于初步阶段的二、三线城市为研究对象的文献则相对较少。

鉴于此，对于智慧交通的研究领域，我们应该加强对以下几方面的研究：一是在借鉴西方发达城市智慧交通建设经验时，要紧密结合我国的国情，要做到理论与实践的有机融合。二是在进行智慧交通的建设实施时，要考虑到我国各区域的地方差异，要针对我国不同类型的城市进行有针对性的研究，而不是仅仅将目光集中在几个一线城市之中。本章将选择厦门市这个二线城市为研究对象，考察其智慧城市建设过程中，智慧交通的建设成效与存在的问题，并尝试给出对应的解决办法。

1.3 研究方法

（1）文献研究法。通过知网、维普等各类搜索网站，搜集国内外关于智慧交通方面的文献资料。通过阅读这些资料，熟悉和掌握当下国内外智慧交通建设所取得的研究成果，对比分析厦门市在智慧交通建设方面存在的问题与不足，以及为相应解决对策的提出

---

① Debnath, A. K., etal., A methodological framework for benchmarking smart transport cities ［J］. Cities, 2014, 37 （02）：47-56.

② 陆伟良. 智慧城市建设目标与顶层设计概念 ［J］. 智能建筑与城市信息, 2013 （04）：37-42.

提供理论支撑。

（2）实地调研法。通过前往厦门市、上海市、广州市、泉州市等地进行考察，体验当地智慧交通实际发展状况，从而总结归纳出上述各地在智慧交通建设方面所取得的成效与缺陷，为写作提供更加真实准确的依据来源。

第 2 节 相关概念及理论基础

2.1 智慧交通的概念

在智慧城市（Smart city）的发展过程中，关键的一个环节在于发展智慧交通。智慧交通这一个概念最早于 2009 年由美国 IBM 公司提出。此概念是依托智能交通（简称：ITS）而产生的，是指在交通领域中充分运用一系列高新通信技术，物联网、云计算、人工智能、自动控制、移动互联网等相关技术，通过对这些高新技术融入交通信息，对交通管理、交通运输、公众出行等交通领域全方面以及交通建设管理全过程进行管控支撑。

首先，智慧交通的建设可以使交通系统在某个特定的区域（城市）甚至更大的空间范围具备感知、互联、分析、预测、控制等能力，及时获取最新的交通信息，以充分保障交通安全、减少交通事故；其次，它可以发挥交通基础设施效能、提升交通系统运行效率和管理水平，为通畅的公众出行和可持续的经济发展服务；最后，它可以有效地实现整个交通的系统性、实时性、信息交流的交互性以及服务的广泛性，促进智慧城市的平稳发展，有效缓解交通拥堵，提高人们的出行效率。

2.2 马斯洛需求层次理论

美国心理学家马斯洛需求层次理论表明，只要当人们低层次的需求得到满足之后，他们才会向往追求更高层次的需求[①]。交通环境作为社会大众出行需求的重要一环，良好的道路状况是满足人们"生理需求"的基础。目前在我国大部分地区，交通环境状况仍处于能够满足较低的"生理需求"阶段。通过智慧交通的建设，可以逐渐满足社会发展和人民生活水平提高过程中，社会大众对日常出行更高层次的需求，当然也可以满足更多旅行者的出行需求。

与此同时，基于互联网技术的网约车的兴起，给出行者提供了更多的出行选择。人们可以随时随地选择最方便和最快捷的交通工具出行，而且通过各种智慧出行 APP 等智慧交通工具的应用，为自己营造更加安全和谐的出行环境，极大地提高生活质量和幸福感。

2.3 霍尔三维结构模型

霍尔三维结构模型是 1969 年由美国系统工程专家霍尔提出的，是影响较大、论证较

[①] 马斯洛. 人性能达到的境界 [M]. 林方，译. 昆明：云南人民出版社，1987：48.

为全面的一种系统方法论①。运用此结构模型可以有效地解决大型复杂系统的规划、组织、管理等问题②。

霍尔三维模型将系统工程整个活动过程分为前后紧密衔接的 7 个阶段和 7 个步骤，同时还考虑到为完成这些阶段和步骤所需要的各种专业知识及技能，形成由时间维、逻辑维和知识维 3 个维度构成的三维立体空间结构③。三维结构体系生动形象地描述了系统工程研究的框架，对其中任一阶段和每一个步骤，又可进一步展开，形成分层次的树状体系。

就智慧交通领域而言，优化、创建智慧交通发展体系的过程是一个多目标、多阶段、多功能的复杂系统，非常适合用霍尔三维模型的思想来构建实施。

第 3 节　厦门市智慧交通发展基本概况

3.1　厦门市智慧交通发展现状

厦门市作为我国经济特区，被誉为花园城市。虽然厦门市常住人口数量不及北上广深一线城市，但是，每年都有大量海内外游客慕名而来，因此其在交通上的压力，并不亚于一线城市。厦门市快速公交系统（又称厦门 BRT）在全国闻名遐迩，BRT 的开通，极大便利了厦门岛内与岛外之间的通行，拉近了岛内外的距离。厦门市也依托当下火热的互联网、大数据、云计算等高新技术，逐步建立了以智慧交通为基础的绿色生态型花园城市④。

2018 年 6 月 13 日，厦门市交通运输局和大唐移动通信设备有限公司进行合作，开创全国首个商用级 5G 智能网联驾驶平台⑤，致力于打造 5G 智慧交通，从半自动化驾驶到自动化驾驶，最终实现 BRT 无人安全的列车驾驶模式。该智能网联驾驶平台采用先进的 5G 技术，构建 5G/LTE-V 智能车网联平台，使列车更加智能化，让 BRT 变得更加“聪明”。首先，该平台不仅可以有效识别交通信号灯（信号灯协同功能），还会在遇到其他公交车时，及时礼让，避免了一些安全隐患。其次，在高新技术的控制下，列车的停靠也会变得更加精准可靠（安全防碰撞功能）。厦门交通局把集美路段选作试用路段，随后将该技术扩展到整条路线。厦门交通运输局与通信设备运营商的完美合作，巧妙地提升了 BRT 的性能和综合竞争力，是厦门市打造智慧交通型城市道路上一个意义非凡的里程碑。

①　Jennifer Gabrys. Automatic Sensation：Environmental Sensors in the Digital City ［J］. The Senses and Society，2007，32（02）：23-28.

②　王林，华河林，李娜，吴雄. 基于霍尔三维模型的雾霾治理对策研究 ［A］. 南昌航空大学，2016.

③　李金海. 基于霍尔三维结构的项目管理集成化研究 ［J］. 河北工业大学学报，2008（04）：25-29.

④　王汝琳. 立足智能建筑技术 积极参与智慧城市建设 ［J］. 智能建筑，2015（04）：60-63.

⑤　厦门网. 厦门 BRT 将率先全国建设商用级 5G 智能驾驶系统 ［EB/OL］. http：//news. xmnn. cn/xmnn/2018/06/13/100378169. shtml，2018-06-13.

3.2　厦门市智慧交通发展取得的成效

3.2.1　交通管理服务信息化

近年来，许多 APP 都实现了规划路线的服务，人们只要定位当前位置，再输入目的地名称，APP 便会迅速规划出几条路线，供人们选择。即便是在一些不知名的小路，利用 APP 软件，也可精准播报车辆的行驶详尽路线。在高速上，APP 还可以精准播报车辆的正确行驶方向，司机疲劳驾驶、临近服务区、拥堵路段拥堵时间、事故高发地、停车场等相关信息也会提前进行语音播报，及时提醒司机注意这些信息。这些举措都是智慧交通发展带来的成果，非常有效地节约了人们出行的时间，还避免了一些交通事故的发生，营造更加安全的出行环境。

目前，借助大数据、云计算等技术，厦门市交通管理部门可以做到快速有效收集当前各路况信息，路况信息覆盖面极广且十分详细。与此同时，经过后台数据收集整合后，这些有效信息将传递到不同平台，供社会大众查询。出行者可以从平台上获取最优路线，避开交通拥堵的路段。厦门市民只要在电子设备上下载相关应用软件，例如高德地图、百度地图等，便可从中获得道路状况的信息。

3.2.2　利用智能系统科学调度交通与高效执法

当前，厦门市大部分路段都已经安装道路摄像头、电子警察等设备，这些设备一方面可以监控不同时段的车流量，提供实时数据便于更好地操控红绿灯时间；同时，在打击犯罪和找寻走失人员方面也起到举足轻重的作用。另一方面可以用来捕捉抓拍司机们的违法违规行为，包括闯红灯、逆向行驶、违规占道、超速、压线等，甚至司机在驾驶时使用手机也会被这些智能设备识别并予以记录。其利用先进的光电、远程数据访问、数据库等技术对监控画面下所有通过的车辆进行全天候的实时记录，即使是在夜晚较为昏暗的环境下或者是下雨下雪等恶劣天气条件下，道路摄像头也可以清晰识别，记载违规违法车辆并上报处理部门，然后对这些行为进行及时处理。

另外，GPS 智能调度系统也为交通事故的处理提供了重要的数据支撑，它对车辆运行实施定位监管，并且对车辆行驶轨迹进行记录，发生意外情况时，有足够的证据进行违规违法行为的认定，有效地助力交通执法部门，降低了事故处理的难度。据统计，自道路摄像头和电子警察安装以来，厦门各大路段的交通事故发生频率一直在下降，且司机违法违规行为也在不断减少，人们能够在更加和谐安全的环境下驾车出行。

3.2.3　利用智能停车系统打造良好停车环境

面对当下车辆数量庞大以及由此带来的停车难这个严峻的现实问题，厦门市交管部门致力于打造智能停车系统。该系统主要有以下三大流程：信息的采集与传输、信息的处理与人机界面、信息的储存与查询。它可以有效地对车辆和持卡人在停车场内流动时进行高清的图像存储，对这些信息采集以后定期保存，以便交通管理部门需要时进行实时查询。所有车辆在进出某个特定的停车场时，高新数字录像机便会自动启用摄像功能，并将照片文件存储在电脑数据库里面。当车辆出场的时候，电脑会自动将新照片和该车最后入场的照片进行对比，监控人员能实时监视车辆的安全情况，营造了安全和科学化的停车氛围，降低了停车场管理难度。

厦门市设立的智能交通系统规范了停车场管理，让有限的停车位得到了充分利用。尤其是在一些大型商场、写字楼、居民区等车流量大的地方，司机在停车场入口便可知晓停车场内部的车位闲置情况，以避免车辆进入后找不到车位的情况发生。

第4节　厦门市智慧交通存在的问题及原因分析

4.1　智慧交通建设起步较晚，高新技术运用还不够成熟

我国除了上海、广州等发达的一线城市，大部分城市智慧交通建设的规划及实施都比较晚。一些关键核心技术和高新技术运用目前还处于起步阶段，未能满足广大居民的需求。例如，厦门市一些公交车站仍然采用传统的指示牌，公交线路发生改变时，无法及时更改指示牌上的内容；电子交通线路图至今尚未在厦门市区实现全面覆盖；人脸识别技术在智慧交通的运用上还需要进一步完善，如在厦门火车站，仍然会发生本人持身份证通行，系统却显示人证不符的提示信息。此外，在信息安全与互联网技术的融合方面，厦门市也需要进一步创新与突破，全面保障人们在使用智慧交通出行的同时，不会造成信息的泄露。

4.2　资源整合欠佳，社会各部门间信息无法共享

厦门市智慧交通的发展，涉及公安、铁路、民航等多个部门。这些部门之间都掌握自己所取得的信息，但是没有形成一个完善的体系，没能实现信息的共享与交换。铁路部门和民航局都有其旅客的乘坐信息，包括违规违法人的信息记录，但是双方之间的信息无法得到共享。例如，飞机与动车之间的换乘，乘客在换乘动车时，仍然需要再次进行信息录入。如果打造一个智慧平台，通过信息共享和业务协同的智慧交通系统，可以进一步推动运输通道、枢纽、运输方式等许多资源的优化配置，促进运输方式之间的无缝衔接和零换乘。此举不仅可以方便旅客的出行，还可以很大程度上减少不必要的劳动力资源和财力资源的支出。

4.3　缺乏精通信息技术与交通技术的复合型人才

厦门市智慧交通的发展需要极强的信息技术的支撑与配合。纵观我国厦门市乃至全国范围内的高等学府，目前本科阶段或是研究生阶段的专业设置，没有设置专门培养这方面复合型人才的特定专业。厦门市各院校内部在设置专业时，大都是将信息技术与交通技术类专业分别单独安排在两个不同的学院里，少有这种复合型专业的存在。然而，厦门市在进行智慧交通建设时却极需要这些既熟练掌握最新交通技术又精通一定专业信息技术的复

合型人才。对于少数一些两方面都精通的优质人才，他们也往往更愿意去往北上广深等资源更丰富的一线城市发展自己的事业。厦门市作为经济特区、自由贸易试验区和东南沿海的重要中心城市，在智慧交通建设方面应该起到示范和引领作用。然而，上述复合型人才的严重短缺，势必会对厦门市智慧交通建设造成相当程度的阻碍，延缓智慧交通在当地的推广与发展。

4.4　智慧交通缺乏标准体系的支撑

目前厦门市在交通系统上，仍然使用多个系统。例如，交通信号控制系统的运用，采用多个厂商的软硬件从而形成不同的管理控制系统，即使在同一个城市的不同区域，也没有做到完全标准化。因此，想要把一些发达城市在智慧交通建设所取得的成功经验以及所采纳的高新技术，推广到厦门整座城市并展开实施，也存在着一定的难度。厦门市政府需要在众多控制系统上找到一个最适合城市特点、稳定程度较高的系统，然后将其做为标准，推广运用到城市的各个区域，以助力厦门的智慧城市发展步伐。此举一方面可以形成一个完整统一的智慧交通建设体系，另一方面当某个交通系统出现故障时，可以得到及时有效的问题解决维护方案，提高故障处理的效率。

第 5 节　国内外智慧交通发展的启示

5.1　国外智慧交通发展的实践经验

5.1.1　日本智慧交通建设实践经验

日本在 20 世纪 50 年代，由于城市化进程加速，由此产生了交通拥堵等现象（尤其是东京市、大阪市等大城市）。为了解决交通拥堵问题，日本开始对城市进行了新的规划，实施"智慧交通"的管理理念。东京市 1973 年就开始采用全自动交通控制系统，虽然期间经历了多次的软件和硬件的全面升级，但是这套系统一直沿用至今。目前，东京市通过高新互联网技术，实现整个城市信息的共享，对全市的交通信号灯系统进行控制。

此外，日本还利用了虚拟现实技术，模拟路段行人以及机动车辆的行为。通过此模拟，可以判断某个地方事故发生频率；并且通过大数据分析，来制定合理的交通设计决策，减少事故发生概率，保障市民出行的安全。与此同时，日本还开创了多个智慧系统来促进智慧交通的发展。其一，公交优先系统。系统从控制优先信号及设定优先路线两种方式，让公交车在与其他机动车辆相遇时，优先前行。其二，交通信息提供系统（VICS）。VICS 在日本被广大司机使用[①]。司机们可以通过这个系统，非常方便地获取当前某个地

---

① Albino V, Berardi U, Dangelico R M. Smart cities: Defi-nitions, dimensions, performance, and initiatives [J]. Journal of Urban Technology, 2015, 22 (01): 3-21.

方的路况及拥堵情况、交通管制信息、交通障碍信息、通行所需要的时间以及停车场情况等。此智能系统提高了日本道路的安全性和通畅性，为司机带来了极大便利，节约了时间，提高了社会的整体运作效率。

5.1.2 英国伦敦智慧交通建设实践经验

伦敦作为世界金融中心之一，其在智慧交通建设上已有较高造诣，遥遥领先于许多城市。伦敦在 20 世纪九十年代之前，交通拥堵现象十分严重，且在交通繁忙时段的某些高危路段，交通事故频频发生。据统计，伦敦市区有大约 900 万人口，每天的车流量巨大。为了缓解交通拥堵，降低交通事故发生频率，英国运输与道路研究所（TRRL）于 1973 年开始研制一种对道路网交通信号实行协调控制的自适应控制系统，即 SCOOT（Split-Cycle-Offset Optimization Technique），该系统于 1979 年正式投入使用。在 20 世纪九十年代之后，该系统进行了多次优化升级。目前，伦敦市政府借助该系统来完善伦敦的智慧交通建设，对伦敦的交通状况进行不断改善。

具有自适应配时能力的 SCOOT 智能城市交通信号控制系统，可以合理设置交通信号灯，让行人顺利过马路的同时，保障了大量车辆的有效通行[1]。该系统通过高清视频拍摄技术，判断道路上行人的数量，调节交通信号灯的时间；当有大量行人等待过马路时，系统便会自动延长绿灯时间；反之，如果道路上没有检测到行人，系统便不会激活绿灯，车辆便可顺畅通行。与此同时，系统利用先进的传感器技术，增强了行人通过马路的安全系数。一旦探测到有行人即将要过马路，信号灯便会切换为行人通行信号灯，有效地实现了"车让人"的安全模式，营造出更加和谐安全的出行氛围，很大程度上减少了交通事故的发生频率。与传统的交通信号灯不同的是，信号灯由简易的红绿灯变为人形图像的行走与静止。这种做法，方便了那些有视觉障碍的人士，让他们可以更加直观地判断通行状况。

5.2 国内智慧交通发展的实践经验

5.2.1 上海市智慧交通建设实践经验

上海市作为国际化大都市，拥有两千多万常住人口，交通的需求量也在逐年增加。上海市在国内智慧交通领域的建设，有着超前的领先地位。通过运用云计算、大数据、物联网等高新技术，打造并优化城市智慧交通，有效地缓解了城市交通方面所存在的问题，减少并抑制人们不安全行为的产生[2]。

依托高新智能识别技术加上各路段摄像头的设置，目前上海市交通部门已全面开展对机动车"驾车时使用手机""不主动系安全带""非机动逆向行驶"等各种各样违法违规行为进行检测；智慧交通全时空动态监控系统将违法违规信息实时上传，并通过手机短信或 APP，迅速传递给当事人与警方，警方将对这些当事人按规定进行处罚。

与此同时，上海市推出行人过街提示应用系统，目前此应用也已经在如火如荼地开展

---

① Paolo Neiroti, Elisabeta Raguseo. On the contingent value of IT-based capabilities for the competitive advantage of SMEs: Mechanisms and empirical evidence [J]. Information & Management, 2017, 54 (03): 139-153.

② 杜德斌，黄吉乔. 长江三角洲城市带一体化的交通网络模式构想 [J]. 经济地理, 1999, 19 (03): 91-95.

试点（外滩街道等行人密集的一些区域）。该系统通过行人通行的状态，一方面可以判定行人是否有闯红灯，以及红灯时提前跨越横道线等不安全的违规行为，并及时给出语音提示，让他们进行改正。另一方面，还可通过数据传输技术，将信息传送给司机，提示过往的机动车主动礼让。据调研统计，安装有行人过街提示应用的道路段，行人与司机违规的情况较少，事故发生的概率也极低。此举有效地保证了行人通行的安全性，更好地营造出人与车之间和谐安全的出行环境①。

5.2.2　广州市智慧交通建设实践经验

广州市作为港珠澳大湾区的核心成员之一，交通的便捷性对其经济贸易发展的重要性不言而喻。其交通便捷不仅可以服务广州市自身，更对珠三角华南地区影响深远。近年来，广州市政府也在积极主动利用"互联网+"以及大数据高新技术，不断积极探索智慧交通创新应用，极力打造具有"广州特色"的智慧交通模式，竭力解决当地交通管理方面存在的问题。值得一提的是，广州组建了"专家智能团"，为广州市智慧交通的顶层设计出谋划策，完善更加先进科学的广州智慧交通体系，有效地推动了广州市智慧交通的发展，改善和提升了出行环境体验②。

广州市首创新颖的"鹰眼"系统，并将这个系统作为执勤民警的助手，用来检测和处理交通违法违规行为。对于那些超速、超载、超员、假套牌车辆或是没有进行年检的车辆，及时进行违规处罚。装在警方执行车辆上的鹰眼设备，可以进行 360 度自由旋转，并且能够检测在距离其十米之内的所有违规违法行为车辆。经测试，从发现司机们的违规行为，到传输数据到后台与终端数据库比对，再至显示、发送报警信息，仅仅只需要毫秒③。

与此同时，违规车辆司机可以自行在微信平台（"广州交警"APP）自助缴纳相应罚款，或是利用网上车管所等方式，可以在第一时间快速缴纳违规罚款。

5.2.3　泉州市智慧交通建设实践经验

作为海上丝绸之路起点的泉州市，在智慧交通建设方面起步较晚。但是，泉州市较早意识到发展智慧交通，构建全面完善的科学交通体系是解决城市交通问题的必由之路。2018 年以来，泉州市交通运输局积极推进智慧交通建设，建立智慧交通数字平台，不断提高城市交通管理效率，竭力使当地人民生活在安全、便捷的交通出行环境之下④。

泉州市引进了"电子站牌"，在一些试点的公交车站台上，滚动播放车辆信息，LED 屏幕上清晰地显示了精确的日期时间、当日天气以及临近车辆到达的时间等⑤。相比于过去的简易站牌，此举不仅可以美化车站环境，打造具有科技感的车站，而且在很大程度上缓解了市民等待车辆的焦急心情。

---

① 宁越敏. 长江三角洲都市连绵区形成机制与跨区域规划研究 [J]. 城市规划, 1998, 22 (01)：16-21.
② 覃成林, 刘丽玲, 覃文昊. 粤港澳大湾区城市群 发展战略思考 [J]. 区域经济评论. 2017 (05)：113-118.
③ 宁滨. 智能交通中的若干科学和技术问题 [J]. 中国科学：信息科学, 2018, 48 (09)：148-153.
④ 张正伟, 许娜, 赵淑宝. 智慧交通在智慧城市建设中的作用 [J]. 中国标准化, 2017 (06)：125.
⑤ 苏凯芳, 蔡文强. 泉州动车站公交线路 LED 屏上线将再加装自助查询机 [EB/OL]. http://www.qzcns.com/qznews/2019/1107/589721.html, 2019-11-07.

泉州市也开发了公交 APP，上面不仅可以显示主要公交路线的时刻表、首班车末班车发车时间，用户还可以看到前面几辆公交车的到站时间，计算自己的出行时间，以此来合理安排自己的出行。这样，公众不会因为等待公交车而花费大量时间，有效地提升了出行效率。

与此同时，越来越多的泉州市公交车路线开通了支付宝支付车票的便捷服务。只要有扫码标识机器的车辆，人们便可使用手机支付，这种智慧支付方式大大方便了公众的出行。

5.3 国内外智慧交通建设的启示

目前国外多数一线城市智慧交通发展较快，发展时间相比我国大部分城市来说也更早，高新技术的应用也更加成熟。而在我国，智慧城市仅在少数一线城市蓬勃发展，许多二、三线城市在智慧交通建设方面仍然处于萌芽阶段，甚至有些小城市还没开始布局智慧交通建设的蓝图，还没有意识到智慧交通建设对于一个城市发展的重要意义。

在进行智慧交通建设时，除了要适当借鉴其他城市建设智慧交通的经验之外，更要结合自己城市的特点，拟定具有当地城市特色的交通建设方案，打造适合各自城市的智慧交通模式，引领智慧城市更加"智慧"地发展。与此同时，我们要善于引进那些目前已经成熟的相关高新技术，形成一套完整的交通体系，便于城市交通的运转，为广大出行者提供快捷便利和温馨的服务。

第6节　厦门市智慧交通应对策略的霍尔三维模式分析

优化、创建智慧交通发展体系的过程是一个多目标、多阶段、多功能的复杂系统，把优化、创建智慧交通放在一个完整的系统之中，从全局把握，才能更好地进行智慧交通发展体系构建，明确智慧交通发展目标。根据霍尔三维结构模型，可以将厦门市智慧交通应对策略构建过程分为：时间维、知识维和逻辑维三大维度①。

6.1 霍尔三维模型时间维分析

时间维是从智慧交通发展过程中取得突破进展的时间节点来划分的②。在发现交通问题时，寻找解决问题的方式，即针对问题发生后进行规划。当这种措施在实践中被证明有效后，便会对此方案策略进行总结，并且不断完善与优化，形成一套标准的体系。例如，一套智慧交通系统在厦门市思明区应用后，能有效缓解当地交通拥堵、提高市民出行效率，便可将这套成熟的智慧交通系统运用到厦门市其他区域。在智慧交通系统运行过程中，若产生某类问题时，立即对此类问题进行记录。事先在厦门市其他区域对此类交通问

① 尹方平. 智慧交通建设与发展思路 [J]. 中小企业管理与科技, 2015 (11)：171-173.
② 王微，聂树平. 基于霍尔三维模型的大学生社会责任感培养体系构建 [J]. 重庆理工大学学报, 2014, 28 (07)：156-159.

题进行防范，一旦出现此类问题，便可参考先前的应对措施及时处理。

与此同时，智慧交通能针对居民交通运行中存在的问题（如交通拥堵问题），找出其形成的具体原因，以及解决该问题的重点和不同阶段。各个阶段包括不同的实施内容和重点，内容和重点在顺序上不能够颠倒，但过程的前后阶段可以交叉①。规划阶段的结果对于许多交通方面的治理过程具有导向性作用，该阶段所产生的结果对后续治理问题的开展具有关键性作用。研制阶段，旨在突破，必须有创新性的方案。例如：厦门市"过街神器"——首套智能人行过街系统，可以对行人闯红灯行为进行智能识别和语音警告，并配有协助盲人安全过街的求助遥控器②，有效地提升了车辆的通行效率和市民过街的安全性。更新阶段则是体现在随着时间的推移，先前的问题一一得到解决，但这时候又有新的问题产生，就需要新的决策方案来解决。

因此，厦门市应该研发一套适合当地的智慧交通建设标准体系，对其实现动态管理，并不断对所取得的成果进行总结与优化。当厦门市某一块区域的智慧交通系统出现问题时，就会有具体完整的问题—方案—策略应对系统，从而使产生的问题得到迅速有效和及时的解决。

6.2　霍尔三维模型知识维分析

知识维，主要包括在解决智慧交通问题的过程中，所需要的各类不同领域的知识，具体包括信息技术知识、交通安全知识、道路建设方面知识以及运用所研发的智慧交通系统解决相应交通问题过程中所实施的不同策略③。智慧交通的开展需要各种知识的巧妙融合，而不是单一学科的知识。这些为了目标的顺利完成而组织起来的各种管理和技术人才，为决策的形成提供了重要的依据和指导。

因此，厦门市想要进一步发展智慧交通建设，就有必要挖掘兼备交通知识与信息技术知识的复合型高端人才。厦门市的相关高校和科研院所可以多开设一些交通信息技术类的复合型专业；厦门市政府相关部门还可以从世界各地引进此类人才。优质的复合型人才之间思维碰撞将挖掘出更多的高新技术，当高新技术运用成熟后，便可更加有力地推动智慧交通在厦门当地的开展。与此同时，厦门市作为一座由多元文化背景融合的城市，一些交通问题产生有其客观原因，如经济、文化背景、宗教信仰、当地人们生活水平等，都需要进行深入探讨分析。唯有大量的分析调研数据资料，才能得出科学的结论，以便为后续策略的提出与实施奠定坚实的基础与保障。

6.3　霍尔三维模型逻辑维分析

逻辑维，直观上来看就是完成智慧交通建设的一个流程（即过程维），一般是指为了有效地解决相关交通问题过程中的思维程序④。首先，为了智慧交通的实施，厦门市需要

① 李金海，徐敏 . 基于霍尔三维结构的项目风险管理集成化研究 ［J］. 项目管理技术，2008（08）：18-21.

② 徐景明. 厦门市逐步提升道路通行效率 让市民出行更顺畅 ［EB/OL］. http：//xm. fjsen. com/2017-08/08/content_ 19907036_ all. htm，2017-08-08.

③ 岳志勇，丁惠 . 基于霍尔三维结构的技术创新方法培训体系研究 ［J］. 科学管理研究，2013（02）：20-21.

④ 岳志勇，丁惠 . 基于霍尔三维结构的技术创新方法培训体系研究 ［J］. 科学管理研究，2013（02）：22.

有一个精通信息技术和交通知识的专业团队进行整体的规划与把控。其次，为了使智慧交通更好地实施，需要明确厦门市各个部门的责任，特别是要明确政府交通主管部门所应该承担的责任。厦门市公安、铁路、民航等部门之间应该设置一个安全保密的信息系统，各部门之间对资源进行整合，可以减少乘客们重复的信息登记等。与此同时，需要根据厦门市目前实情，适当借鉴海内外智慧交通所取得的成就，制定出适合厦门市的应对交通问题的最佳解决方案[①]。最后，厦门市需要在实施智慧交通方案后，对这些方案进行总结反馈，并进行优化与更新。

第7节　小节

目前，厦门市和我国大部分城市一样，仍处于智慧交通建设的初步阶段。未来智慧交通的建设道路还很漫长，在建设过程中不可避免会遇到大量的问题与挑战。为了缓解城市长期存在的交通问题，提升城市交通系统的运行效率，为市民提供便利、高效和舒适的出行环境，加大力度优化智慧交通系统设计，加强智慧交通建设势在必行。在厦门市智慧交通建设的过程中，首先可利用霍尔三维模型，从时间维、知识维、逻辑维三个维度进行分析，并适当借鉴国内外智慧交通发展较为成熟的发达城市的实践经验；更重要的是，要全面分析并结合厦门城市的特点与客观存在的问题，打造出适合自身城市状况的智慧交通建设方案。其次，厦门市政府也应当加强统一指导规划，优化其智慧交通的顶层设计，形成一套统一的标准体系引领福建省其他城市的智慧交通和智慧城市建设[②]。再次，厦门市政府不同部门在智慧交通建设过程中应该加强信息交流共享，充分利用好交通系统中的大数据，为市民创造良好的出行环境[③]。最后，福建省乃至全国各大高校也应该致力于培养更多拥有交通知识和信息技术的复合型人才，为智慧交通领域输送更多的优秀人才，促进城市智慧交通的高效和快速发展。

①　刘涛. 基于霍尔三维结构理论的实验室建设研究 [J]. 科技管理研究，2012 (05)：144-145.

②　李永前，李雄平. 如何解决项目管理过程中出现的问题 [J]. 商情 (经济理论研究)，2008 (14)：15-16.

③　李德仁，姚远，邵振峰. 智慧城市中的大数据 [J]. 武汉大学学报 (信息科学版)，2014，39 (06)：631-640.

第7章 厦门鼓浪屿智慧旅游存在的问题与对策研究

第1节 绪论

1.1 研究背景

"智慧旅游",也称为智能旅游。"智慧旅游"是指利用新一代信息网络技术和装备,充分、准确、及时地感知和使用各类旅游资源,从而实现旅游服务、旅游管理、旅游营销、旅游体验的智能化,促进旅游业向综合性和融合型转型提升,是游客市场需求与现代化信息技术驱动旅游业创新发展的新动力和新趋势,是全面提升旅游业发展水平、促进旅游业转型升级、提高旅游满意度的有力抓手①。智慧旅游的建设,将有效提升游客在住、游、食、行、娱、购等各个旅游消费环节中的消费体验;旅游者在旅游前、旅游中、旅游后,都能够轻松地获取资讯、规划出行、预订票务、安排食宿、消费支出等,极大地改善游客在旅游前后的旅游体验②。

1.1.1 智慧旅游发展背景

2009年,IBM公司提出"智慧地球"的概念,并且认为智慧地球这个概念的核心是以一种更为灵活智慧的方法,利用新一代信息技术应用于行政管理和产业规划发展等方面来改变政府、公司和人们之间相互联通的方式,以便提高彼此之间交互的明确性、灵活性和响应速度③。从此,在"智慧地球"这一概念的引领之下,"智慧旅游""智慧医疗"等一系列概念走进了我们的视线。

在国家一系列信息化战略的支撑下,互联网、大数据等一系列信息化技术的有机结合,为我国旅游业的发展赋予了智慧化和信息化的新功能。2010年,江苏省镇江市率先在全国开展"智慧旅游"项目建设;国家旅游局将2014年定为中国的"智慧旅游年",

---

① 国家旅游局印发关于促进智慧旅游发展的指导意见 [EB/OL]. http://www.weifang.gov.cn/ZT/zdztnew/zcdx/201608/t20160825_1665751.html, 2016-08-25.

② 吴红辉,花香,江毅,等. 智慧旅游实践 [M]. 北京:人民邮电出版社,2018:4-5.

③ 陆均良,宋夫华. 智慧旅游新业态的探索与实践 [M]. 杭州:浙江大学出版社,2017:80.

明确要求各个地方的旅游局要认真结合本地实际情况，加快推动本地智慧旅游在硬件和软件两个方面的设施建设，要充分利用信息技术提升旅游的信息化和智慧化水平。目前，在信息化技术日新月异的大背景下，政府对旅游业的智慧化发展进行大力政策支持，智慧旅游在我国处于不断推进和发展之中。

1.1.2 信息化技术日臻完善

如今，随着"宽带中国""互联网+"等一系列国家信息化战略的迅速推进，城市Wi-Fi热点工程建设不断加快，使人们通过使用移动通信网络进行随时随地的上网变成现实。只需要一个小小的上网终端，诸如智能手机、平板电脑，人们就可以随时、随地、随心地获取和利用旅游信息。公众变得越来越依靠移动互联网来获取旅游产品和服务信息，以对自己的旅游活动进行合理的计划安排，如旅游景点查询、门票预订与网络支付，同时公众也通过移动互联网实现旅游活动中的导游、导览、导购等旅游活动及其前后的联络、交流和分享等①。根据网上调查数据显示，截至 2019 年 6 月，中国网民规模达 8.54 亿，上半年共计新增网民 2598 万人。互联网普及率为 61.2%，较 2018 年底提升 1.6 个百分点②。我国的网民数量稳居全球第一，其中手机网民规模达 8.17 亿，网民通过手机接入互联网的比例高达 98.6%，这充分显示出通过移动互联网来实现智慧旅游的巨大应用潜力③。

1.1.3 政府的大力支持

为有效整合旅游资源、加快旅游业转型升级、快速提升旅游信息化水平，国家近年来高度重视智慧旅游产业的发展与壮大，不断释放支持智慧旅游发展的政策红利。2009 年，国务院出台《关于加快发展旅游业的意见》，提出国家将不断加大对旅游业的投入和支持，积极开展旅游在线服务、网络营销、网络预订和网上支付，全面提升旅游企业、景区和重点旅游城市的旅游信息化服务水平等内容。2011 年 9 月，国家旅游局发布《中国旅游信息化"十二五"发展规划》，并于 2012 年 5 月确定国家 18 个智慧旅游试点城市④。2014 年中国的旅游宣传主题正式确定为"美丽中国之旅——2014 智慧旅游年"。2015 年 1 月国家旅游局在发布《关于促进智慧旅游发展的指导意见》中指出，"智慧旅游是游客市场需求与现代信息技术驱动旅游业创新发展的新动力和新趋势，是促进旅游业转型升级和提高旅游满意度的重要抓手"⑤。2015 年 9 月国家旅游局下发《关于实施"旅游+互联

---

① 罗庆永，马少钰，李小林. 国内外智能旅游发展现状研究与启示 [J]. 教育现代化，2018，28（05）：15-16.

② 我国网民规模已达 8.54 亿人 2019 年互联网发展现状及趋势预测 [EB/OL]. https：//baijiahao. baidu. com/s? id=1643286806289577143&wfr=spider&for=pc，2019-08-30.

③ CNNIC 发布第 43 次《中国互联网络发展状况统计报告》[EB/OL]. http：//www. cac. gov. cn/2019-02/28/c_1124175686. htm，2019-02-28.

④ "智慧景区"领衔北京智慧旅游将结成战略结盟 [EB/OL]. http：//www. ce. cn/culture/gd/201311/14/t20131114_1750004. shtml，2013-11-14.

⑤ 国家旅游局：《关于促进智慧旅游发展的指导意见》[EB/OL]. https：//tour. rednet. cn/c/2015/01/12/3573769. htm，2015-01-12.

网"行动计划的通知》①，指出"旅游+互联网"行动计划不仅可以为游客提供便利的体验，为旅游企业提供数据，还可以利用数据分析为旅游管理者的决策提供依据。国务院办公厅又于 2018 年印发《关于促进全域旅游发展的指导意见》，就加快推动旅游业提质增效、转型升级进行全面部署，指出要不断优化旅游环境，走全域旅游发展的新路子②。而在 2019 年 8 月，国务院常务会议又确定 3 条促进文化和旅游消费措施，希望最大力度释放最终需求的潜力③。

近年来，在"旅游+互联网"的时代趋势下，智慧旅游已成为全国各地旅游开发建设的重点工作。特别是从 2018 年开始，国家相关部门与多个省市相继发布相关政策，助推旅游智慧化建设，积极开展智慧旅游城市的试点工作。国家旅游局在 2005 年提出，要用 10 年左右时间，在我国初步实现基于信息技术的智慧旅游，并希望通过智慧旅游试点景区的带动示范作用，为全国其他智慧旅游城市的发展提供借鉴。作为本章研究对象的厦门市是我国首批"国家智慧旅游试点城市"之一。

1.1.4　资源支撑

福建省旅游资源丰富，消费者需求旺盛，旅游业对于福建经济的发展意义非凡。福建省 2018 假日旅游实现了"三大突破"，元旦假日、春节假日和五一假日，全省接待国内外游客人数分别首次突破 1000 万人次、2000 万人次和 1000 万人次④。2019 年，福建率先在全国形成高铁闭环格局，充分发挥清新福建和快速铁路环线优势，提出打造"全福游、有全福"品牌的战略思路，开创了全国先河。"全福游、有全福"2019 福建旅游品牌推广活动荣获博鳌国际旅游奖（TC 奖）年度文旅案例大奖，也是唯一一个省级旅游推广获奖。

2019 年福建省累计接待国内外游客 5.37 亿人次，同比增长 16.5%，其中接待过夜游客 2.65 亿人次、同比增长 15.2%；实现旅游总收入 8101.21 亿元、同比增长 22.1%⑤。厦门市是我国首批智慧旅游试点城市之一，厦门鼓浪屿风景名胜区是 5A 级景区。在福建省旅游发展委员会开展的 2018 年度智慧景区评定中，鼓浪屿游览区荣获 2018 年福建省五钻级智慧景区，鼓浪屿游览区是首批获得该荣誉的 3 家单位之一。⑥ 鼓浪屿全岛的绿地覆盖率超过 40%，植物种群有乔木、灌木、藤木，地被植物共 90 余科、1000 余种，代表景点有：日光岩、菽庄花园、皓月园、毓园、鼓浪石、鼓浪屿钢琴博物馆、海底世界、天然海滨浴场等。

①　国家旅游局：将实施"旅游+互联网"行动计划［EB/OL］. http：//www. xinhuanet. com/politics/2015-09/20/c_ 128248622. htm，2015-09-20.

②　申耀. 从智慧旅游到全域旅游，旅游产业的进化与变革［EB/OL］. https：//zhuanlan. zhihu. com/p/77688746，2019-08-12.

③　国务院办公厅关于进一步激发文化和旅游消费潜力的意见［EB/OL］. https：//zhuanlan. zhihu. com/p/79794659，2019-08-12.

④　上半年全省累计接待国内外游客 1. 95 亿人次［EB/OL］. http：//www. fujian. gov. cn/xw/fjyw/201807/t20180728_ 3584757. htm，2018-07-28.

⑤　吴舟，张子剑. 福建 2019 年累计接待国内外游客 5. 37 亿人次 旅游总收入 8101. 21 亿元［EB/OL］. http：//fj. people. com. cn/n2/2020/0121/c181466-33736911. html，2020-01-21.

⑥　厦门网. 用智慧点亮景区 鼓浪屿喜获福建省智慧景区最高奖［EB/OL］. http：//www. yunxzn. com/news2/shownews. php? id=69，2019-02-11.

1.2 研究意义

全球信息化已全面渗透我们的日常生活，互联网正在深刻改变着每一个人的生产和生活方式，信息与各个行业的融合也处于不断创新和加速发展之中。目前我国旅游业正迎来重大发展机遇，旅游业发展对信息化有了新的需求，我们必须接受和充分利用信息技术去推进旅游管理模式、营销模式、消费形态等的转变。

在我国三次产业构成中，服务业增加值占 GDP 的比重在 2012 年首次超过第二产业，成为国民经济第一大产业①，服务业已经成为我国经济增长的主要动力。旅游业是服务业的重要组成部分，做好旅游业的转型升级，将进一步拉动国民经济稳步有效提升②。当前，我国居民的收入不断上升，居民消费结构不断改变，大众旅游的新时代已经悄悄到来。旅游消费具有大众化与家庭化、个性化与多样化、休闲化与体验化等特征，只有依靠现代信息技术来创新旅游产品，转变旅游服务模式，才能不断提升旅游服务质量，满足游客日益增长的个性化需求。

1.2.1 理论意义

智慧旅游作为智慧城市建设的重要组成部分，同时也是支撑旅游城市建设的重要法宝。应对当前旅游业的巨大竞争，及时实现旅游业改革，将旅游业与信息技术结合起来，主动去感知旅游活动、旅游经济、旅游资源、旅游者等各方面的信息，不仅能为旅游景区、景区酒店、景区旅行社等行业的管理、服务、营销、决策等方面提供有效支撑，而且通过各个旅游点的积极改革，最终实现全域旅游发展、完善旅游发展体系，并最终回到以消费者为中心的初心，不断提升消费者对于旅游消费的体验。

1.2.2 实践意义

厦门鼓浪屿风景名胜区目前已实现电子门票和语音导览系统，并在"2015 中国最佳智慧旅游（景区）"评选活动中拔得福建省头筹。但在"2018 年中国智慧景区百强排行榜"评选中，作为厦门市重要 5A 级景区的鼓浪屿风景名胜区仅排在第 37 名③，可见，厦门鼓浪屿风景名胜区智慧景区建设还有不断提升的广阔空间。本章主要分析目前鼓浪屿智慧景区建设的现状与存在的问题，并通过与国内外较为成功的智慧景区的建设实践进行对比，以期找到其需要改进和完善的地方，实现未来更好的发展。

智慧旅游有利于更好地为游客提供更方便和更快捷的服务。以手机 APP 为例，游客只要通过一个小小的移动终端设备，就可以及时掌握各类他们想要的旅游信息资源；手机 APP 还可帮助游客进行消费决策并提供丰富的旅游公共产品，使游客获得更好的旅游感受和旅游体验。目前，通过手机或者平板电脑上的 APP，游客就可以结合自身的需求进

---

① 服务业对增长贡献率稳步提升 ［EB/OL］. http：//theory. gmw. cn/2019-05/18/content_ 32844046. htm, 2019-05-18.

② 2018 中国智慧景区百强排行榜 ［EB/OL］. http：//www. sohu. com/a/256493525_ 642249, 2018-09-27.

③ 2018 中国智慧景区百强排行榜 ［EB/OL］. http：//caifuhao. eastmoney. com/news/201809271638304384015630, 2018-09-27.

行个性化定制，满足个性化旅游需求服务。对于消费者来说，能够在自己偏好并购买的物品（或服务）上获得良好的体验，让他们觉得物超所值，那么购买该物品（或服务）对于消费者来说就是值得的。

1.3　国内外文献综述

1.3.1　国外智慧旅游研究概况

国外关于"智慧旅游"这一专业术语暂时尚未出现。国外关于智慧旅游的研究更多集中于如何在新一代信息技术背景下，利用相关理论，将旅游与信息技术结合起来，以便更好地实现智能化管理。其宗旨是在智能化管理下，以游客为中心，以求通过信息技术提升游客的旅游体验。目前国外大多数国家更倾向于用"电子旅游"这个概念来对智慧旅游开展研究，如电子酒店、电子景区等概念。布哈林（Buhalis，2005）认为将信息技术与旅游业相结合，将引来一场彻底的变革①。金振英、李思明、朱永英（2016）在他们的论文中通过对智慧酒店下如何提高顾客满意度，来进一步研究信息化背景下的智慧旅游②。格瑞泽尔（Gretzel，2011）认为，信息与旅游相结合，将提升景区智慧决策和管理，并说明了智慧化管理的具体应用。格瑞泽尔说明了信息智能系统对于旅游信息查询和进行旅游决策的作用，并介绍了信息智能系统在旅游行业中的具体应用③。奇安弗兰科·曼尼（Gianfranco Manes，2003）提出，将行程规划系统以及解说服务等旅游景区原本就提供的信息服务进行信息化智能升级，从而提升景区的管理能力④。

1.3.2　国内智慧旅游研究概况

目前，智慧旅游在我国还处于初级建设阶段。虽然国内关于智慧旅游的基本概念和理论体系还没有形成非常一致的观点，但是就目前的发展情况来看，已有相当多颇有见地的见解和建议。国内智慧旅游的研究主要是定性分析，研究的对象主要是一些比较发达的沿海城市和东北部分城市、4A 或 5A 级旅游景区等，研究热点主要是智慧旅游的概念、智慧管理、智慧旅游服务评价体系、智慧服务和智慧旅游的发展对策，并指出智慧旅游未来新的研究方向等⑤。

根据相关文献资料，国内对于智慧旅游的研究进展主要从其概念和理论体系方面研究。张凌云、黎巎、刘敏（2012）⑥ 根据智慧旅游的起源及其发展进程，对智慧旅游的概念进行了梳理与界定，提出了智慧旅游 CAA 框架体系，即智慧旅游的能力、智慧旅游的

　　① D. Buhalis, P. Connor. Information communication technology revolutionizing tourism research [J]. Tourism Recreation Research, 2005, 30（03）：931-959.

　　② Kim J Y, Hlee S, Joun Y. Green practices of the hotel industry：Analysis through the windows of smart tourism system [J]. International Journal of Information Management, 2016, 35（04）：1340-1349.

　　③ Gretzel U. Intelligent systems in tourism：A Social Science Perspective [J]. Annals of Tourism Research, 2011, 38（03）：757-779.

　　④ Gianfranco Manes. The tetherless tourist：ambient intelligence in travel & tourism [J]. Information Technology & Tourism, 2003, 35（04）：211-220.

　　⑤ 许明. 国内智慧旅游研究进展 [J]. 重庆交通大学学报, 2017, 17（05）：68-74.

　　⑥ 张凌云，黎巎，刘敏. 智慧旅游的基本概念与理论体系 [J]. 旅游学刊, 2012, 27（05）：66-75.

属性以及智慧旅游的应用。对在新一代信息技术背景下，如何进行智慧景区实地建设及其建设模式的研究，唐黎（2016）① 通过对厦门市鼓浪屿风景名胜区的实地调查，指出其智慧景区建设存在的问题，并从鼓浪屿景区的监管系统建设、基础设施建设、景区智慧服务等方面展开讨论、对鼓浪屿智慧旅游建设需要不断完善和进步的地方进行了分析探讨。王梦茵、陈金华（2017）② 利用携程网，从中提取关于鼓浪屿智慧景区评价的高频词，然后通过建立景区服务质量评价指标体系，对鼓浪屿的智慧景区服务进行绩效分析，找出鼓浪屿智慧景区建设还存在的问题。国内关于智慧旅游的研究仍在不断的发展之中，这里不再一一赘述。

1.3.3　文献评述

国外关于智慧旅游的研究更多的集中于如何在新一代信息技术背景下，利用相关理论，将旅游与信息技术结合起来，以求能够通过信息技术提升游客的旅游体验，以及更好地实现景区的智能化管理。目前，智慧旅游在我国仍是比较新鲜的事物。但是，随着国家一系列信息化战略的不断推进，许多地方的智慧旅游建设发展速度明显加快。但就整体来看，国内对智慧旅游的相关研究并不系统，相对比较薄弱。更多地区智慧旅游建设尚处于探索和起步阶段，没有形成一个完整的规划。此外，从研究的对象看，国内学者多选取一些智慧旅游发展较为成熟的地区，而选择智慧旅游处于萌芽阶段的景区则较少。

本章在认真学习国内外关于智慧旅游发展的文献研究的基础上，以福建鼓浪屿景区为研究对象，探讨其智慧旅游建设现状和存在的问题，并结合国内外智慧旅游建设实践，提出未来鼓浪屿智慧景区建设应努力的方向。

1.4　研究方法与研究内容

1.4.1　研究方法

（1）文献资料法

围绕智慧旅游、鼓浪屿智慧景区建设等相关论文，对本章写作所需要的文献资料进行阅读；通过仔细思考和总结，为本章后面的写作提供理论基础。

（2）网络/实地考察法

通过网络，查询当前游客对于鼓浪屿智慧景区建设的想法和观点；同时，通过查阅网上资料，对比分析目前鼓浪屿智慧景区建设进程与国内外其他智慧景区的异同；实地考察则是对鼓浪屿景区的智能化建设进行体验。

1.4.2　研究内容

第一部分为绪论，主要介绍本章研究的背景、意义；同时，通过查找文献资料，梳理当前国内外对于智慧旅游的研究情况，加深自己对于智慧旅游发展现状的认识和理解，并

---

① 唐黎 . 智慧景区建设对策及模式研究——以厦门鼓浪屿风景名胜区为例［J］. 中南林业科技大学学报（社会科学版），2016，10（06）：81-88.

② 王梦茵，陈金华 . 鼓浪屿智慧旅游服务顾客满意度 IPA 分析［J］. 厦门理工学院学报，2017（04）：40-46.

确定本章的研究方法和研究内容。

第二部分，以厦门市鼓浪屿风景名胜区为研究对象，对该智慧景区建设与发展情况进行较为全面的考察，找出其中的亮点和不足之处。

第三部分，在上述工作的基础上，通过查阅网络资料以及相关文献资料，在吸收与借鉴国内外景区智慧旅游建设经验的基础上，提出促进厦门市鼓浪屿风景名胜区智慧旅游持续健康发展的若干对策。

第 2 节　相关概念及理论基础

2.1　智慧旅游的概念界定

自 2009 年 IBM 公司提出了"智慧地球"这个概念之后，在"智慧地球"概念的延伸之下，"智慧城市""智慧旅游"等一系列概念跟着逐渐融入我们的生活之中，这为智慧旅游的发展提供了理论基础。与此同时，随着当前世界范围内互联网技术、区块链技术、大数据技术等一系列信息技术的快速发展，国家相继颁布实施了一系列的信息化发展战略，当前我国旅游业发展的主要趋势向智慧化和信息化的方向迈进。目前，对"智慧旅游"的概念有两种观点，一种是从旅游业这个概念本身出发，认为智慧旅游是基于互联网和大数据技术，对传统旅游业的概念进行扩展延伸，实现"旅游业+互联网"；而另外一种观点就是从当前信息技术出发，将旅游业这个产业纳入信息技术中，实现"互联网+旅游业"①。

李云鹏、胡中州等（2014）就是第一种观点的代表者，他们从旅游业自身出发，用"旅游业+新一代信息技术"来对智慧旅游进行阐述②。其观点是智慧旅游就是传统旅游借助大数据、云计算等新一代技术，使游客利用便捷的移动终端来及时感知旅游信息，实现游客与商家的双向互动。与此同时，他们认为智慧旅游在目前得到了积极的推广，是在目前智慧城市建设下，获得的优势和经验。姚国章（2012）从游客这个角度出发，将智慧旅游定义为以游客为中心，根据游客自身特点，利用新一代信息技术，以计算机和移动终端为主要载体，来满足游客对于旅游信息的及时感知，并且将游客融入其中，实现游客的广泛参与和互动，是将旅游业与新一代信息技术相结合的一种新业态③。

另外一种关于"智慧旅游"的定义则是从信息技术的角度来进行说明的。梁昌勇、马银超等（2015）认为，智慧旅游的核心是人工数据挖掘技术，旅游业只是新一代信息技术在我们所接触到的传统旅游业上面的一个方面而已。只有大数据技术不断发展和不断

---

① 赵蕊. 我国智慧旅游建设进展与改善对策研究［J］. 城市，2018（09）：23-28.

② 李云鹏，胡中州，黄超，段莉琼. 旅游信息服务视阈下的智慧旅游概念探讨［J］. 旅游学刊，2014，29（05）：106-115.

③ 姚国章. "智慧旅游"的建设框架探索［J］. 南京邮电大学学报，2012（02）：19-22.

完善，才能推动智慧旅游的不断发展①。张凌云、刘敏等（2012）将智慧旅游定义为在新一代信息技术的基础上，运用移动通信技术、人工智能技术、物联网等信息技术，再与传统旅游产业进行结合，在融合旅游业自身发展特点的过程中所总结出来的一种新型框架体系②。他们认为，智慧旅游首先以游客为中心，能够为游客提供一个随时、随地、随心查询旅游信息，进行个性化定制的便利平台，是智慧旅游建设的首要任务。其次，除以游客为中心外，智慧旅游更是一个涵盖了政府、相关单位、景区、游客的综合性服务平台。该观点将"智慧旅游"的意义上升到了公共服务领域。综上所述，在信息技术背景下发展起来的"智慧旅游"虽然主要存在着两种不同的定义，但是总的来看，其概念还是基于信息技术和旅游业的结合而形成的新概念。

智慧旅游是将传统旅游业与新一代信息技术相融合发展的新型旅游业发展模式，让游客通过移动终端如平板电脑、智能手机等设备就可以随时、随地、随心了解自己想要的旅游信息，再通过后台反馈、数据收集和分析，实现商家与游客的实时互动，不断提升旅游服务体验、增强游客对景区服务的好感度。智慧旅游这个概念在2010年就已经提出，但目前我国对于智慧旅游的推广并非广泛深入，关于智慧旅游的研究还存在很多的不足③，比如，智慧旅游包含哪些内容、促进智慧旅游发展的关键和核心要素以及理论研究能否更好地指导实践，这些智慧旅游事业发展的重点课题，需要旅游业从业人员和专家学者持续探讨研究。

2.2 理论基础

2.2.1 智慧旅游支撑技术

智慧景区建设的技术支持主要包括：云计算、物联网、移动通信技术、人工智能技术等。

（1）云计算

云计算是一种网络应用模式，基于互联网、通过虚拟化方式共享资源的计算模式，使计算、存储、网络、软件等资源，按照用户动态需要，以服务方式提供。云计算的核心思想是计算、信息等资源的有效分配④。

（2）物联网

物联网实现了物与物、人与物、人与人的互联。物联网是通过射频识别（RFID）、红外感应器、全球定位系统（GPS）、激光扫描等信息传感设备，按照约定的协议，把物品与网络连接起来进行信息交换和通信，以实现智能化识别、定位、跟踪、监控和管理的一种网络⑤。

---

① 梁昌勇，马银超，路彩红. 大数据挖掘：智慧旅游的核心 [J]. 开发研究，2015（05）：139-144
② 张凌云，黎巎，刘敏. 智慧旅游的基本概念与理论体系 [J]. 旅游学刊，2012，27（05）：66-73.
③ 张凌云. 智慧旅游：个性化定制和智能化公共服务时代的来临 [J]. 旅游学刊，2012，27（02）：3-6.
④ 陈康，郑伟民. 云计算：系统实例与研究现状 [J]. 软件学报，2009，20（05）：1337-1348.
⑤ 人工智能是计算机科学的一个分支，它企图了解智能的实质 [EB/OL]. https：//www.sohu.com/a/323076936_120142652，2019-06-26.

（3）移动通信技术

移动通信技术是物与物通信模式中的一种，主要是指移动设备之间以及移动设备与固定设备之间的无线通信，以实现设备的实时数据在系统之间、远程设备之间的无线连接。移动通信技术使得获得旅游信息从依赖一台大大的计算机为主要工具转变成仅仅只需要携带小小的移动终端设备如智能手机，体现了以游客为服务对象的信息技术应用方向。移动通信技术在智慧旅游中所体现的是满足游客的个性化需求，为游客提供高品质、高满意度服务的智慧。

（4）人工智能技术

人工智能是计算机科学的一个分支，它企图了解智能的实质，并生产一种新的能以人类智能相似的方式做出反应的智能机器，该领域的研究包括机器人、语言识别、图像识别、自然语言处理和专家系统等。人工智能技术目前已在我国广泛应用。

2.2.2　智慧旅游理论体系

张凌云、黎巎、刘敏（2012）提出，智慧旅游的 CAA 框架体系是指智慧旅游的智慧旅游的属性（attributes）、智慧旅游的能力（capabilities）以及智慧旅游的应用（applications），如表 7.1 所示。

表 7.1　智慧旅游的 CAA 框架体系

智慧旅游的应用	面向游客	面向政府	面向企业	面向居民
智慧旅游的属性	公益属性		盈利属性	
智慧旅游的能力	信息技术能力			

资料来源：根据文献资料①整理。

属性是指智慧旅游在旅游当中的应用到底是公益性的还是盈利性的。

能力是指智慧旅游所依靠的新一代信息技术，如移动通信技术、物联网、人工智能技术、云计算技术等，这些技术是智慧旅游发展的核心技术。在具备核心技术的基础上，就能够面向智慧旅游的对象提供智慧旅游所能实现的智慧化服务。

应用是指智慧旅游能够为各对象提供的具体功能。当智慧旅游的属性为公益性时，那么，智慧旅游的具体应用便是由政府或第三方组织提供，其目的是为了完善公共管理与服务；当智慧旅游的属性为盈利性时，那么智慧旅游的建设就为市场化行为，其目的是盈利。当我们明确智慧旅游的属性时，就能够明确智慧旅游的开发主体、应用主体以及运营主体。

---

① 张凌云，黎巎，刘敏．智慧旅游的基本概念与理论体系［J］．旅游学刊，2012，27（05）：66-75．

第3节 厦门鼓浪屿智慧旅游的发展现状

3.1 厦门鼓浪屿景区概况

厦门鼓浪屿风景名胜区于2007年5月8日经国家旅游局正式批准成为我国的5A级景区。鼓浪屿风景名胜区作为我国较早成为5A级的知名景区，在景区建设上积累了较为丰富的实践经验。厦门市2012年入选首批"国家智慧旅游试点城市"①，鼓浪屿在智慧化建设上始终走在福建省前列。

厦门鼓浪屿风景名胜区处于厦门岛西南处，面积$1.87km^2$。鼓浪屿原名圆沙洲或圆洲仔，至明朝改名为鼓浪屿，岛上主要旅游景点有日光岩、菽庄花园、鼓浪屿钢琴博物馆、海底世界等。鼓浪屿是人文荟萃的宝岛，有中国闽南传统的民居建筑、19世纪欧洲风格的教堂及中西结合的建筑，被誉为"万国建筑博物馆"。值得一提的是，鼓浪屿还是目前国内唯一一家专门展示世界各国古钢琴的专业博物馆。

3.2 厦门鼓浪屿智慧旅游建设现状

3.2.1 基础设施与平台

鼓浪屿风景名胜区有完善的信息感知与传输设备，能有效满足景区信息采集和信息传输等任务需求。目前，景区不断加强网络接入服务体系，争取为游客提供高质量的Wi-Fi接入服务；有智能化的数据管理与服务平台，具有高度完善的数据互联系统、物联网系统和数据共享中心；有出众的数据挖掘、数据监控、预警分析能力，可按企业分层管理结构进行应用部署，能对运作过程产生的各类数据进行汇总、分析和处理，为管理、营销与服务提供决策支持；有先进的、功能完善的指挥调度平台，能实现对景区人员、设备物资、应急资源等调度管理，具备综合性的应急指挥与调度功能。

3.2.2 票务系统

最能衡量一个景区智慧程度的便是景区的票务系统建设。在2012年，鼓浪屿风景名胜区首先在线上推出船票网上售票系统（通过微信公众号在网上购票、刷二代身份证过轮渡），景区开始进入电子售票时代；同时，系统后台可随时随地通过网络记录游客进出岛的数量，以此来控制上岛人数，提高旅游服务的品质。

目前，鼓浪屿风景名胜区已经实现线下和线上相结合的售票和检票系统，以及后台门票数据监控和管理系统等服务，其票务系统建设情况如表7.2所示。

① 厦门入选国家智慧旅游试点城市［EB/OL］. http：//www. taihainet. com/news/xmnews/cjdc/2012－05－26/856206. html，2012-05-26.

表 7.2　票务系统建设情况

在线订购门票功能	电子检票系统	自动售票机	后台数据整合分析
√	√	√	√

资料来源：根据网络资料研究整理。

在鼓浪屿核心景区，游客可以直接利用官方网站（清新福建）、微信公众号（如厦门轮渡有限公司）等途径购买景区的门票，电子售票获得游客的一致认可。在 APP 和微信公众号上售票，游客进入鼓浪屿的核心景点时直接扫码，轻轻松松就能进入。手机购票的服务愈加人性化、智能化，游客的接受度也越来越高。利用厦门轮渡有限公司的微信公众号，可以查询当日航班信息、当前岛上人数、实现网上订票等相关功能；后台根据数据整理，及时发布当日可上岛人数、当前已开通航班信息、轮渡交通等信息。

3.2.3　景区 APP 开发状况（智能鼓浪屿）

鼓浪屿风景名胜区目前建设有较为完善的电子商务系统。鼓浪屿于 2012 年在全国率先推出手机客户终端游览系统——"智能鼓浪屿"，这个移动终端 APP 具有为游客提供鼓浪屿电子地图、景点、路况、商家等信息，并且可利用 GPS 或手机基站定位，将游客引导到目的地等功能。但是就 APP 的设置而言，与西湖景区 APP（掌上西湖 APP）的开发状况相比，鼓浪屿仍有改进完善的空间。下面用表 7.3 来对两个 5A 级景区 APP 开发进行对比。

表 7.3　掌上西湖 APP 与智能鼓浪屿 APP 对比

服务内容	掌上西湖	智能鼓浪屿
能够提供景区相关信息（路线、地图、景点、路况、商家等）	√	√
能够实现景区门票、餐饮、住宿、购物、邮寄等配套服务的在线预订、交易与支付	√	×
能够实现景区导览，无需另外扫码实现导览解说	√	×
能够实现景区公共场所准确定位（如卫生间、医院、停车场等）	√	×
能够实现后期游客留言反馈、交流互动，以便加强改进	×	√

注：表格中，√表示已实现此功能，×表示未实现此功能。
资料来源：根据网络资料研究整理。

在手机 APP 开发上，掌上西湖明显更加方便游客进行选择和个性化定制，游客可根据自己的兴趣爱好选择自己的行程、住宿、购物等。另外值得一提的是，对于景区导览，掌上西湖 APP 开发得很到位，不仅可以实现景区导览和解说，而且仅需借助景区外的二维码（而不必在进入景区后）就能实现。

3.2.4　视频监控服务情况

鼓浪屿目前的视频监控情况可以这样概括：线下防护密不透风，线上管理时刻待命。鼓浪屿游览区管理处的监控指挥中心依着日光岩而建，空间仅仅不到 50m²，却因地制宜、独具特色。在监控指挥中心，4个屏幕同时显示64个摄像画面，无论是人流不绝的日光岩顶峰，或是存有名贵钢琴的博物馆，或是地段偏僻的公园小径，一切都逃不过监控指挥中心的实时监控。这个小小的空间是景区内216个清晰度相当高的摄像头的信息集成中心。而在钢琴博物馆、风琴博物馆、管风琴艺术中心，除视频监控外，空气质量监测系统实时运作，反馈温度、湿度、二氧化碳含量等信息，让馆内的不可移动文物时刻得到最周全的保护。

此外，鼓浪屿游览区管理处在2017年引进舆情监测系统，实时获取景区相关舆情信息。对于游客在"智能鼓浪屿"的留言，系统可以马上反应，发出预警信息，工作人员则可迅速对游客的意见进行回复，这不仅可以重获游客的信任，也可促使管理部门对景点的服务做出更好地改善。

3.2.5 门户网站建设状况（清新福建）

除手机APP、微信公众号外，门户网站也是游客获得景区信息的重要途径。鼓浪屿目前的门户网站建设状况良好，如表7.4所示。

表7.4 门户网站功能界面

景区介绍	景区服务	咨询投诉	交流互动	多语言服务
√	√	√	√	√

资料来源：根据网络资料研究整理。

通过上面的门户网站功能介绍，我们可以看到景区门户网站的建设为游客考虑较为周到，它既能实现在旅游前通过网站了解景区的相关活动信息和相关文化历史方面的资讯信息（特色食物、方言特色、特色风景区等），还能利用网站实现吃、住、行、看的行程的提前预定，利用网站实现虚拟旅游、观看虚拟视频等，提前感受不一样的精彩。在旅游中量身定制旅游攻略、在旅游后交流互动，方便后台收集数据反馈，不断改进，满足游客越来越高的多样化需求。

3.2.6 通信信息类基础设施建设状况

（1）免费Wi-Fi全覆盖服务

2017年，鼓浪屿游览区管理处耗资470万元，实现核心景点免费Wi-Fi全覆盖，几乎每个景点和场馆都展现了亮眼的智慧技能。利用免费的无线网络，结合景区智能开发的导览导游，利用一部小小的手机，便能实现自我畅游。如钢琴博物馆开发的虚拟博物馆，每位游客只要打开手机，扫二维码，点开虚拟博物馆，就犹如身处天风海韵的小岛，身处古典名琴之中，游客通过"线上游"就可以领略和体验鼓浪屿的钢琴文化。

（2）智能导览

2015年，鼓浪屿景区启动电子导览系统的建设，这其中就包括：语音导览系统、VR全景航拍、微信导览平台、开发"BIBI导游"等[1]。由专门从事手绘地图和语音导览的科技公司为鼓浪屿风景区进行精准的测量、精绘与录制。鼓浪屿景区线上电子导览系统，可

---

[1] 王梦茵、陈金华. 鼓浪屿智慧旅游服务顾客满意度IPA分析［J］. 厦门理工学院学报，2017（04）：40-46.

以使每一位来到鼓浪屿的游客，都可以直接利用自己的移动终端设备如手机，拥有一位"美貌与智慧并重"的"私人导游"。

图 7.1　鼓浪屿景区导览示意图①

鼓浪屿景区手机导游系统，是与游客的真实需求分不开的，如图 7.1 所示。从智能地图导航到景点语音服务，让游客可以享受鼓浪屿景区的自动定位讲解、游览路线推荐、中英文即时翻译、景区服务信息实时指引等功能。游客只需要带一部手机，连上 Wi-Fi 热点，就可以让鼓浪屿的古迹历史与人文趣事跃然耳边，而为其量身定制的智慧地图也可以第一时间帮助游客找到目标地点。这不仅提高了鼓浪屿的整体导游服务质量，更注入了属于鼓浪屿的情怀与黏性，构建其独有的游客体验。游客只需用手机在鼓浪屿景区内"扫一扫"二维码，手机页面便会跳往鼓浪屿电子手绘地图。点击地图上任意景点，即跳转到电子导览购买页面，购买成功并激活授权码后，就能即刻体验鼓浪屿电子导览的一系列服务。轻易实现走到哪，听到哪，耳听鼓浪，纵览山水的游玩体验。

（3）其他功能

除免费 Wi-Fi 全覆盖服务、导览解说服务外，在咨询电话、指示牌、无线宽带网（WLAN）等方面，鼓浪屿智慧景区也在不断建设完善，能够及时对游客的咨询做出反馈，能够实时为游客提供指示信息等服务。

从以上分析我们可以看到，"互联网+旅游"颠覆了传统鼓浪屿游客的惯性旅游方式。自 2017 年 3 月国家旅游局发布《"十三五"旅游信息化规划》以来，鼓浪屿风景名胜区在推进景区信息化应用、旅游数据运用等方面的发展方向上日新月异。在国家相关部门全力支持智慧旅游发展的政策下，鼓浪屿着力建设在线信息服务、移动消费、电子导览等旅游刚需产品，实现景区数字化信息服务，成功升级景区线上线下消费生态，极大拉动了鼓浪屿全域旅游发展。与此同时，游客体验感的提升始终是鼓浪屿景区任何一个阶段旅游建设的核心诉求。随着旅游市场的蓬勃发展，满足游客越来越个性化的需求不仅需要与时俱进的智慧化服务，长期的关注、洞察与创新才是紧紧吸引游客和留住游客的坚实根基。

---

① 资料来源：http://www.mafengwo.cn/sales/2159136.html

第4节　厦门鼓浪屿智慧旅游存在的问题

4.1　智慧旅游建设缺乏统一完善的规划

自我国智慧旅游开始建设以来，国家就发布了一系列有利于智慧旅游发展的政策，明确要求我国各个地方要综合结合自身资源和特点，大力发展智慧旅游。在国家的政策要求和扶持下，我国先后确定了18个智慧旅游试点城市以及全国范围内的智慧旅游景区试点单位。这些智慧旅游试点城市和景区试点单位在国家政策的指导下，制定了符合自身条件的各种行动计划，设计了符合当地景点发展的具体实施方案。

为了更好地保护和展示鼓浪屿景区的文化遗产，提升服务质量和管理水平，从2016年开始，鼓浪屿游览区管理处将"促智慧旅游"列入"十三五"规划中，设立管理科信息中心，每年对智慧旅游建设投入专项资金①。但是从整体上看，鼓浪屿智慧旅游建设缺少总体规划，容易导致智慧旅游建设不符合当地具体实际情况的盲目建设现象出现，而且可能导致更严重的负面效果，如环境破坏、旅游资源浪费等。智慧旅游建设本身就是一个复杂的项目，它需要政府行政部门、各种科研院所、各类开发企业和社会大众等在内的通力合作。因此，面对智慧旅游建设这样一个系统工程，要想使其有更加长远的协调发展，那么，在智慧旅游发展过程中，首先需要对其进行科学的顶层规划设计。

4.2　基础设施有待进一步提高

基础设施是智慧旅游发展的首要条件。景区基础设施涉及范围较广，种类也较多，技术的要求也较高，突出表现在景区的通信信息平台建设、移动终端研发等方面。对于景区的硬件设施和软件设施建设方面，智慧旅游要想得到更好的发展，就必须要满足游客对景区智慧服务的个性化需求。从总体上看，目前在政府一系列支持智慧旅游发展政策的扶持与引导下，鼓浪屿风景名胜区智慧旅游发展的现状是比较令人满意的。当前景区的智慧化建设取得了一定的成效，形成了一定的规模。但是就目前来看，鼓浪屿风景名胜区的基础设施建设仍存在需要不断加强和改善的地方，如手机APP人性化功能的设计。如果基础设施建立得不够完善和扎实，就会成为制约鼓浪屿智慧旅游发展的短板。

4.2.1　信息通讯平台建设不足

信息平台建设是实现景区智慧化发展非常关键的环节。景区内工作人员的实时办公、在线服务、实时视频监控等都依赖于景区通信信息建设的完善。同时，信息通讯类系统建设对于游客来说同样十分重要。站在游客的角度上想，景区能够随时保持信息网络畅通，

① 用智慧点亮景区 鼓浪屿游览区喜获福建省智慧景区最高奖［EB/OL］. http：//xm. fjsen. com/2019－01/15/content_ 21881049_ all. htm#content_ 1, 2019－01－15.

他们在旅游的过程中也就更能保持愉悦的心情。

但就目前情况来看，我国各个地区智慧景区通信信息平台建设发展不一，较为发达的沿海城市景点信息建设比较发达，但是也未完全达到让游客时时实现网络、信息畅通的地步。鼓浪屿景区目前的通信信息基础设施建设相对比较完善，但仍存在需要改进的地方。景区免费 Wi-Fi 服务还只是囊括了一些核心景区，并没有完全实现全面覆盖。景区免费 Wi-Fi 的完全覆盖对于提升游客的旅游体验至关重要；同时，它对于加强景区特色酒店、礼品、门票等的线上交易便利程度，增强实时通信服务、多媒体信息展示，以及及时发布景区活动信息、及时实现信息播报等都具有非常重要的作用。

4.2.2　移动终端研发不够

智能终端是游客与平台进行联系与互动的方式，游客希望通过自己手上的移动终端设备能够实现与景区酒店、景区民宿、景点门票、景区特色食品店等的联系和互动，以方便根据个人的喜好进行个性化定制。但是，我国景区的手机 APP（如掌上西湖）、智能手环（如应用于智能养老项目上的智能手环的开发）等智能终端设备，在研发的数量和质量上还存在很大的欠缺，目前还没有实现统一规划和发展。

就鼓浪屿手机 APP 开发而言，无论是其在景区门票、餐饮、住宿、购物、邮寄等配套服务的在线预订、交易与支付，还是在景区导览，无需另外扫码即可实现导览解说等方面，与国内领先的景区手机 APP 相比，仍有相当大的提高与改进空间。只有实现上述功能并不断开发新的应用，鼓浪屿手机 APP 才能更方便游客进行选择和规划，才更能贴近游客的内心需求。

4.3　景区智慧营销不足

智慧营销要求景区充分运用互联网这一现代信息技术，将景区各项资源（如特色民宿、特色小吃、特色旅游纪念品等）通过互联网进行线上展示①。通过网上宣传，游客就可以利用移动终端设备在线上平台进行搜索和观看，再根据自身喜好，使用智能手机在交易平台上进行订购、支付和申请售后等。就同当前大多数人使用的手机电商类 APP 一样，游客能够做到足不出户，就能拥有自己想要的商品，实现商品网上交易。

目前鼓浪屿已经有专门的购物中心，但是一些很热门的景区内还是可以看见一些小商贩的身影，这不仅会对景区整体形象造成一定的负面影响，而且也会加大景区的管理成本。所以，鼓浪屿景区在整合区内资源，加强经营管理，净化景区环境等方面，仍需通过积极实施智慧营销建设来进行解决。

4.4　专业化人才配备相对不足

智慧旅游的建设需要一支敢于突破传统思维，创新能力和实际操作能力都比较强的队伍。只有人才到位，智慧旅游的建设才有稳固的支撑和依托。

虽然我国进行智慧旅游研究与建设的城市、景区、企业，以及各个高校等比较多，但

---

① 史云姬. 体验经济时代下新一代通信技术在智慧旅游中的应用 [J]. 科技视界，2013（09）：180-193.

是从目前对福建省高等教育的研究看来，景区智慧化管理人才的培养才刚刚起步。从文献资料看，厦门对于智慧旅游的研究成果比较少，高校旅游人才的培养模式也较为单一，对于旅游专业来说，大多课程还是比较传统的仅熟悉基本的旅游相关知识；而在熟悉旅游基本服务知识的前提下，融合运用互联网和信息技术的课程相对较少。与智慧旅游相关的人才短缺，将会在很大程度上制约厦门鼓浪屿智慧旅游的发展。

第5节　国内外智慧旅游发展现状及经验总结

5.1　国外智慧旅游发展现状

国外对于智慧旅游的研究和建设起步较早。美国、日本、新加坡和韩国是国外智慧旅游建设成果较为突出的国家，下面分别介绍它们智慧旅游的建设与发展情况。

5.1.1　美国智慧旅游产业的发展

美国是最早提出智慧旅游概念的国家之一。美国在智慧交通和游客自主导航建设上成果显著。

（1）波特兰智慧公交[①]

波特兰拥有良好的公共交通系统，短距离出行可以选择公共汽车，长距离出行可以选择轻轨。公交票可联程使用，票种繁多，皆可自动售票、刷卡自动支付、验票上车。游客可通过移动终端浏览 Trimet 网站查询公交信息，查询结果可以具体到为你提供最佳出行路线、可免费乘车区域等，游客可随心选择。现在美国各大城市已经实现旅游全程自主导航，游客可结合 LBS 的 Yelp 应用，实现自主导航，同时 Yelp 应用也可以帮助游客快速实现餐饮、娱乐、购物和各种打折信息等查询服务。

（2）虚拟旅游

鉴于大部分旅游网站提供的信息大多以商务活动为主，景观也多是自然景观与对应的文字说明，无法给观赏者身临其境的感受。于是，基于虚拟现实和 GIS 等技术的网络虚拟旅游便应运而生[②]。虚拟旅游是建立在现实景观的基础上，通过计算机网络平台，利用虚拟现实技术去模拟现实景观，营造出虚拟旅游环境，游客便可通过多种交互设备操作该环境中的物体，直接体验该旅游环境。目前，美国的虚拟旅游网站有 TripAdvisor，Expedia，Travelocity 等，占到了该国旅游网站数量的近六成。据美联社消息，45% 的青年和成年美国互联网用户使用过虚拟旅游的功能，其中年龄较大的网民更喜欢参加距离家庭较远的旅

---

① 李云鹏. 探索波特兰"智慧旅游"成功奥秘 ［EB/OL］. https：//www.jinchutou.com/p-35709218.html，2012-05-21.

② 张定方，阮舒宁. 虚拟旅游网站发展探析 ［J］. 商业时代，2011（10）：75.

游目的地（包括博物馆、大学校园、公园等）的虚拟旅游活动①。

5.1.2　日本政府大力推动"智能旅游"项目②

为了利用得天独厚的自然环境与丰富的旅游资源吸引外国游客，日本政府于 2003 年提出"观光立国战略"，旨在通过大力发展国际旅游业拉动本国经济增长。提出"观光立国"这一战略后，"智能旅游"成为日本政府大力推动的项目，其主要工作由日本总务省下属的各地方分支机构负责。

"山阴山阳智能观光项目推进协议会"就是在日本总务省下属分支机构——综合通信局的推动下，于 2013 年 12 月 16 日成立的一个产官学合作团体。该团体致力于利用最尖端的信息通信技术，通过积极利用互联网技术和智能手机设备，推出供游客旅游使用的客户端产品，帮助地方政府建设最尖端的智能观光信息基础设施。该客户端简单易学，只要从智能手机屏幕上点击某个游客感兴趣的观光景点，就能够获得诸多与该景点相关的旅游信息，如该景点的旅游线路，大大增加了游客旅游的便利性。

除了政府部门牵头组织的产官学合作团体外，一些非营利法人也在大力推动智能旅游项目。例如，"智能旅游推进机构"作为非营利法人，一直致力于为那些不参加团体旅游而乐于享受个人旅游的个人或家庭提供各种信息，其目标是普及关西地区的旅游购物与娱乐项目等信息。由于关西地区旅游市场的情况一直在发生变化，这些信息需要当地专人来收集获得。为了及时向公众分享这些不断变化的资讯，"智能旅游推进机构"这样的非营利团体便应运而生，其在为游客提供实时的旅游信息方面发挥了无法替代的巨大作用。

5.1.3　新加坡"一站式"智慧旅游服务③

新加坡是全球经济体中较为发达和富裕的国家，同时也是世界上名列前茅的智慧国家。2006 年，新加坡推出"智慧国 2015 计划"，确立了"智慧化立国"发展理念。为了更好地吸引国内外游客，增加其旅游收入，新加坡积极推行"一站式"智慧旅游服务，主要有以下四大推进措施。

第一，一站式注册服务。在商业会议中，为了更好地推介其旅游业，新加坡旅游促进局积极借助生物身份识别技术，为往来新加坡的商业人士免去烦琐的注册登记手续，目前该项服务已得到广泛应用。

第二，智能化数字服务系统。往来新加坡的游客可通过机场和旅游景区的游客中心、互联网、手机等渠道获得"一站式"旅游信息和服务支持，包括购买相关门票、住宿和交通运输等专门服务。

第三，移动的旅游服务。来新加坡进行商务活动、探亲或旅游的人士可通过智能手机等移动终端，随时随地接收到各类旅游信息。如果有相关需求信息，智慧旅游服务系统会根据其位置信息，通过后台数据分析，为游客制定满足个人需求的极具个性化的定制化服务。

---

① 李云鹏．虚拟旅游的优势分析及其运作策略［EB/OL］．http：//www.bob123.com/lunwen23/5228.html，2016-09-03.

② 国外"智能旅游"初体验［EB/OL］．https：//www.sohu.com/a/28216948_118742，2015-08-19.

③ 小智．智慧旅游在国外（一）：新加坡 4 大举措推进智慧旅游［EB/OL］．https：//www.sohu.com/a/114873211_468683，2016-09-22.

第四，"我行由我新加坡"平台。游客可以根据自己的兴趣爱好，通过该平台来定制自己的行程计划，包括机票购买、酒店预订、交通方式的选择、旅游路线规划、活动预订等。游客也可通过邮箱订阅新加坡最新的动态，了解新加坡目前正在发生的各类重大事件以及各种娱乐活动等，事后也可通过这个平台分享自己的旅游心得。

5.1.4 韩国的"智慧旅游战略"[①]

在亚洲，韩国的智慧旅游是发展得比较好的国家。韩国智慧旅游建设凸显"以人为本"的特征，非常注重提升游客在旅游前后的旅游体验。韩国政府积极支持智慧旅游建设，充分利用智能科技来增加游客体验。首尔旅游有一个官方网站——韩国观光社，集中整合了关于首尔的特色旅游资源，通过网站查询，游客可以实时了解自己所在地、所在地特色、所在地特色活动等。针对智能手机，韩国开发了"I Tour Seoul"应用服务系统，作为专门为游客提供旅游信息服务的移动掌上平台（如下图7.2所示）

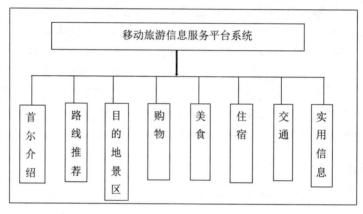

图7.2 "I Tour Seoul"移动旅游信息服务系统的功能[②]

该服务平台的主要应用有以下几方面。

第一，线路推荐个性化服务。游客可通过智能手机等移动终端的定位软件，迅速获取自己所处位置附近的主要观光信息。值得一提的是，该平台还可根据游客的旅游线路，进行个性化行程规划推荐，即通过"trip planner"安排合理的行程线路，最大限度节约了游客花费在线路规划上的时间。

第二，智能信息服务。该平台的观光网站、二维码及手机APP提供了全面的旅游信息，游客可藉此快速获取住宿、餐饮、演出等网络预订服务。同时，该平台还为游客提供景区详细信息咨询服务。游客可通过平台开发的接通电话服务，实时进行旅行过程的问题咨询。此外，该平台自带的应用程序还可帮助游客进行旅行照片处理。

第三，丰富的附加服务。该平台还面向特定游客推荐深度旅游路线，并在旅游过程中提供各类打折券、新闻播报等增值服务，同时面向游客提供智能手机租赁服务。针对来韩国首尔旅游的各国游客，该服务系统可以提供五种语言服务，因此游客不用担心语言文化

① 小智．智慧旅游在国外之韩国篇丨世界网速第一国［EB/OL］．https：//www.sohu.com/a/116965362_468683，2016-10-24．

② 吴红辉，花香，江毅，等．智慧旅游实践［M］．北京：人民邮电出版社，2018：4-5．

的障碍，这是该平台最大的特色，在很大程度上方便了游客进行各项旅游活动。

总体来看，该服务平台开发的应用体现出以游客为中心，以提升服务的便捷性和高效性为服务宗旨。平台的应用不仅获得了游客的信赖与支持，提升了韩国首尔的美誉度和知名度，而且还为其旅游业的持续健康发展提供了强有力的支撑。

5.2　国内主要区域（网站）智慧旅游的发展现状

2012 年 5 月我国公布了第一批智慧旅游试点城市（共计 18 个）；接着，我国又于 2013 年公布了第二批国家智慧旅游试点城市（共计 15 个）。不管是在智慧旅游相关概念、建设模式等方面的理论研究，还是进行智慧化建设的具体实践方面，这些试点城市均走在我国其他城市的前列。

5.2.1　江苏省智慧旅游产业的发展

江苏省镇江市于 2010 年在全国率先提出"智慧旅游"这个概念[①]，其后就进行智慧旅游建设的具体实践，开展"感知镇江、智慧旅游"新时空的项目工程。为了解决省内智慧旅游城市创建工作中的盲目投资、信息孤岛等现象，实现成果共享和降低运营成本，江苏省于 2011 年 5 月将南京、苏州、扬州、无锡、常州、南通和镇江等 7 个城市联合起来，成立"智慧旅游城市联盟"，而且这 7 个城市在 2012 年 5 月都被国家旅游局确定为首批"国家智慧旅游试点城市"，这使江苏省成为我国智慧旅游试点城市最多的省份。

江苏省智慧旅游的主要实施内容[②]："1256"工程：1 个云计算与云数据存储中心，提前查询、预订、结算与评价服务；2 个项目：12301 服务热线、旅游服务管理系统；5 个工程：智慧旅游城市、研发企业、数字景区、智慧酒店、购物点；6 个平台：数字营销平台、体验平台、智能终端 APP、旅游电子商务平台、质量保障平台和一卡通。

想要达到的预期效果：在旅游前，游客通过所研发的移动终端平台，实现旅游信息（如景区酒店、特色民宿、特色小吃）的实时查询和掌握；通过网站了解景区的相关活动信息和相关文化历史方面的资讯信息（特色食物、方言特色、特色风景区等）、利用网站实现吃、住、行、看的行程的提前网上预定。

5.2.2　北京市智慧旅游产业的发展[③]

北京市智慧旅游实施的主要内容：在国家政策下，结合自身资源条件和旅游特点，编制北京市智慧旅游城市建设项目的行动计划纲要、智慧旅游数字业态（酒店、景区、旅行社、乡村）建设规范；利用新一代信息技术，积极开发自助导游讲解系统、城市自助导览、网上虚拟旅游系统；在景区、酒店、机场、车站开通无线宽带网（WLAN）、旅游信息触摸屏等。

想要达到的预期效果：游客通过触摸屏或手机，进行身份验证登录；再根据自身需要

① 吴高丽. 江苏智慧旅游建设现状与思考 [J]. 旅游纵览·行业版，2015（09）：96.
② 付业勤，郑向敏. 我国智慧旅游的发展现状及对策研究 [J]. 开发研究，2013（04）：62-65.
③ 李云鹏，黄超. 北京智慧旅游公共管理与服务建设现状与对策分析 [J]. 城市管理与科技，2015（01）：65-67.

进行旅游行程的个性化定制、预先进行旅游信息咨询、预订自己想要就住的酒店、民宿等。

5.2.3　福建省智慧旅游产业的发展

在 2010 年，福建省旅游局在第六届海峡旅游博览会期间，提出福建省要积极建设"智慧旅游"，并且在网上建立"海峡智能旅游参建单位管理系统"。"三个一"工程和"三个一"项目是福建省智慧旅游建设的主要内容①。

福建省智慧旅游建设实施的主要内容："三个一"工程，一网：海峡旅游网上超市；一套卡：旅游银行卡、储值卡、二维码卡、目的地卡；一个中心：由公共服务和增值预订服务热线组成的呼叫中心；"三个一"项目：景区电子门票、自主导览、智能景区。

想要达到的预期效果：以智能旅游引领旅游业发展，游客改善旅游体验。

5.2.4　电商网站智能旅游服务移动终端开发

淘宝：智能手机旅游服务，发布智能手机淘宝旅行客户端，为用户提供查询、预订、购票、支付等服务，使客户端成为真正意义上的一站式移动服务平台。

去哪儿旅行：智慧旅游数字服务，遵循消费者从搜索、预订、支付到评价旅游产品的使用流程，按机票、火车票、酒店、度假、景区、租车等横向产品或产品组合形态，互联网、手机、多媒体终端等纵向服务渠道两个维度，设计网络状服务流程，追求标准化、高效化、专业化、数字化的服务。满足消费者在旅游产品搜索、预订、支付及评价的一站式服务需求。

5.3　国内外发展现状经验总结及启示

我国相继于 2012 年、2013 年公布了第一批 18 个与第二批 15 个智慧旅游试点城市。无论在智慧旅游建设模式等方面的理论研究，还是进行智慧化建设的具体实践方面，都主要集中在这些试点城市。从整体来说，我国智慧旅游的发展目前还是很不均衡的，一些景点可以让游客享受到满意的智慧化服务，但更多景点智慧化发展还处于起步阶段，或者说发展得并不是特别理想。

与我国相比，国外智慧旅游的研究和建设都开展得比较早，其较早就将新一代信息技术应用于旅游当中，以不断提升旅游者的服务体验。虽然我国智慧旅游较外国起步较晚，但就目前来说，无论是理论还是实践层面，我国一些著名的景点智慧化建设取得了相当不错的发展成效，智慧旅游发展在试点城市也取得了一定的成果，但是我国未来智慧旅游的发展仍需要进一步向深度和广度拓展。

通过对国内外智慧旅游的经验借鉴与分析，其主要启示有以下三个方面。

5.3.1　不断强化技术创新

新一代信息技术是智慧旅游建设和发展的前提。技术创新是智慧旅游发展的基础，以

---

① 信息资源开发部．"智慧旅游"在进行一场模式革命［EB/OL］．https：//www.sogou.com/link? url = DSOYnZeCC_ qTKnncnP7G5IOo6N9trQk9ysaX7bSJkzOxcvZxVmXHkQ，2014-10-30.

江苏省为例，位于镇江市的江苏凌空网络科技有限公司研发成功的"感动芯"，是镇江市实现当地旅游业转型升级的核心技术之一，是响应国家大力发展智慧旅游的重要举措。作为核心技术，"感动芯"在 2008 年北京奥运会以及 2010 年上海世博会上得到充分展现。要想获得技术上的创新，研发经费投入、研发人才队伍建设是必不可少的。技术上的创新首先就要在研发上下功夫，只有这样，技术才能不断取得突破，才能够不断推动旅游管理和旅游服务的模式创新、手段创新、方式创新和互动创新。目前的电子导览系统，就是通过技术创新带给游客不一样的体验，而且能够极大节约人工成本。

5.3.2　以试点带动全域发展

早在 2010 年左右，智慧旅游这个概念就已经提出。但是我国对于智慧旅游的推广并不广泛，目前也没有可以完全参考的建设标准，智慧旅游在我国的建设还处于不断探索之中。国外发展成效较好，但是由于国内外旅游文化的差异，也并不能完全照抄照搬。可以借鉴改革开放初期建立经济特区试点的模式，我国智慧旅游建设可采取以点带面的形式，可以考虑把旅游资源丰富、基础条件比较完善的地区先行进行智慧旅游建设，然后通过试点区域的成功经验，给其他区域智慧旅游建设发挥示范带动作用。

5.3.3　人才培养必不可少

人才是智慧旅游发展的核心资源，人才培养对智慧旅游建设来说举足轻重。智慧旅游的"智慧"体现在旅游管理、旅游服务和旅游营销等三大方面。目前智慧旅游的发展，以及信息化在旅游业发展过程中的应用，对从事智慧旅游的相关工作人员提出了新的要求。从事与旅游服务相关的工作人员必须具备更高的专业素质，他们不仅仅要熟悉各种与旅游相关的专业知识和技能；在互联网融入旅游业发展的背景下，从业人员还应该具备互联网思维，熟练各类网络的操作应用。

第 6 节　厦门鼓浪屿智慧旅游发展对策

6.1　加强厦门鼓浪屿智慧旅游顶层设计的规划

智慧旅游的顶层设计是智慧旅游发展环节中的首要步骤，它是为了确保智慧旅游科学有序的发展与建设，从发展全局的角度对智慧旅游政策以及相关的辅助发展措施进行的设计和完善。

厦门市文化和旅游局应对鼓浪屿智慧旅游建设做好顶层设计，并以此带动和引领福建省各地区智慧旅游的发展进入快车道。首先，厦门市文化和旅游局应学习借鉴国内外智慧旅游发展较好地区的建设经验，制定适合本地特色的智慧旅游发展规划，科学设计智慧旅游的各项评价指标与相关的评价体系。其次，鼓浪屿旅游局要根据厦门市文化和旅游局关于智慧旅游发展的指导意见，通过组织相关领域专家学者进行论证或通过对外招标等方式，制定符合其旅游发展的智慧旅游发展实施方案。最后，鼓浪屿管委会要组织协调智慧旅游发展所涉及的各相关部门，成立智慧旅游发展指导委员会，以更好地推进智慧旅游的发展。

6.2 持续完善智慧服务体系

政府及从业者应根据具体情况制定统一的技术标准或发展模式，并落地施行。鼓励景区采用智慧旅游系统，完成对旅游前的景区概况介绍及服务预定、旅游中的交通导览及特色讲解、旅游后的信息反馈等的一体化管理。

6.2.1　不断强化游前服务

在我们每个人的传统观念中，想要去旅游，就要提前通过电话咨询、旅游达人博客、身边朋友或查阅旅游杂志等了解景区的相关信息。其中，最困扰我们的问题是，无法通过信息技术手段获取对景区的去前体验，基本上只能依靠可获取的已有相关信息进行旅游体验想象。

要想更好地吸引游客，就要通过不断发展和完善鼓浪屿智慧景区建设，不断强化景区游前服务，让游客能够在旅游前通过网站了解景区的相关活动信息和相关文化历史方面的资讯信息（特色美食、方言特色、风景区特色景点等），利用网站实现吃、住、行、看等行程的提前预定，并进一步通过网站或 APP 实现浏览 3D 导览图、虚拟旅游、观看虚拟视频等服务，提前让游客体验不一样的精彩。

6.2.2　不断增添游中服务

就信息技术建设来说，只有实现鼓浪屿游景区免费 Wi-Fi 完全覆盖，才能让游客走到哪都能"自我"畅游到哪。鼓浪屿目前电子导览建设良好，游客已经可以通过扫码获得各个景点详细介绍，但是对于一些小细节，如景区厕所具体位置、景区紧急救助站等信息服务还需要景区管理部门不断改进完善。另外，针对鼓浪屿越来越多的国外游客，导览解说服务还可以不断优化语言服务，讲解风格也可以采用幽默风趣等多种多样的人性化形式。

6.2.3　不断完善游后服务

旅游之后，对于游客来说，最重要的就是能够实现与景区工作人员、酒店工作人员等的人性化互动，以方便游客能够讲出自己内心真实的需求以及景区在哪些方面还有不断改进的地方。因此，鼓浪屿景区应通过网站或 APP 加强景区智慧化售后服务，并通过小礼品（或其他人性化的方式）鼓励（或激励）游客对整个旅游过程提出意见和建议，这样不仅可以改进游客体验，而且还可以促使景区的各个商铺提供更好的服务，实现景区经营和游客体验的双赢。

6.3 继续强化智慧营销

在当前互联网技术不断普及的条件下，鼓浪屿景区应充分运用互联网，将景区各项资源（如特色民宿、特色小吃、特色旅游纪念品等）通过互联网进行线上展示。通过网上宣传，游客就可以利用移动终端设备在线上平台进行搜索和观看，再根据自身喜好，使用智能手机在交易平台上进行订购、支付以及申请售后服务。除了利用自身资源进行的营销活动，鼓浪屿景区还可以借助一些旅游网站（如携程、去哪儿）和大型购物网站（如淘宝、京东、拼多多）进行景区各项资源的营销活动，实现让游客在家动动手指，就能轻松实现自己心仪商品和服务的选购与支付，进一步提升景区资源网上交易的销售额。

另外，对于鼓浪屿景区一些热门景点内的小商贩违规经营问题，鼓浪屿景区管理部门可以通过智慧营销建设，强化资源整合力度，将各种小商贩集中起来，为他们提供一个统一固定的经营场所；也可以通过收取一定管理费的方式，将他们纳入景区的网上营销系统。这样既可以减小景区管理的难度，同时又进一步净化了景区环境；而且从更深层次来说，这种集中经营的做法还可以带动小商贩经济的发展，极大提高他们的销售收入。

6.4　不断提升智慧旅游的管理水平

鼓浪屿作为厦门市的 5A 级景区，对全国尤其是福建省居民来说，是节假日出门旅游的首选之处。因此，其景区的拥挤程度、景区内工作人员面临的管理难度都是可想而知的。对于这样一个人流量车流量如此大的景区来说，管理工作非常重要。而且更重要的是，景区内需要重点保护的景点很多，如目前国内唯一一家专门展示世界各国古钢琴的专业博物馆。

通过有针对性的智慧化管理，不仅能够在很大程度上降低管理成本，而且对于景区环境和景点保护成效显著。鼓浪屿的景区管理工作要时刻做到线下防护密不透风，线上管理时刻待命。鼓浪屿智慧景区应该包括实时监测系统、人流高峰期的线上智能化分流系统和线下疏散系统、电子导览系统等，为游客尽情享受旅游提供更多便利。

6.5　不断丰富和完善智能终端研发

景区智能终端是信息化时代游客获取景区各种服务体验，与景区进行联系与互动的主要平台。终端的"智能"程度，直接决定了游客的消费体验与顾客黏性。为了给游客提供最佳旅游服务，鼓浪屿智慧景区应该不断丰富和完善智能终端研发。具体包括的内容很多，例如研发推动 AR（增强现实）、VR（虚拟现实）等仿真技术在导游导览上的应用，增强游客的沉浸式感官体验，丰富深化景区旅游产品内涵，同时还可以利用上述技术实现景区无法复原遗址上的情景再现；又如，鼓浪屿智慧景区要优化升级自助导游导览系统，确保语音导游导览系统可以使游客在没有导游及讲解人员的情况下，借助手机、电脑、触摸屏等导游导览终端，通过游客定位信息，轻松快捷获取所处景点详细而全面的语音介绍，而且系统要开发提供多语种的选项服务，更好地为外国游客提供游览体验。

6.6　优化智慧旅游相关的人才培养

智慧旅游的不断发展，对高校的人才培养提出了新的要求。鼓浪屿智慧景区建设想要获得更加长远的发展，人才培养是必不可少的，而且政府在其中的角色非常重要。首先，要对当前及未来鼓浪屿景区实现智慧化管理需要的人才有一个长远规划，积极开展与高校大数据、云计算等相关专业的合作培养。其次，在政府财政经费的配置方面，也应该向培养信息技术类人才的高校专业适当倾斜，同时逐步建立完善社会筹集资金的机制，多渠道筹措专业人才培养经费；再次，组织开展由学术界专家学者和产业界高级管理人员参与的智能化旅游服务管理职业技能大赛，通过比赛使高校学生找到"学""用"落差，进一步激发他们的学习热情；同时，通过比赛锻炼他们的信息技术处理能力（如日常办公的信息化处理和优化，旅游产品的网上营销展示等）和娴熟的沟通能力，最终使他们牢牢掌握信息化技术，熟练掌握现代化的营销技巧，为以后从事智慧旅游相关工作打下扎实的基础。

第7节　小节

全球信息化浪潮已全面渗透进入了我们的日常生活，信息与各个行业的融合发展也在不断加速，互联网正在深刻改变着每一个人的生产和生活方式。我国旅游业的发展目前正迎来重大发展机遇，大力培育和发展智慧旅游是旅游业尽早实现转型升级的重要突破路径。

我国智慧旅游建设起步比较晚，全国各地的发展也不均衡。本章主要运用文献资料分析法和案例分析法，以厦门鼓浪屿风景名胜区智慧化建设为例，对其智慧旅游建设现状和存在的主要问题进行较为详细的分析，并在借鉴国内外智慧旅游成功实践经验的基础上，尝试提出相应的智慧旅游发展建议，最终实现优化旅游服务、创新旅游管理、丰富旅游营销、改善旅游体验的智能化的目的。

第 8 章　重庆智慧商圈存在的问题与对策研究

第 1 节　绪论

1.1　研究背景

当今世界，"互联网+"正在向各行各业渗透，农业、制造业等传统行业在"互联网+"的影响下迎来了新的发展。而现代服务业也在"互联网+"的影响下逐步进行转型升级，呈现出更加快速、高效的发展态势。我国自 1999 年开始建设智慧城市至今，先后经历了电子政务阶段（1999—2012 年）、智慧城市阶段（2012—2015 年）。目前，智慧城市的发展进入了第三阶段——"互联网+"智慧城市阶段。在这样的时代背景下，"互联网+商圈"就成了传统商圈未来生存发展的重要途径。商圈是商业企业聚集经营所形成的地理区域与消费行为活动的空间范围相重合的区域范围，是城市中最活跃的地理、娱乐休闲、经济与文化中心区域①。商圈是一个城市经济发展与繁荣的重要标志，又是城市居民生活的核心，因此商圈的建设与规划问题成为地方政府及相关部门的关注重点。

商圈对于城市的重要性不言而喻。在改革开放前 10 年，我国还没有现代商圈的概念，传统的百货商店在这一阶段占据主导地位。自改革开放 40 年来，我国商圈的发展比较迅速；尤其是 20 世纪 90 年代后，我国出现了现代零售组织，超级市场、品牌专卖店等大型的商场聚集经营，形成了真正意义的商圈。而随着时代的发展变化，诸如万达广场、徐家汇、陆家嘴等现代商圈逐步发展起来，这势必影响到传统商圈的生存。如何抓住时代发展机遇进行自我革新和转型升级，对于传统商圈的生存发展显得尤为重要。

传统商圈的生存发展面临一系列挑战。

（1）配套设施陈旧导致用户体验不高

传统商圈是在新中国成立后尤其是改革开放初期建立和发展起来的。由于传统商圈以百货和连锁超市为主，所以布局主要位于老城区和居民住宅区附近。这一特征导致其附近交通比较拥堵、配套设施陈旧、杂乱且很难进行优化改造。同时，由于居民聚集区人口比较密集，这在一定程度上加大了治安管理的难度。另外，新时代的消费者更注重体验式消

---

① 冯娟. 哪些商圈会越来越旺？——基于消费者搜寻成本的上海商圈研究 [M]. 上海：同济大学出版社，2016：18.

费，而配套设施跟不上、停车难等问题导致用户体验不佳，口碑下降，客流量减少。

（2）新业态与新商圈的不断涌现

近年来，电子商务的出现和发展彻底颠覆了传统商业的营销模式。首先，阿里巴巴、京东、拼多多等互联网平台逐渐占据了市场，它所具有的便利性很好地满足客户足不出户就能购物的需求，导致实体商店的客流量大量流失和大量实体店的倒闭，最终影响到传统商圈的发展。其次，现代商圈的出现和发展也加剧了传统商圈的生存危机。以万达为主的一些现代商圈借助互联网和政策的扶持，进行了科学的设计规划，无论是在环境、配套设施、店铺布局等方面都有很大的改善，一站式的体验服务，可以最大限度地满足客户需求，提高了用户体验和商圈竞争力，加剧了对传统商圈的挑战。

（3）传统商圈发展模式跟不上现代服务业发展的步伐

传统商圈的发展模式比较单一，主要依靠招商收取租金、广告费等作为主要收入，同时传统商圈一些基础条件的限制也跟不上现代服务业的发展步伐。相比而言，现代商圈调整了市场目标，不再局限于销售低端消费品，而是开发自身的特色，打造主题商场。商场内不仅有传统老字号、销售生活必需品的超市，而且还有高端奢侈品、餐饮、影院等，满足顾客一站式体验，迎合了消费者多样化的消费需求，适应了现代服务业的发展步伐。

（4）城市改造升级对传统商圈造成一定负面影响

我国城市化进程不断加快，城市人口不断增加。为适应城市未来发展的需求，政府需要对城市的空间布局进行重新调整。首先，传统商圈大多位于城市核心地段，为了顺应城市发展，有些必须进行搬迁。这对经营成本产生了影响，而新的选址地段租金会有所提高。而另一种原址推倒重建的方式，这也会增加相应的经营成本。其次，老城区居民户的大量拆迁，由此导致原有主流顾客群体的大量流失，这必然会对传统商圈的商业运营产生相当大的冲击。因此，传统商圈必须进行转型升级，以适应时代的发展步伐。

1.2 研究意义

1.2.1 理论意义

目前，我国正处在传统商业模式转型升级的关键期，对智慧商圈的相关理论进行梳理研究，能够对实践提供相应的理论指导。通过对试点商圈的研究，能够更好地为智慧商圈的推广和普及提供技术和经验指导。

智慧商圈是随着对智慧城市研究的发展而发展的。智慧商圈是智慧城市建设中不可或缺的一部分，智慧商圈的发展能够促进智慧城市的建设，智慧商圈与智慧城市二者相辅相成。我国智慧城市建设起步晚于西方发达国家，这方面的理论研究较为缺乏，再加上我国的国情，要研究出适合我国经济社会的智慧商圈发展道路，就必须进行智慧商圈相关理论的研究。

1.2.2 现实意义

（1）经济意义

我国的零售行业正处于大变革时期，传统的商业模式需要尽快找到突破口；另外电子商务在经历了前几年高速发展之后，现在正处于发展的瓶颈期，需要进行新的创新突破。

随着经济发展和人们生活水平的不断提高，社会大众特别是年轻一代对周边生活的智能化需求也在与日俱增。各个地区若能在智慧商圈建设上取得一定的成功实践经验并加以推广，势必会对我国经济实现新一轮的增长做出更大的贡献。

（2）政治与文化意义

政府如果能未雨绸缪，尽早合理地规划并积极开展未来智慧商圈的建设，将在相当大的程度上减缓政府和民众之间关于拆迁、搬迁的压力，有利于建设稳定和谐的社会关系，同时也可为政府城市规划和管理部门制定相关政策提供依据和参考。

智慧商圈是一种体验式的商业模式，通过智能化的设备与管理打造个性化的服务，有利于构建良好的社会文化和消费环境。

1.3　研究综述

1.3.1　国外研究综述

国外关于商圈的研究主要集中在两个方面，即商圈的主体——消费者空间行为研究，商圈的客体——区位选择和空间结构。最早关于城市商圈的思想是 20 世纪马歇尔提出来的。最早的商圈理论是德国地理学家克里斯泰勒提出的中心地理论。该理论认为，以中心地为圆心，以最大的商品销售和餐饮服务辐射能力为半径，形成商品销售和餐饮服务的中心地[①]。该理论被认为是城市地理学和商业地理学的理论基础。其在关于城市等级划分的研究、都市与农村区域相互作用的研究、城市内和城市间社会经济空间模型的研究、零售业和服务业的区位布局、规模和空间模型的研究方面都发挥了举足轻重的作用。

在关于商圈计算方面，哈夫（1963）[②] 提出的哈夫模型（Huff's model）被认为是迄今为止计算商圈最有效的方法之一。哈夫模型提出了购物场所各种条件对消费者的引力和消费者去购物场所感觉到的各种阻力决定了商圈规模大小的规律。哈夫认为从事购物行为的消费者对商店的心理认同是影响商店商圈大小的根本原因，商店商圈的大小规模与消费者是否选择该商店进行购物有关。

1.3.2　国内研究综述

国内关于商圈的建设研究已突破早期的商圈电子地图，Wi-Fi 基础设施提供等内容，目前研究主要集中于智慧商务、智慧生活、智慧管理和智慧服务等方面的转型升级，且大部分研究是基于国外研究的基础上展开的。例如，蔡国田和陈忠暖（2004）对广州市北京路商圈和天河商圈的发展进程、范围大小、区位条件进行了研究，指出其在发展中应该扬长避短，在竞争中合作，以提升商业集聚能力和扩散能力[③]。随后，李文翔、曾素芬等人（2007）针对天河商圈后续发展中存在的问题，对其如何提高国际影响力和竞争力提出了相应的对策建议[④]。

①　冯旭，鲁若愚，刘德文. 零售商圈的吸引力分析 [J]. 商业研究，2004（24）：117-120.
②　Huff, D. L, A Probability Analysis of shopping Center Trade Areas [J]. Land Economics, 1963（53）：81-90
③　蔡国田，陈忠暖. 广州市北京路商圈与天河商圈竞合发展探讨 [J]. 云南地理环境研究，2004（04）：70-74.
④　李文翔，曾素芬，周登杰. 天河商圈竞争力及其开发策略 [J]. 现代商业，2007（13）：50-52.

张宇和吴憬（2007）分析了传统 Huff 概率模型的弊端，从零售业之间的竞争关系的角度改进了原模型，制定了商圈测定方法①。王兆峰、胡郑波（2008）利用 Huff 模型、AHP 分析法，分析了商圈消费环境对零售企业扩张的四个影响方面，提出改善消费环境、加强文化建设、创造消费者的有效需求等促进零售企业扩张的对策②。李玮、王跃、范兴丰（2007）说明了互联网技术对传统商业的颠覆性。智慧商圈的建设应建立以互联网为中心的智慧信息服务平台，实体商圈才能实现可持续发展，管理更高效，服务更精确③。

杨青青、黄文（2012）提出建立商圈的组织、管理、运作及服务标准体系，以取得最大的社会和经济效益④。李冰（2015）总结了互联网对零售企业商业模式创新的作用，认为线上线下融合是趋势，而不是互相取代。在互联网思维下的模式创新，重点在于如何整合资源，实现多元的盈利模式⑤。宋瑛（2018）主要从主体关系方面进行阐述，认为智慧商圈是利用当代的信息化手段，重塑消费者与商家之间的关系，打造商业发展的新形态⑥。范伟、刘海（2018）认为智慧商圈利用数据决策和信息管理来改善商圈环境和运营，并通过对传统商业的能力进行提升和创新传统模式，实现商圈总体服务水平的提升，以达到提高用户体验的目的⑦。徐龙章（2018）认为智慧商圈是实现商圈用户体验人性化、商家营销服务精准化、管理者运维管理精准化和消费环境融合化的新型商圈形态，是实现"互联网+商圈"发展的创新模式⑧。

1.3.3　研究评述

总的来说，国外对智慧商圈的研究比较早，其研究主要侧重于区位选择及定量分析模型的建立，对于我国智慧商圈的建设具有一定的借鉴意义。国内对于智慧商圈提出的时间较晚，而且缺乏比较全面和系统的理论研究；同时由于相关理论研究方面的欠缺，国内对智慧商圈建设实践方面也难于提出针对性较强的对策。

本章将在借鉴国内外相关理论体系的基础上，通过对智慧商圈实践经验的归纳，以重庆智慧商圈为例，分析探讨其存在的问题，并尝试提出对应的解决对策。

1.4　研究内容

基于国家大力推出"互联网+"以及建设智慧商圈的背景之下，本章对国内外有关智慧商圈的理论进行梳理，研究分析传统商圈发展存在的问题，同时结合重庆市智慧商圈的发展现状，分析其存在的问题；然后在吸收借鉴国内外智慧商圈建设实践经验的基础上，针对重庆智慧商圈存在的问题提出相应的解决方法。基于以上目标，本章的主要研究内容如下。

① 张宇，吴璟. 基于零售物业竞争关系的商圈测定方法 [J]. 商业研究，2007（08）：194-197.
② 王兆峰，胡郑波. 消费环境与零售企业扩张研究——基于 Huff 模型的商圈分析 [J]. 消费经济，2008（01）：47-50.
③ 李玮，王跃，范兴丰. 移动互联网时代下的智慧商圈虚实融合发展研究 [J]. 商场现代化，2017（12）：1-3.
④ 杨清清，黄文. 基于商家联盟的商圈服务标准化建设 [J]. 标准科学，2012（09）：39-43.
⑤ 李冰. 互联网思维下我国零售企业商业模式创新研究 [D]. 吉林大学，2015.
⑥ 宋瑛. 上海推进智慧商圈发展的对策建议 [J]. 上海商业，2018（12）：49-53.
⑦ 范伟，刘海. 智慧商圈系统的设计与实现 [J]. 上海船舶运输科学研究所学报，2018，41（04）：52-58.
⑧ 徐龙章. 智慧城市建设与实践 [M]. 北京：中国铁道出版社，2018：80-85.

第 1 节，介绍本章研究的背景，分析传统商圈存在的问题，对国内外学者的研究理论进行整理，提出传统商圈进行转型升级的理论意义和现实意义，指出建设智慧商圈的必要性。

第 2 节，介绍智慧商圈的相关理论。总结归纳智慧商圈的相关概念、体系和发展趋势，为相关对策的提出提供理论基础。

第 3 节，对重庆智慧商圈发展现状进行分析，总结重庆智慧商圈的发展过程以及现有的建设情况，探究重庆智慧商圈目前存在的主要问题。

第 4 节，对国内外其他智慧商圈建设的实践经验进行整理与总结，并提炼出适合重庆智慧商圈建设的方法，为其提供借鉴。

第 5 节，根据上述的理论基础和实践经验，针对重庆智慧商圈存在的问题提出相应的解决对策，使重庆智慧商圈的发展更具科学性和合理性。

第 6 节，对本章的研究内容进行总结，提出存在的局限性，并对未来进一步的研究进行展望。

1.5　研究方法

第一，文献检索法。通过搜索中国知网数据库、万方数据库、维普数据库等数据库，主要收集国内外关于智慧商圈发展建设方面的政府政策、期刊论文与相关专著。

第二，案例分析法。以重庆市智慧商圈建设为研究对象，并将其与北京、杭州、法国巴黎、美国家居品牌等智慧商圈的建设实践进行对比分析，提出针对重庆智慧商圈建设的合理建议。

第 2 节　智慧商圈相关理念及发展趋势

2.1　智慧商圈的概念

目前对智慧商圈没有明确的定义，不同学者对其概念从不同的角度进行了研究。

国外学者格雷斯琴和莱特纳（2009）对智慧购物空间进行了定义，将其定义为互动合作式的购物场景。在这个空间内，消费者使用智慧化的设备和技术与商家进行交流合作，参与个性化服务的创造与输出[1]。潘塔诺和蒂默曼斯（2014）把智慧零售空间作为传统零售行业未来发展的新模式，并将信息通信技术作为驱动消费者改善生活品质的重要力量[2]。

---

[1]　Kim J, Fiore AM, Lee HH. Influences of online store perception, shopping enjoyment, and shopping involvement on consumer patronage behavior towards an online retailer [J]. Journal of Retailing and Consumer Services, 2007, 14 (02): 95-107.

[2]　Pantano E. Timmermans H. What is smart for retailing?　[J]. Procedia environmental science, 2014, 22 (01): 101-107.

国内张子卿（2014）提出，智慧商圈是基于 O2O 模式，将线上线下的服务有机融合，借助信息技术系统，提升商圈服务水平，促进商圈发展繁荣①。龚义涛（2014）认为，智慧商圈是以线上线下结合的方式，主要以线下为中心的 O2O 场景，针对用户的行为轨迹提供个性化服务，而针对商户则提供精准营销服务②。陈晓明（2018）认为智慧商圈是实体商圈利用信息技术手段，提升数据处理分析能力，形成商业数据采集、分析于一体的一个闭环③。叶如锐（2015）则认为，智慧商圈是连接人与商品、商铺的管理信息系统④。

综上，所谓智慧商圈就是一种主动服务与智能服务、主体服务与个性化服务相结合的一种服务模式。智慧商圈是以信息化手段为主，打造一个集商业、商务、旅游、休闲、文化、服务等于一体的综合性服务平台⑤，其最终目的是为商圈内消费者提供更加舒适、便捷和人性化的消费服务。

2.2　智慧商圈体系

智慧商圈涉及的主体主要有：政府、运营商、解决方案提供商、内容及业务提供商以及最终用户等⑥。

政府的主要职责是把握智慧商圈整体长远规划，加强与智慧商圈各个主体之间的联系沟通。运营商负责的是建设智慧商圈的基础设施，比如宽带网络的建设。解决方案提供商负责提供咨询和提供项目的具体方案。内容和业务提供商是为了提供更为个性化、定制化的服务。最终用户是智慧商圈的主要服务对象，同时也能为智慧商圈的建设提供反馈与建议，以促进商圈更好更快发展。

智慧商圈的核心部分主要有：公共 Wi-Fi 网络、客流统计、店家 APP 推送、智能导购、智能停车场及应急系统。

其中公共 Wi-Fi 网络是比较重要和核心的部分。用户通过移动智能设备，如智能手机、智能手表等连接商场内的无线网络，一方面用户可以通过网络登录商场的 APP 或者网页，浏览相关的店铺信息、位置及一些优惠活动等。另一方面，商圈利用移动互联网定位技术和云计算技术等收集客户的信息，可以获得与消费者消费行为有关的大数据。当消费者进入商场后，通过移动互联网定位技术，可以收集到其消费路线和消费喜好；通过移动互联网技术，收集客户达成的交易类型；最后，通过云计算等技术还可以掌握客户的消费习惯，通过商圈的 APP 等为客户推送商品信息，提供个性化和定制化的服务。同时，因为商圈与人之间是相互感知的，通过收集到的信息，对商圈内的物流、库存等一些有关内容进行整合，传送到商圈网站或者 APP 中，让客户能够随时随地体验到商圈的贴心服务，提高商圈的影响力和客户黏性。具体如下图 8.1 所示：

① 张子卿. 智慧商圈中个性化推荐系统的设计与实现［D］. 上海交通大学，2014.
② 龚义涛. 智慧商圈创始人、前万达电商总经理龚义涛——智慧商圈：购物中心未来之路［J］. 信息与电脑，2014（07）：36-39.
③ 陈晓明. 智慧商圈的建设思路和体系架构［J］. 上海商业，2018（03）：14-15.
④ 叶如锐. 智慧商圈中信息交互与应用服务支撑平台的研究［D］. 上海交通大学，2015.
⑤ 齐晓斋. 智慧零售与智慧商圈［J］. 上海商业，2018（03）：12-13.
⑥ 徐龙章. 智慧城市建设与实践［M］. 北京：中国铁道出版社，2018：80-85.

图 8.1 智慧商圈核心内容①

智慧商圈的建设主要从以下三个方面展开。第一，建设面向消费者的智慧服务平台，为客户提供个性化定制服务，让客户感受到创新性的消费体验。第二，建设面向商家的智慧服务和管理平台。第三，建设并逐步形成区域商业智慧管理和创新发展的平台。大致情况如图 8.2 所示：

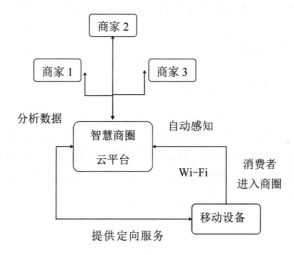

图 8.2 智慧商圈建设框架②

智慧商圈就是通过各个部分，利用互联网整合商圈内的资源，为顾客提供个性化与定制化的服务，以此来提高用户体验，实现传统商圈的转型升级，实现人与商圈之间的互动，打造智慧城市在商业领域的新发展。

---

① 姚海凤. 重庆商圈经济运行情况研究［J］. 现代商贸工业，2016（28）：12-13.

② 资料来源：根据本论文内容整理.

2.3 智慧商圈的发展趋势

2.3.1 国家政策和社会资本支持

国务院办公厅《关于推进线上线下互动加快商贸流通创新发展转型升级的意见》[国办发（2015）72 号] 这一文件中提出，为激发实体商业发展活力，要推进一系列零售业的改革举措。第一，实体店要利用互联网技术进行智慧化和数字化改造。第二，互联网企业与实体店进行合作，将线上交流互动、精准营销等优势与线下真实体验、物流配送等优势相融合。第三，完善商圈内有关智慧化的基础设施建设，智慧交通、智慧商务等各项功能要同步配套。第四，智慧商圈应逐步建立完善与消费者相关的制度和体系，切实提升和保障消费者权益。

国家为推进智慧城市的发展，推出了一系列相关政策、完善了许多有益于智慧商圈发展的配套设施。目前国内智慧商圈正在稳步发展，上海、重庆、杭州、北京等城市在智慧商圈建设中不断探索，取得了相当不错的成效，为后来其他发展智慧商圈的城市积累了大量的宝贵经验。

除政府以外，有一定资本实力的大型传统商业企业也开始大量渗入智慧商圈的建设中。为适应互联网时代的发展需要，企业自身面临转型升级的压力。因此，具有前瞻性视野和资本优势的企业正在投入大量资本积极探索发展智慧商圈。这一做法在资金融通方面更好更快地推动了智慧商圈的发展，同时也在一定程度上减轻了政府在财政方面的压力。

2.3.2 基于互联网技术水平下的快速发展

智慧商圈的建设要融合大数据、移动互联网、智能传感器、云计算技术等。国内外科技水平的快速发展，为智慧商圈的建设提供了必要的技术支持。同时，在国家和社会大量倡导"互联网+"的社会氛围下，传统商业企业必须顺势而为，不断对传统商圈进行转型升级。可以预见，未来线上线下消费联动、非常发达的智能物流配送网络将极大助力智慧商圈的发展步伐，足不出户便可满足人们的日常购物需求，日益成为人们的主要消费方式。

2.3.3 智慧城市建设的推动

2011 年，我国东部少数城市开始探索智慧城市；到 2013 年，随着国家智慧城市试点名单公布，智慧城市建设开始在全国大范围推进实施。我国全部副省级以上城市、占比达到 89% 的 241 个地级及以上城市，以及占比达到 47% 的 51 个县级及以上城市都在积极布局和推进智慧城市建设①。截止到 2019 年底，我国智慧城市已经超过 700 个试点。据国家信息中心数据，我国智慧城市投资规模在"十三五"期间将达到 2.5 万亿以上，预计到 2021 年市场规模将达到 18.7 万亿，并且未来将保持 30% 以上的增长。

目前，为了提升城市居民的生活环境和城市品位，我国更多的城市从智慧养老、智慧健康、智慧教育、智慧旅游、智慧交通、智慧家庭等方面积极参与智慧城市的建设发展。

---

① 展望雄安新区：如何建设智慧城市 [EB/OL] http://www.doc88.com/p-1708424468648.html，2019-03-12.

未来城市的发展一定会更加个性化，更加智能化，智慧商圈作为智慧城市发展中不可或缺的一部分，必须和其他业态协同发展，以共同推进智慧城市的建设发展。

第 3 节　重庆智慧商圈的现状及问题分析

3.1　重庆智慧商圈现有建设情况分析

3.1.1　重庆商圈的发展过程

重庆市特殊的多中心、组团式城市布局结构影响重庆商圈的布局。1997 年重庆市委、市政府将商圈建设作为城市改造的突破口，以解放碑为中心建立了解放碑中心购物广场，这也是中国第一条商业步行街，具有开创性意义。2003 年，重庆市的第二个城市商圈——沙坪坝区三峡广场建成，同时江北区政府建成观音桥商圈；之后随着杨家坪商圈和南坪商圈的相继完工，重庆市形成了以解放碑商圈为中心的主城区五大商圈的格局。

2010 年，重庆市政府根据重庆大城市、大农村并存的发展格局，决定将商圈建设推广到基层，打造三级现代商圈体系，即中央商务区、城市核心商圈、社区便民商圈（乡镇商圈）三层[1]。2015 年，为了顺应商圈的发展，重庆市政府在三级商圈的基础上筹划增加建设城市次级商圈，这样现代商圈体系的发展由原来的三级演变为四个层级，并由此确立了"1+18"主城区的商圈布局（即 1 个中央商务区+18 个城市核心商圈）。当年解放碑商圈零售额达到 482.5 亿元、观音桥商圈 327.2 亿元、南坪商圈 310 亿元、杨家坪商圈 350 亿元[2]。2017 年重庆市五大行政区的社会零售总额为 2725.9 亿元，其中各商圈具体情况如下图 8.3 所示。

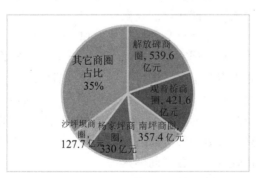

图 8.3　2017 年重庆市社会零售额[3]

---

①　曾蓼，重庆城市核心商圈发展浅析 [J]．经营管理者，2016（12）：79.

②　姚海凤．重庆商圈经济运行情况研究 [J]．现代商贸工业，2016（28）：12-13.

③　资料来源：中国指数研究院．2018 年重庆商业地产竞争加剧：租金分化，五大商圈抢七成人气 [EB/OL]．http：//www.askci.com/news/chanye/20180906/1532191131279.shtml，2018-09-06.

由图 8.3 可知，重庆市 2017 年约 65% 的零售额来自五大商圈，可见这五大商圈具有很强的消费辐射力和强劲的人群吸附力。同时为了避免商圈同质化现象的出现，重庆市政府鼓励商圈进行差异化经营，突出自身的特色，错位发展，于是各个商圈在发展过程中逐渐形成了自身的商圈特色。其中，观音桥商圈是全国首个中国商旅文产业发展示范商圈，解放碑商圈打造全国首个 LED 双屏互动创意景观，杨家坪商圈以"创意文化"为特色主题进行改造等。而随着重庆经济社会的发展，以五大商圈为主开展智慧商圈建设成为重庆市商圈未来的发展方向。

3.1.2 重庆智慧商圈建设现状

（1）政府提出智慧商圈建设方案

重庆市政府将智慧商圈建设作为推动传统商圈转型升级的切入点和突破口。2015 年重庆市政府印发了《重庆市智慧商圈建设实施方案》，提出建设全市智慧商圈信息服务平台，利用物联网、云计算和大数据等先进技术，增强智能化服务功能，提升商圈服务体验，促进商圈线上线下融合发展。政府发挥自身的组织协调能力，对智慧商圈建设进行科学规划，从总体上进行统筹，有计划、分层次、分阶段进行智慧商圈建设。政府充分发挥市场配置资源的决定性作用，引导企业积极参与智慧商圈的建设，探索有效的市场运作机制，建立智慧商圈发展的新模式。

（2）重庆智慧商圈特点

第一，在分步实施的基础上实行重点突破和示范带动。

重庆市政府的智慧商圈建设分为三个阶段。第一阶段进行试点。2013 年开始在南坪、观音桥两个商圈进行试点，2016 年已基本完成了商圈内基础设施建设，并投入运营。第二阶段完成主城区的覆盖。2017 年形成市级的智慧商圈中控平台，以及覆盖主城区的智慧商圈网络，智慧商圈移动终端 APP 和商圈网建成使用。第三阶段是全面推广。到 2020 年实现全市智慧商圈网络全覆盖，全面完成"六个智慧化"商圈建设，即智慧商业、智慧交通、智慧政务、智慧公共服务、智慧物流、智慧金融。

第二，以分级建设为主的商圈建设创新模式。

全市智慧商圈在重庆市商业委员会的统筹规划和统一指导下进行。首先构建市级的智慧商圈服务平台，然后各区县根据本地的实际情况，自主建设合适的区县智慧商圈分级平台。最后，将区县平台介入市级平台，进行互通互联、信息共享。在模式上建立多元化合作、多渠道投资的市场运作机制。借助现有的通信资源，与通信服务企业如移动、联通、电信进行合作，推进智慧商圈内的宽带、无线网络等基础设施建设。与互联网企业合作，依托互联网企业的云计算、大数据等资源，建立智慧商圈云平台等。

第三，借助相关扶持政策助力智慧商圈建设。

重庆市政府十分重视智慧商圈建设，投入大量人力、物力、财力进行配套基础设施建设。充分利用土地政策支持、筹集专项资金支持、积极争取中央政策支持及城市建设优惠政策。建立相关协调机制，对智慧商圈的建设工作实行审批绿色通道制度。除此之外，政府还对达到标准的商圈给予一定的奖励。在宣传方面，将智慧商圈与当地电视台、当地马拉松比赛及公益项目进行合作，提高智慧商圈的曝光率和影响力。

（3）重庆市智慧商圈现有建设情况

①总体情况

通过对重庆各大智慧商圈建设情况分析可知，目前智慧商圈商务建设主要体现在智慧交通、旅游、楼宇、商圈的管理、"互联网+"体验、跨境电商等的使用。从 2016 年发表的《重庆商圈发展报告》中看，目前重庆市智慧商圈实现的功能有：一是在观音桥、南坪商圈和南滨路等地区实现了免费 Wi-Fi 覆盖，实现了信息的即时获取。二是 O2O 电商平台的搭建，并积极拓展介于第三方支付和商户之间的第四方支付，主要在智能终端设备和微信公众号平台完成。三是开通商圈金融服务平台，有效缓解融资难等困扰。四是搭建商圈社交平台，打通年轻人市场，发展渠道电商模式。五是建成便民生活和政务服务平台，可以即时查询政府信息以及商圈公共服务设施。六是加快建设商圈智能停车引导系统，建成 3D 虚拟商圈。七是借助智慧商圈平台，开展商圈促销活动；引入跨界资源、服务和产品，促进商圈客流量的提升。八是参与商圈运营，打造具有特色的常态化、品牌化商圈活动，构建差异化发展模式①。

②具体情况

第一，解放碑商圈。解放碑商圈主要打造"互联网+"时代的商圈建设，形成"1+3"的智慧商圈体系。其中"1"指的是开放式公共服务平台，"3"指的是智慧交通、智慧旅游和智慧楼宇三个方面。第一，解放碑商圈与优财支付、云威科技、大渝网等机构开展项目对接，打造以"爱尚解放碑"微信公众号为基础的智慧商圈平台。第二，由日月光广场与优财支付公司合力打造的重庆首个智慧停车场。同时，解放碑商圈与滴滴公司确立滴滴打车点相关事宜，将其纳入滴滴巴士全国试点城区，积极利用互联网思维解决商圈内的交通问题。第三，开展特色营销活动，如一元购活动，在春节期间以一元为引爆点，通过线上购买线下消费的模式，不断吸引和提升客流量，扩大商圈销售额。

第二，杨家坪商圈。和其他智慧商圈建设不同，杨家坪商圈注重打造人文智慧商圈，主要从两个方面进行。一是打造交流与宣传平台。针对移动设备用户，杨家坪商圈搭建了"九龙淘""羊圈"等服务平台，直接打通了商家和消费者之间的沟通交流。商家在平台上宣传和发布促销信息，而消费者通过登录浏览这些平台并根据自己的需求，进行信息筛选和消费选择；而商圈管理者利用这些平台收集商家和消费者的意见、建议及其他有利于商圈管理的信息，由此进行科学的统筹规划，提高商圈管理水平，促进商圈的发展。二是智慧化的商圈管理。对于城市管理人员和保洁人员等，提供智慧穿戴设备，相关数据通过智能传输，进行自动管理考核，有效提高了商圈管理水平，极大限度节约了管理成本。

第三，南坪商圈。南坪商圈在近年发展过程中不断改造升级，形成分区错位的发展模式。南坪商圈现处于发展的第四阶段——"互联网+"引领商圈转型阶段。在硬件设施方面，已完成商圈核心区域的基础设施建设，实现核心区域免费 Wi-Fi 全覆盖并对此进行了技术升级。智慧交通方面，南坪商圈原本就拥有全国领先的四层立体交通系统，在此基础上，南坪商圈打造停车诱导系统，在各个停车场入口基本布设了 3 级诱导系统。此外，南坪商圈还建成了重庆首个智能停车收费系统。

---

① 搜狐网. 重庆商圈怎么建，看《重庆商圈发展报告》 [EB/OL]. http：//www.sohu.com/a/126632345_124722，2017-02-19.

在智慧商圈运营方面，南坪智慧商圈的发展核心是推动商家和消费者之间互动融合。南坪商圈和澳达科技公司倾力合作，凭借智慧商圈平台、Wi-Fi全覆盖、微信公众号及APP等入口引导众商家开展丰富多彩的O2O营销活动。截止到2019年末，该商圈范围内已引导超过4200家商户入驻商圈智慧平台，日均人流量高达30万人。同时，南坪智慧商圈还借助现有社交平台，如商圈微信公众号平台、商圈微博入口，不仅能够保持与消费者的联系，还能整合有关旅游、文化等数据资源，助力商圈转型为体验社交中心。南坪智慧商圈还建设智慧体验街，打造顶级的互动体验式数码世界MAIL，塑造全新的体验式消费模式。

第四，观音桥商圈。观音桥智慧商圈将传统商圈与电子信息平台相结合，构建方便快捷的消费系统。观音桥商圈通过基础设施平台建设和应用系统开发，在构建"三平台一中心"的同时，搭建"网上观音桥"，建成商家广泛参与、消费信息随时获取、商圈形象和服务品质明显提升的智慧商圈系统。在硬件设施建设方面，观音桥智慧商圈集合移动终端APP、Web、智能触摸屏终端为一体，可为用户提供内容极其丰富的功能，提升了用户体验。截止到2019年，观音桥商圈内上线运行四十多台智能终端设备，实现了Wi-Fi全覆盖，Wi-Fi注册用户58万，已有2800家商家加入了观音桥智慧商圈平台；已完成二十二台智能垃圾箱的安装并投入使用。在智慧项目推进方面，商圈积极鼓励并助力企业引进互联网思维。

第五，大坪商圈。大坪智慧商圈建设主要从四个方面进行。一是智慧停车。该商圈停车系统实现不停车收费，其中"智慧停车"实现车位预定、车库内部导航等功能，并且车主可使用银联卡、微信、支付宝等自助缴费，提高车库资源利用率。二是体验式商圈。大坪商圈设立"十分钟社区便民商圈"，如设立代收代缴网点、品牌连锁企业进社区等；停车场内还布局有停车反向寻车系统、间接飞天梯，提供母婴室、免费轮椅、雨伞等设施。三是智慧网络。商场内Wi-Fi全场覆盖并且免费，与龙湖"晓天街"APP协同打造智能化的购物中心。同时，商圈还设置微信公众号、微博等，建立商圈主体之间沟通交流的重要平台。借助这些平台，商圈进行各类数据整合促使商圈转变为一个体验与社交中心。四是商圈运营管理智慧化。西南最大、重庆首家小米直营店在龙湖时代天街隆重开业，由"维修"变"销售"，提升商圈特色。由过去的小米手机、电器维修点变成直营店，使得其服务功能升级转变为集形象展示、产品体验咨询、销售功能于一体的线下直营店。

总之，重庆智慧商圈经过几年的建设发展，已经取得了一定的建设成效。主城区主要商圈的智慧商圈设施建设基本完善，未来重庆智慧商圈建设重点将辐散到小商圈及县级商圈中去。

3.2 重庆智慧商圈建设存在的主要问题

3.2.1 智慧商圈运行主体相互牵制

重庆市智慧商圈是由政府进行整体设计规划，由企业主导建设，市场各方参与的建设模式。政府作为建设主体可以使重庆智慧商圈建设在一定程度上能够得到政策的支持，减少了很多烦琐的程序；同时政府也可以在宏观层面进行整体考虑，并结合当地的文化特色，使智慧商圈具有一定的优越性。需要指出的是：第一，各个政府部门之间基于政绩导向考量，易于形成相互牵制的被动情形，涉及很多历史遗留难题，需要有关部门耐心做好相关统筹协调工作，满足各个独立主体的诉求。第二，各个商圈中的商家对信息和数据的开放存在一定程度担忧，因此商家之间难以共享消费数据和信息。商圈各自为政的运行模式，导致商圈内商家对商圈管理平台的不信任以及商圈整体风险管理水平不高；同时，各自为政的运行模式还会给物业公司带来负面影响，造成停车场信息开放的压力。

由于智慧商圈建设涉及的行业与市场主体众多，需要各个行业与市场主体之间相互协调配合；再加上各自对于智慧商圈建设的认知不同，利益主体之间关系复杂，导致资源整合难度加剧，给智慧商圈建设带来很大的阻力。

3.2.2　缺少相应的法律制度保障

智慧商圈的建设是政府、商家、技术平台运营商等多方参与建设的数字化智能商圈运营模式，重庆市政府相关部门的制度建设相对滞后，跟不上智慧商圈的发展步伐，因此容易造成各市场主体之间相互牵制、互相推卸责任等问题出现。另外，由于智慧商圈是新型的商业模式，国家和重庆市政府在法治建设和市场监管上缺少对这一方面的相关规范，因而容易引起少数贪图利益之人钻法律的漏洞，做出有害智慧商圈发展和社会大众利益的事情。

3.2.3　缺乏统一的建设标准

智慧商圈的建设是对传统商圈进行升级改造，依托互联网、云计算和大数据等现代信息技术，打造一个个性化的、以消费者需求为核心的数字服务系统。但是目前重庆市很多区域在建设过程中缺乏科学的统筹规划，关注一些细枝末节上的小问题，宏观整体规划观念欠缺。其实，由于我国的智慧商圈建设还处于探索期，很多城市的建设过程都是摸着石头过河，没有形成统一的可操作标准。如果各个商场依据自己的需求和标准来建设，由于不同商圈对于智慧商圈的理念与理解不同，由此建造出来的智慧商圈就会不同，这必然会导致重庆市智慧商圈在后期的相互融合上出现问题，形成孤岛效应。反之，若是能够设立统一的标准，可以减少很多开发成本，还可以促进不同商圈之间的互动交流，开放共享，不但有利于建造重庆智慧商圈网络，更有利于重庆市经济社会的和谐发展。因此，重庆智慧商圈的建设亟须进行跨行业、跨部门的多方面协调。

3.2.4　各商圈同质化问题突出

自重庆市开始建设智慧商圈以来，重庆各大商圈各自为政，以各自商圈为核心开展有关建设。大部分商圈为满足区域内的消费全需求，还必须承担其本身应有的区域性商业中心功能，其结果必将导致商圈之间同质化问题突出，各商圈缺乏自身特色，商圈顾客黏性较低，最终造成商圈客流量的下降和利润的降低。同时，各个商圈之间的良性友好合作开展得较少，各商圈出于利润最大化的考虑多自己埋头苦干，决策者忽视了商圈之间的合作能够节省很多设计成本、开发成本以及建设时间，造成了大量人力、物力和财力的无谓浪费。这样最终造成商圈的标准不统一、同质化、恶性竞争问题严重，不利于重庆市智慧商圈网络的形成。

3.2.5　综合性管理人才缺失

智慧商圈的建设与运营需要大量掌握和熟练应用云计算、大数据、物联网等高新技术的专业人才。而智慧商圈的管理较之前的传统商圈而言，要求管理者不仅应具备基础管理知识，更应掌握与智慧商圈运营相关的高新技术。因此，要想顺利实施智慧商圈建设，重庆市急需培养和储备大量综合性的智慧商圈建设人才。众所周知，科技人才的培养并非一朝一夕就可以完成。由于掌握云计算、大数据、物联网等高新技术具有相当的难度，因此必须未雨绸缪。

目前，重庆市乃至我国智慧商圈综合性管理人才缺失的主要原因是我国智慧商圈尚处于初级发展阶段，很多城市都是摸着石头过河，把重点放在了商圈基础设施建设方面，而对智慧商圈建设相关的综合性人才培养的紧迫性和重要性认识不足。

3.2.6　线上线下融合不足

电子商务和线下实体店相融合是时代发展的必然趋势，可以赋予消费者更多的消费体验环境，满足个性化的消费需求。同时，线上线下协同发展还能使商圈获得更稳定的客流量以及销售量。但是，由于商家设计的员工薪酬标准体系，使得员工之间出现恶性的业绩竞争现象，导致线上线下协同发展处于无序状态。这一矛盾加剧了内部矛盾，阻碍了线上线下融合的步伐，限制了智慧商圈的发展。

3.2.7　消费环境建设不够完善

智慧商圈的建设目的就是为消费者提供智能化与个性化的服务，因而在智慧商圈的运营过程中，要特别注重建设良好的消费环境，提升消费者的消费体验。但是，在智慧商圈建设过程中由于缺少相应的合理设计与规划，因而商圈的消费环境难以满足广大消费者的心理预期。

就商圈内智能停车场的建设来说，重庆市部分商圈管理者对车位的统计分析就缺乏科学管理。虽然重庆市商圈一直致力于打造智能停车场，但目前部分商圈内的停车场引导功能还不是很完善，客户只能知道停车场有多少空缺车位（如图 8.4），但不知道具体空缺车位的位置，无法将消费者准确引导到停车位，客户需要花费较多的时间来寻找空车位。

图 8.4　重庆某商圈车库示意图①

---

① 资料来源：重庆智慧商圈微信公众号。

第 4 节 国内外智慧商圈的建设实践经验

4.1 国内智慧商圈建设实践

4.1.1 北京西单——国内首个商圈资源整合

2015 年 11 月 11 日，北京西单启动了智慧商圈 3.0，即"大平台构建+多平台积累+全平台整合"的 3.0 智慧生活新模式①。所谓 3.0 时代即不再局限于 2.0 时代的购物中心一站式体验，而是让消费者置身互联网的海洋中，其中主要涉及以下措施。

（1）选择智慧图科技公司作为智慧商圈技术整合者，多平台合作

随着实体商业进行互联网转型的热潮，西单大悦城在初期进行了线上线下融合尝试，选择与智慧图科技公司合作。该公司首先在商圈内布置了几十万台 ibeacon 设备，构建了连接商家与顾客的平台。通过"Wi-Fi+iBeacon"技术，将西单商圈的目标定位为"一个多维度线上线下深度融合的大平台"。在项目开发建设初期，还和微信平台合作举办"摇一摇"活动，将线上会员引流至线下，为平台后期发展打下基础。除此之外，智慧图还设计了一款 AR 打怪游戏，客户可以玩游戏赚取积分，同时还能获得商场优惠券；另外，该项目还搭建了一个小型的社交平台，客户之间还能互相邀请与交流。智慧图科技公司还为大悦城量身定制了微信会员小程序，使用电子章在手机上盖章完成积分，节省了很多人工操作录入积分的烦琐程序，大大提高了用户的体验感②。

（2）大悦城自身搭建了互动营销及微信智慧运营平台

通过此平台，让客户随时掌握商城信息，了解客户需求。平台自 2015 年 11 月开通运行半年以来，商城会员增长到近 26 万，月活跃度达到 90%。西单商圈已优化升级为一个基于移动互联网，通过大数据分享、多平台联动、智能设备使用等技术手段，实现商圈内各实体商业客流共享的开放大平台③。

（3）打造"悦云"系统，合力效果明显

"悦云"系统是以数据资产为核心，以客流和商户运营为主线，帮助西单大悦城实现精准客流、智能营销、科技与体验的完美结合。通过系统的精确计算，为商户提供营销方案，迎合消费者的购物需求，减少各种不必要的中间环节，提高了商场的客流量和商场的交易量，实现了消费者和商户的双赢。

---

① 王华风. 西单智慧商圈启动，购物体验全新体验升级 ［EB/OL］. http：//www. sohu. com/a/41383786_117848，2015-11-12.

② 和讯网. 让科技重新定义西单商圈 ［EB/OL］. https：//m. hexun. com/tech/2015-12-03/180961811. html，2015-12-03.

③ 王华风. 西单智慧商圈启动，购物体验全新体验升级 ［EB/OL］. http：//www. sohu. com/a/41383786_117848，2015-11-12.

4.1.2　杭州武林商圈——阿里巴巴打造未来商圈

2016 年，阿里巴巴携手杭州下城区政府，打造武林商圈，建设未来商圈①。通过整合移动电商支付和大数据平台，提供一站式的服务。通过武林商圈的 O2O 平台，将线下的信息资讯推送到线上，同时将线上客户引导到线下体验消费，致力于打造未来的智慧商圈。阿里巴巴将自己独特的互联网思维和互联网工具融入武林商圈的建设之中，减少了杭州市政府独自开发所需要的设计与开发成本。

（1）利用支付宝、淘宝等现有平台进行改造

在武林商圈，随处可见商圈二维码。用户通过淘宝或者支付宝扫描二维码，即可进入武林商圈的汇聚界面，在手机上虚拟一个"武林商圈"。不仅如此，用户可以直接在支付宝钱包的服务窗中添加"武林商圈"同步逛武林，既支持在线下单，也支持线下购买。同时用户还能通过支付宝领取商家会员卡，享受优惠活动。

除了消费功能以外，淘宝和支付宝还具有公共服务和商圈出行功能。阿里此次整合了移动电商、移动支付和大数据平台，几乎涵盖了阿里巴巴旗下的所有移动端产品，为武林商圈提供了一个整体解决方案②。

（2）全面免费 Wi-Fi 计划

在杭州武林商圈，通过连上"CBDfree"无线信号，就能免费上网，实现商圈内的无线网络全覆盖，建成信息高速网络，打造线上线下完美结合的统一市场。

（3）门店上线到平台，线上线下同步发展

杭州武林商圈将电商、大数据等植入到商圈的日常运营管理中，商户通过使用支付宝商户版 APP 和淘宝的导购宝，支持顾客线下试穿、线上下单。同时通过 APP，商户可以向客户在线发送优惠券，进行精准营销，提高了商户的销售收入。同时，阿里巴巴后台会根据商户 APP 收集到的数据为商户分析顾客的购买需求，帮助商户更好地进行营销策划。

经过阿里巴巴和杭州下城区政府的建设，杭州武林商圈逐渐建设完善了智慧商圈的基础设施，接下来将进一步借助现代信息技术向更加智能化的方向发展。武林商圈将继续利用阿里巴巴提供的支付宝、淘宝等移动端产品，结合其他软件平台，改善商圈的智慧交通、智慧金融等其他相关配套服务，以更好促进线上线下良性互动，提高消费者的购物体验。

4.2　国外智慧商圈建设实践

4.2.1　具有发达公共交通网络的法国巴黎拉德芳斯③

始建于 1958 年的拉德芳斯是巴黎首要的中心商务区，位于巴黎城市主轴线的西侧，

① 扬子. 阿里巴巴与杭州下城区推"未来商圈"布局线下［EB/OL］. http：//tech. sina. com. cn/i/2014-08-10/18249545 544. shtml，2014-08-10.

② 王秀清. 再造一个不可复制的"武林商圈"［J］. 杭州（周刊），2014（10）：18

③ 巴黎拉德芳斯商务区：全球第四大最具吸引力的中央商务区［EB/OL］. https：//www. skema-bs. cn/news/2017-11-22-0，2020-04-06.

是集商务办公、休闲娱乐、生态家居、购物于一体的现代化城区，是欧洲最具影响力的商务中心。该地区的交通系统极具特色，是世界仅有的行人与车流彻底分开、互不干扰的交通网络。该商务区的地面是商业和住宅区，地下是道路、地铁、停车场等各类交通设施，形成了高架、地面、地下三位一体的交通系统。值得一提的是，其地下交通有深层和浅层两种地铁服务系统，同时还包含了多个大型停车场。该地区发达的交通系统，为当地的消费者出行购物提供了良好的交通条件，为商业经济的发展营造了一个便利舒适的环境。

4.2.2　美国智慧大屏赋能新零售

全新智能大屏系统于 2018 年 9 月在美国家居品牌 HARBOR HOUSE、TAO、INK+IVY 共 72 家门店投入使用[①]。该系统由该集团自主研发，能够无限延伸门店商品和空间场景。每个门店配备的智能大屏系统能够让每一个客户实现自助购物、扫码分享、预约软装设计、漫游实景样板间、探寻居室灵感等功能。

首先，顾客可以全方位、多场景挑选商品，在品目上将心怡产品加入购物车，编辑数量，提交订单。其次，智慧大屏链路打破了传统门店的物理空间限制，各门店实时同步库存和调货，通过智能大屏即可一站式购物。不仅如此，顾客还可以根据自己的喜好，浏览大屏上的海量产品，自助搭配，化身搭配达人。此外，通过注册会员，顾客通过智能大屏也可预约一对一的个性化设计服务等。

美国家居品牌运营商通过智慧大屏助力门店实现数字化升级，实现了全渠道、多品牌的完美整合，达到了数字营销和门店实体营销的有机融合。

4.3　国内外建设经验总结

北京西单智慧商圈多平台之间的合作，整合了各自的资源优势，节省了开发时间和开发成本；在共享合作带来的效益时，也提高了自身品牌的影响力。而更加具有科技感的体验式消费和更加精准的营销推送，带给消费者不一样的消费体验，刺激了其消费需求。而杭州的武林商圈作为企业参与建设的智慧商圈，体现了开放性和共享性。政府和社会力量进行合作，可以弥补各自的不足，发挥各自的长处，进行更加高效的创新，为商圈发展注入活力。杭州武林商圈是阿里在"云+端"战略上的创新实践，也是地方政府、技术平台运营商与线下商圈协同合作的一次有益尝试，更有利于商圈的智慧化进程。国内的实践经验体现了各类资源的整合，以及不同市场主体之间的合作共赢。

而国外虽然没有完整的智慧商圈整体建设的案例，但巴黎的交通系统对于商圈内智慧交通的建设可以提供参考。美国的智慧大屏系统体现的是一个行业内各实体门店的信息互联与共享，其建设实践经验表明，通过借助现代科技技术，各商圈之间能够进行合作交流和资源共享，为消费者提供良好的消费环境，提升消费体验。

---

① 凤凰网商业 .INKIVY 门店智慧大屏上线，联合 HARBOR HOUSE 赋能家居新零售 ［EB/OL］. http：//biz. ifeng. com/a/20181008/45187012_ 0. shtml，2018-10-08.

第 5 节　重庆智慧商圈建设的建议

5.1　建立制度标准并统筹规划

智慧商圈的建设必须做好科学性、系统性的规划设计，才能使后续的工作更高效有序开展。智慧商圈建设涉及的层次多样，建设内容复杂，所以要确保每一环节都做到尽善尽美，就必须做好统筹规划和科学设计。

一方面，重庆市政府作为智慧商圈建设的重要角色，必须要事先做好智慧商圈的顶层设计，从全局出发做好规划，把握商户和消费者的整体需求，制定好智慧商圈建设发展的总蓝图。第一，要建立一套智慧商圈基础设施建设的标准和规范。商圈内的商户依据标准，统一建设相应的数据库和配备相应的智能设备，避免因标准不同和不匹配造成的资源浪费现象。第二，要研究和制定出具体的实施方案和相应的配套措施，确保每一个方案的科学性和可行性，保证每一个流程都能有序进行。通过严格监督和实施方案，使各商圈建设有统一的操作依据，从源头和制度上规避风险的发生。此外，为了使智慧商圈建设能够按照规划有序进行，必要时政府还要根据现实情况及时做出相应调整。

另一方面，重庆市政府要积极推动多种形式的智慧商圈建设模式。首先，智慧商圈建设需要社会各界力量的共同参与，不能单单依靠政府的力量。政府要调动包括企业、商户、社会资本、公众等社会力量，共同参与打造智慧商圈。其次，政府也要协调好参与智慧商圈建设的各个主体之间的关系，做好相关的利益分配与相应的责任划分工作，避免出现互相推诿和恶性竞争等问题。

5.2　资源共享打造重庆商圈网

智慧商圈的建设需要多方主体共同参与，利用商圈统一的数据库平台，进行资源共享，这样有利于深度挖掘和分析研究消费者的需求和商家的营销策略。同时，这也有利于管理者对商圈进行科学有效管理，加快推进传统商业转型升级，提升商圈的综合竞争力。不同平台之间应加强合作，如微信小程序、商圈 APP 等，以达到各平台之间取长补短，提供给用户多元化的参与方式和多元化的消费体验，不断提高用户黏性和用户的忠诚度。同时，利用微信的客户资源、微信公众号、微信支付、小程序等相关功能，可以拓宽智慧商圈的消费服务边界。

根据重庆商圈独特的地域优势，整合商家、商品、服务等各项资源，使各个商圈之间进行资源和信息共享，增强各个商圈之间的联系，建立统一的商圈基础设施建设标准，使商圈资源能够更好地共享、整合。要加快完成重庆主城区的智慧商圈建设，县级智慧商圈建设也要赶上主城区的建设步调，争取早日实现重庆全市智慧商圈服务体系全覆盖。

重庆智慧商圈网的建设不仅仅包括线下商场的整合，还应该融合线上电子商务共同发展。网上浏览预定、线下体验消费的新型消费模式，将助力重庆商圈早日融合线上线下商家，提高商圈消费的吸引力，实现各大商圈服务全面整合以及消费升级。

5.3　全方位多手段打造智慧商圈

重庆市在全方位和多手段打造智慧商圈的建设方面，应该主要进行下面的工作。

第一，在硬件设施建设方面，要注重智能设备的铺设。首先，重庆市智慧商圈的建设应投入资金建设大量智能触摸屏，让消费者能够随时随地找到触摸屏，并通过点击触摸屏相应图标进行商圈资讯、打折信息等查找需求。其次，建设覆盖全商圈的免费 Wi-Fi 网络，这是智慧商圈建设最基本的条件之一。此外，重庆市各商圈还可以设置人工服务中心，及时感知和反馈客户需求，为特殊客户，特别是婴幼儿和老人提供个性化服务。

第二，在软件设施建设方面，重庆市各商圈要建设商圈网内各商圈统一的平台、接口和清晰的分层结构（包括感知层、网络层、平台层和应用层）。统一的平台和接口可以推进各商圈的融合以及交流。当平台出现断点问题时，能够实时针对错误点进行续建，避免服务中断的情况发生。同时，重庆市各商圈对于移动 APP 和门户网站的建设也至关重要。信息化时代的消费者多数是借助 APP 或门户网站，进行商品选购、线上支付、接收商圈资讯和优惠活动等信息。因此，商家必须建设商家服务中心和海量数据库来匹配这种趋势，以不断提高商家的服务水平和服务精准度。利用 Wi-Fi 网络或者如北京西单大悦城的"Wi-Fi+iBeacon"技术，商家可以从中获取消费者的喜好、位置等相关信息，由此通过建立海量数据库打造商家服务中心。

商家服务中心包含商品系统、会员系统、营销系统、库存系统、订单系统、统计系统及物流系统。商家管理者通过对系统内的数据进行整理分析，可以进行精准的信息推送和营销战略的调整。而整个智慧商圈的管理者利用定位技术能够在消费者进入商场后进行快速感知，识别消费者身份，再通过数据库保存的历史数据，向消费者推送商圈信息，进行主动服务。智慧商圈建设发展后期，也要随着商圈的发展及时进行 APP 功能的拓展。

第三，智慧商圈管理者要建设中控平台。通过中控平台整合商圈资源和服务，实现商圈各类大小事务的实时可视化。进行大数据分析、监管和预测，商圈流量统计、监控和引导，提升管理机构、商业企业以及消费者三类主体之间的信息交流共享和服务水平，全面提升商圈管理服务、资源管理和调配能力。同时要将区县级智慧商圈与市级中控平台互联对接，重要信息与市级部门之间共享互通。

第四，要重视综合性人才的培养。人才是重庆市智慧商圈建设的核心资源。务必使人才的培养跟上商圈建设步伐，避免出现人才缺乏和培养断层现象。重庆市各类高校应开设专门的智慧商圈建设课程或是建立相关的培训机构；同时，各相关高校和培训机构还必须跟上时代发展的步伐，及时进行智慧商圈建设和管理相关的知识更新。

5.4　将商圈内实体店与虚拟经济相结合

重庆市智慧商圈建设过程中，可考虑建立商圈电子商务服务平台。商圈电子商务平台将线下实体商家与消费者联系在一起，二者进行信息和价值的双向传递，如图 8.5 所示。对于日常消费品，消费者可以在线上选购、预定和支付，由各商家进行物流配送。对于服务消费，也可以在网上进行选购、预定，然后凭网上支付凭证到实体店进行体验消费，享受商家提供的服务。这样不仅可以顺应电子商务发展的潮流，又能尽量避免实体店受到虚拟经济的冲击，继续保持良好的发展态势。

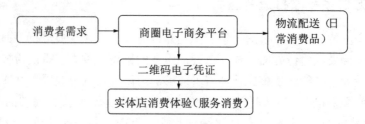

图 8.5　商圈电子商务平台①

除了建立电子商务平台，重庆智慧商圈建设还可以学习杭州武林商圈使用二维码应用技术。在重庆各商圈各醒目位置，如电梯内外、客服中心、走廊通道，设置二维码。消费者通过扫描二维码，就可以随时随地进行商圈资讯、商品打折信息等需求的查询。当客户搜寻到自己喜欢的商品或服务时，可以选择到店进行体验消费，这样不仅可以节省消费者盲目找寻的时间，又能提高实体店的有效营业率和销售收入。

重庆市智慧商圈电子商务服务平台建设可以选择某个科技公司作为智慧商圈技术整合者。专业的技术公司可以为商圈技术方面提供非常专业的技术支持，如云计算中心设备解决方案、网络安全解决方案、触摸屏技术解决方案等。这样，智慧商圈在建设过程中就可以快速查找问题根源和把握建设关键环节，节约商圈建设成本和建设时间，提高建设效率。此外，重庆智慧商圈建设还可以和某个科技公司合作，打造专属于本商圈的智慧商圈系统，帮助本商圈实现精准营销和智能营销。

第二，重庆智慧商圈还可以搭建微信智慧运营平台。这样，智慧运营平台的功能就不仅仅局限于本地商圈 APP，同时也能让外地游客快速了解重庆商圈发布的相关信息。

5.5　提高消费者的消费体验

智慧商圈建设的重要目的之一是为消费者提供个性化的服务，提高消费者的消费体验。为此，重庆市智慧商圈建设可以主要从以下几方面入手。

第一，要了解消费者的需求，从客户的角度出发进行智慧商圈建设。要了解消费者的潜在需求，重庆市各商圈必须进行相关的市场调研，收集消费者对智慧商圈建设的想法，在收集相关信息的基础上再进行智慧商圈建设设计。

第二，打造多元化的商圈环境，提高与用户的交互感。首先，商户可以通过商圈内的智能平台、手机等设备，通过发放优惠券、开发小游戏等方式，提高与用户的互动交流。其次，营造科技感的体验式休闲交互空间。把商圈打造成一个休闲娱乐和身心放松的场所，提高用户的参与感、获得感和满足感。

第三，定期对消费者的消费体验进行收集，并及时改进。对消费者反馈的智慧商圈建设不足之处尽快进行整改，并通过商圈网站和 APP 等渠道向社会大众公布实施计划与进展。同时，对智慧商圈建设提出有重大参考价值的意见和建议的消费者，商圈管理层可以

---

① 资料来源：根据本论文内容整理。

通过邮件、电话联系或者登门拜访等形式，对其表达最衷心的感谢。这样，智慧商圈的建设与社会大众之间产生了良性互动，对于满足消费者与时俱进的消费需求，提升消费者的消费体验、提高商圈的销售收入，对于商圈的长远健康发展都具有非常重要的意义。

5.6　建设商圈智慧交通

在智慧商圈建设过程中，智慧交通的建设对提升商圈的人流量和销售业绩有至关重要的作用。目前，重庆商圈内的智慧交通建议正在如火如荼的进行中。解放碑商圈打造的首个智能停车场、商圈内不停车收费等技术都取得了相当好的效果。对于重庆智慧交通建设，应主要做到以下几个方面。

第一，智能车位查询。当车辆位于商圈附近时，能够自动定位距离最近的停车位，便于客户在最短时间内完成停车进入商圈。第二，车位预定功能。通过移动设备提前进行车位预定支付，避免在赶到车位之前被他人抢占。第三，车位路线引导。重庆商圈现有的智能停车服务只能告诉哪个停车场有车位，而不能定位到具体位置。通过对商圈的信息化改造，可以借助短信或 GPS 功能指引，帮助客户准确快速找到停车位。第四，做好车位与车流量统计与分析，这是至关重要的一步。商圈管理者可以利用大数据、云计算等相关技术，做好车位、车流量统计与预测，使商圈停车顺利有序进行。

5.7　借鉴经验打造自身特色

重庆智慧商圈的建设可以借鉴北京西单资源整合经验以及杭州武林商圈政企合作经验，增加商圈建设备选方案的多样性和灵活性。各商圈管理部门可以聘请高水平设计单位、知名历史文化专家学者进行总体规划，也可以通过商圈 APP 和微信小程序邀请当地社会公众参与，深度挖掘片区的历史文化、园林景观等资源禀赋，着力打造一批具有本区域特色的商圈，这样不仅可以提升城市的品位，还可以通过吸引消费需求获得稳定的客流和购买力，避免商圈陷入同质化恶性竞争、两败俱伤的困境。比如，解放碑商圈可以因地制宜地发挥当地的资源优势，打造自己的特色商圈；杨家坪商圈可以打造人文商圈，使自身更具吸引力和竞争力。

第 6 节　小节

智慧商圈作为一种新型的商业模式正处于不断发展阶段，我国关于智慧商圈的建设也正在如火如荼地进行当中。任何一个智慧商圈的成功都是不可复制的，商圈建设要想取得突破，必须要具有自身特色和优势。智慧商圈作为智慧城市建设中不可或缺的一部分，其建设与发展将带动地区消费支出增加，从而拉动地方经济增长，符合社会发展的趋势。

本章通过对重庆市智慧商圈发展现状的初步分析，指出其建设和发展过程中存在的问题，并在借鉴国内外智慧商圈建设和发展的经验基础上，提出其未来发展的若干对策。重庆智慧商圈在我国智慧商圈建设中处于发展的前沿状态，其总体建设水平是值得其他省市借鉴的。在国家大力倡导"互联网+"商业模式的发展理念下，"互联网+商圈"将成为未来智慧城市发展的重要组成环节，也是实现整体经济结构优化升级的关键所在。因此，智慧商圈的建设需要政府和社会各方力量的共同参与，是一项关乎民生需求和社会发展的系统工程。

本章只是对重庆市智慧商圈的建设及其发展进行的初步粗浅探索，未来随着经济社会发展和互联网科技发展的日新月异，相信未来智慧商圈的建设和发展将更加智能化，将带给消费者更大的便利和实惠。

第 9 章　总结与展望

第 1 节　本书主要工作

本书的主要工作可概况如下。

第一，基于智慧健康、健康产业以及产业链等理论，研究我国智慧健康产业链的现状与存在的主要问题，并从政府与企业两个方面提出我国智慧健康产业链的构建及完善对策。

第二，基于智慧养老与区块链相关的研究基础之上，以福建省智慧养老为例，分析其发展过程中存在的主要问题；并在参考借鉴国内外智慧养老实践经验的基础上，提出在区块链背景下促进福建省智慧养老发展的若干建议。最后，以南京市建邺区区块链与智慧养老有机融合的"时间银行"为例，为我国其他城市区块链背景下智慧养老的发展提供经验借鉴。

第三，以福建省的智慧医疗发展为研究对象，基于智慧医疗相关理论，对福建省智慧医疗发展现状及其存在的主要问题进行较为详细的分析阐述，并在借鉴国内外智慧医疗发展实践经验的基础上，提出福建省发展智慧医疗相应的对策。

第四，对大数据与智慧教育的有关概念和理论进行梳理的基础上，以大数据环境下福建省的智慧教育发展为对象，分析其建设现状及其发展过程中存在的主要问题；借鉴国内外主要区域智慧教育发展的实践经验，并结合福建的实际情况，探索大数据环境下福建省智慧教育的发展对策。

第五，阐述智慧交通相关概念以及霍尔三维结构的基本理论，选择福建厦门为研究对象，分析其智慧交通发展的现状和所取得的成效，剖析其智慧交通建设存在的问题及原因；在分析借鉴国内外城市智慧交通建设的实践经验基础上，运用霍尔三维结构的基本理论，从时间维、逻辑维和知识维尝试构建厦门智慧交通发展对策的三维结构模型，助力厦门市及其他城市智慧交通的建设与发展。

第六，旅游信息化建设和旅游业转型升级是当前旅游业发展面临的重要问题。在对智慧旅游的有关概念和理论进行梳理的基础上，以福建厦门鼓浪屿为研究对象，结合网络资料和实地考察，对厦门鼓浪屿智慧旅游建设现状和存在的问题进行较为详细的分析；在分析借鉴国内外城市智慧旅游建设实践的基础上，提出厦门鼓浪屿智慧旅游在未来需要不断加强和改进的应对举措。

第七，智慧商圈是将过去的传统商圈与当代的虚拟商圈交融发展的一种新型商圈模式。发展智慧商圈是社会经济发展的必然结果，也是促进我国经济转型升级的重要途径之一。在归纳概括国内外有关商圈理论研究的基础上，选择重庆商圈为研究对象，分析重庆智慧商圈发展现状并指出其存在的问题。最后，在对国内外其他智慧商圈建设经验总结借鉴的基础上，提出未来重庆智慧商圈建设发展的若干对策。

第2节　未来研究展望

建设智慧城市是一个循序渐进的过程。一些城市需要的时间可能两到三年，而某些城市则可能需要十年或更长时间。智慧城市的建设可以全面推进，也可以重点突破。目前，我国智慧城市研究机构多达 800 多家，主要集中在各大科研院校以及研究机构。对大量文献的研究可以看出，国内对于智慧城市的研究开始从国外先进智慧城市的经验学习、宏观政策体系的探讨转向更为具体的区域智慧城市如何发展，并且根据当地智慧城市建设情况提出更具针对性的对策建议。

随着城镇化进程的加快，研究智慧城市发展的学者逐渐增多，并且大多数学者采用合作形式，研究的领域集中在物联网、城市信息化、电子政务以及建设模式等方面。研究领域不仅仅是数字城市的简单拓展和延伸，更多的专家学者和研究机构开始关注居民个人和家庭的实际生活需求，体现了"以人为本"和"满足人民对美好生活的追求和向往"的发展理念。

从大量的文献研究中还可以发现，在 2018 年之前，只有较少的智慧城市研究文献涉及生态环境保护问题。但是，在"生态文明"和"绿色发展"的理念和政策指导下，从2018 年开始，国内以"生态文明"和"绿色发展"为主题的智慧城市建设的研究文献开始增加，其主要原因在于我国政府近年来越来越重视生态环境文明建设。比如，2018 年《政府工作报告》总结了过去五年取得的绿色发展成果，单位 GDP 能耗和水耗下降 20%以上，重点城市的重度污染天数减少了一半[①]。2019 年《政府工作报告》提出，将单位国内生产总值能耗下降 3%左右，主要污染物排放量继续下降[②]。

当前，中国经济正处于"新常态"发展阶段，原有的粗放型生产方式破坏了生态环境，人们对美好健康生态环境的需求还没有得到充分满足。未来，"绿水青山就是金山银山"的理念将转化为越来越多企业和居民的实际行动，更多的企业将加快自身转型升级的步伐，更多的城市居民将自觉加入垃圾分类的行列中。可以预见，未来必将有越来越多的高科技应用于城市基础设施建设和环境治理之中。在中国城市化的过程中，通过政府、工程技术人员和市民的共同努力，将智慧城市建设与生态文明城市建设和城市经济社会的可持续发展相结合，城市公共事业、城市公共服务、社区等的运行将更加智能、便利和高效，公民生活的环境将更加绿色、智能和健康，我们一定可以迎来"让生活更美好"的智慧城市发展的新时代。

---

①　2018 年《政府工作报告》全文［EB/OL］．http：//js.offcn.com/html/2018/03/111825.html，2018-03-14。

②　2019 年《政府工作报告》全文［EB/OL］．http：//www.ce.cn/xwzx/gnsz/szyw/201903/16/t20190316_31692857.shtml，2019-03-16。

参考文献

英文文献：

［1］ Albino V, Berardi U, Dangelico R M. Smart cities: Definitions, dimensions, performance, and initiatives ［J］. Journal of Urban Technology, 2015, 22 (01): 3-21.

［2］ Alfred Marshall. Principle of Economics ［M］. London: Macmillan, 1920: 1870-1890.

［3］ Cahn ES. Time Banking: An Idea Whose Time Has Come? ［EB/OL］. https: //www. yesmagazine. org/economy/2011/11/18/time-banking-an-idea-whose-has-come/, 2011-11-18.

［4］ CarrollR, Cnossen R, Schnell M, et. al. Continua: an intemperable personal healthcare ecosystem ［J］. IEEE-Pervasive Comput, 2007, 6 (04): 90-94.

［5］ Chae Y M, Lee J H, Ho S H, etal. Patient satisfaction with telemedicine in home health services for the elderly ［J］. International journal of medical informatics, 2001, 61 (02): 167-173.

［6］ Courtney K L, Demiris G, Rantz M, etal. Needing sm art home technologies: the perspectives of older adults in continuing care retirement communities ［J］. Informatics in primary care, 2008, 16 (03): 195-201.

［7］ Darrell M West. Big Data for Education: Data Mining, Data Analytics, and WebDashboards. Governance Studies at Brookings ［R］. Washington: Brookings Institution, 2012: 1-10.

［8］ De Souza S DF, Martins A F, Almeida H, et. al. Upnp and IEEE 11073: Integrating Personal Health Devices in Home Networks. In: Proceedings of 11th IEEE Consumer Communications and Networking Conference, ACM, 2014.

［9］ Debnath, A. K., etal. A methodological framework for benchmarking smart transport cities ［J］. Cities, 2014, 37 (02): 47-56.

［10］ D. Buhalis, P. Connor. Information communication technology revolutionizing tourism research ［J］. Tourism Recreation Research, 2005, 30 (03): 931-959.

［11］ D. Wei. Producer-Supplier Contracts with Incomplete Information ［J］. Management Science, 2001, 47 (05): 709-715.

［12］ Eastman J k, Iyer R. The elderly's uses and attitudes toward the Internet ［J］. Journal of Consumer Marketing, 2004, 21 (03): 208-220.

［13］ Gartner. 3D DataManagement: Corltrolling Data Volume, Velocity and Variety ［EB/OL］.

http：//blogs. gartner. com/doug－laney/files/2012/01/ad949－3D－Data－Management－Controlling－Data－Volume－Velocity－and－Variety. pdf，2014－10－10.

［14］ Gereffi G, Humphrey J, Sturgeon T. The Governance of Global Value Chains ［J］. Review of Intemational Political Economy, 2003, L1（04）: 5-11.

［15］ Gianfranco Manes. Thetetherless tourist: ambient intelligence in travel & tourism ［J］. Information Technology & Tourism, 2003, 35（04）: 211-220.

［16］ Godfrey M Johnson O. Digtal circles of support: Meeting the information needs of older people ［J］. Computers in Human Behavior, 2009, 25（03）: 633-642.

［17］ Gretzel U. Intelligent systems in tourism: A Social Science Perspective ［J］. Annals of Tourism Research, 2011, 38（03）: 757-779.

［18］ James Manyika. et al. Big data: The next frontier for innovation, competition, and productivity ［EB/OL］. http：//www. mckinsey. com/insights/business technology/big data the next-frontier-for/innovation, 2011-05-25.

［19］ Hosoda T, Naim M M, Disney S M, et. al. Is There a Benefit to Sharing Market Sales Information? Linking Theory and Practice ［J］. Computers & Industrial Engineering, 2008, 54（02）: 315-326.

［20］ Hollands R G. Will the real smart city please stand up? ［J］. City, 2008, 12（03）: 303-320.

［21］ Huff, D. L, A Probability Analysis of shopping Center TradeAreas ［J］. Land Economics, 1963（53）: 81-90.

［22］ Humphrey J, Schmitz H. Govermance in Clobal Value Chains ［J］. IDS Ullein, 2001, 32（03）: 19-29.

［23］ Humphrey J, Schmitz H. How does Insertion in Global Value Chain Affect Upgrading in Industrial Clusters ［J］. Region Study, 2002（36）: 77.

［24］ IBM. Education for a Smarter PlanetThe Future of Learning ［EB/OL］. http：//www. ibm. co m/smarterplanet/us/en/education_ technology/ideas/, 2012-09-09.

［25］ JenniferGabrys. Automatic Sensation: Environmental Sensors in the Digital City ［J］. The Senses and Society, 2007, 32（02）: 23-28.

［26］ Kim, Jin-YoungHlee, Sunyoung Joun, Youhee. Green Practices of the hotel industry: Analysis through the windows of smart tourism system ［J］. International Journal of Information Management, 2016, 35（04）: 1340-1349.

［27］ Kim J, Fiore AM, Lee HH. Influences of online store perception, shopping enjoyment, and shopping involvement on consumer patronage behavior towards anonline retailer ［J］. Journal of Retailing and Consumer Services, 2007, 14（02）: 95-107.

［28］ Marie Bienkowski, Mingyu Feng, Barbara Means. Enhancing Teaching and Learning through Educational Data Mining and Learning Analytics ［EB/OL］. http：//www. docin. com/p-963991024. html, 2012-12-03.

［29］ Michael E Porter. Location Competition and EconomicDevelopment: Local Clusters in a Global Economy ［J］. Economic Development Quarterly, 2000（14）: 15-35.

［30］ Pantano E. Timmermans H. What is smart for retailing? ［J］. Procedia environmental science, 2014, 22 (01): 101-107.

［31］PaoloNeiroti, Elisabeta Raguseo. On the contingent value of IT-based capabilities for the competitive advantage of SMEs: Mechanisms and empirical evidence ［J］. Information & Management, 2017, 54 (03): 139-153.

［32］Paulsson U. Supply Chain Risk Management Brindley C. Supply Chain Risk ［C］. Ashgate Publishing Limited, 2004, 79-96.

［33］Starbird S Penalties. Rewards and Inspection: Provisions for Quality in Supply Chain Contracts ［J］. Journal of the Operational Research Society, 2001, 52 (02): 109-115.

［34］Tilbury, Vaneetvelt, Garibaldi, et. al. Receiver Operating Characteristic Analysis for Intelligent Medical Systems – a New Approach for Finding Confidence Intervals ［J］. Biomedical Engineering. IEEE Transactions on, 2000, 47 (07): 952-963.

［35］Smart School Project Team. The Malaysian Smart School: A Conceptual Blueprint ［EB/OL］. https://www.yumpu.com/en/document/view/10162157/the – malaysian – smart – school-a-conceptual-blueprint-msc-malaysia, 2016-07-12.

［36］Stevens, Graham. Integrating the Supply Chain ［J］. International Journal of Physical Distribution and Material Management, 1989 (08): 3-8.

中文文献：

［1］新型城镇化 ［EB/OL］. https://baike.sogou.com/v53385221.htm？fromTitle=新型城镇化, 2019-09-09.

［2］张占斌. 新型城镇化的战略意义和改革难题 ［J］. 国家行政学院学报, 2013 (01): 48-54.

［3］全球逐步启动智慧城市：中国已建设 500 个试点城市 ［EB/OL］. https://www.sohu. com/a/225049658_ 456546, 2018-03-07.

［4］杨传开. 《美国智慧城市调查》（2017）揭示智慧城市建设新趋势 ［EB/OL］. https://mp.weixin.qq.com/s? src = 11&timestamp = 1588403539&ver = 2313&signature = 7M＊0my7HnBdQrP8Ercth6mbs D040W66dyZIzRX421Bd5gVi7y41yuCjrdCT231Glgj2jVl 30wWXj8nf＊0u96IRWlxutcZtFc40x9odEfb3bubo16FZImGLuVVxgD8gJ7&new = 1, 2017- 06-03.

［5］瑞典驻华参赞：智慧城市建设提升为国家战略 ［EB/OL］. https://www.sohu.com/a/ 145740767_ 444154, 2018-05-08.

［6］臧建东, 等. 智慧城市什么样？怎么建？看英国和爱尔兰的探索！ ［EB/OL］. https://mp.weixin.qq.com/s? src = 11&timestamp = 1588400851&ver = 2313&signature = LEFUJRimgr0Bl7rBq – g9＊YcMYn – J1KK3CKt40yGJePzWhhfJIfsth6oNQ0CNpTxzMK1g RY1Seof0-Evr＊49ZxNQRFSE8dWyMcBbp2＊NsWH8p-k9SlGsgPrRIdRJZN＊VJ&new = 1, 2018-09-30.

［7］方维. 日本智慧城市建设的经验及借鉴 ［EB/OL］. https://mp.weixin.qq.com/s? src = 11&timestamp = 1588405151&ver = 2313&signature = JgfxBb5Cg5NWvrGX6AW6Ml p0HL1OCao7DkAm5aBGnmLhSE3W1YgPFC4w32XpmWyj9raofUa5d2JtsgsEcna3pkAPKPat

5jQ967n0VmaXxPRckpU0JBqyVhqGo9spQdN&new＝1，2019-10-07.

［8］丁梦月，岳圆．韩国智慧城市体系建设概况（上篇）［EB/OL］. https：//mp. weixin. qq. com/s？src＝11&timestamp＝1588597797&ver＝2318&signature＝Mq-5qmRTodEAbf AE4gONIM8xfirLkKj5EwDB ＊ jWeap0KVFHjpPStCKubjgrG7vL9c7mwotV ＊ nwCSB7wXtI 291yilCILdGD3leOdLZWGitt9uM4gKVoBLB-Ks3SYO6xim&new＝1，2019-02-22.

［9］杨剑勇．新加坡：智慧城市典范：有望建成世界首个智慧国［EB/OL］. https：// zhuanlan. zhihu. com/p/25385654，2017-02-23.

［10］汲佩德．对标对表加快建设智慧名城［EB/OL］. http：//www. chinajsb. cn/html/ 201906/28/4008. html，2019-06-28.

［11］孙盼．"智慧北京"建设迎来新阶段［EB/OL］. https：//www. iyiou. com/intelligen ce/insight106743. html，2019-07-25.

［12］上海发布《关于进一步加快智慧城市建设的若干意见》［EB/OL］. http：//www. sszg. gov. cn/2020/sszg/zcfb/202002/t20200212_5193879. htm，2020-02-12.

［13］上海将建设成为全球新型智慧城市排头兵 一文看懂我国智慧城市建设典型结构及市 场规模［EB/OL］. http：//sa. sogou. com/sgsearch/sgs_ tc_ news. php？req＝gNWjMh 9kjpEtYgjReTdUXaEPRYfx-c6xCnKVM85b8y6-b8sX68lOmzzdwhyJSLde&user_ type＝1， 2020-02-10.

［14］沈阳生态城市联合研究院［EB/OL］. https：//baike. sogou. com/v68442450. htm？ fromTitle＝沈阳生态城市联合研究院，2017-03-08.

［15］数字广东［EB/OL］. https：//baike. sogou. com/v73853156. htm？fromTitle＝数字广 东，2019-12-11.

［16］习近平视察数字杭州："从信息化到智能化再到智慧化"是智慧城市必由之路 ［EB/OL］. https：//tech. huanqiu. com/gallery/3xpQKpEfPfN，2020-04-01.

［17］南京构想"智慧城市"［EB/OL］. http：//kaoyan. eol. cn/fa_ zhan_ 8722/20091122/ t20091122_ 423270. shtml，2009-11-22.

［18］智慧台湾［EB/OL］. http：//www. docin. com/p-589674356. html，2013-01-24.

［19］知乎．大健康产业发展前景［EB/OL］. https：//zhuanlan. zhihu. com/p/59741404， 2019-03-19.

［20］傅国华．运转农产品产业链 提高农业系统效益［J］. 中国农垦经济，1996（11）： 24-25.

［21］龚勤林．论产业链构建与城乡统筹发展［J］. 经济学家，2004（03）：121-123.

［22］李心芹，李仕明，兰永．产业链结构类型研究［J］. 电子科技大学学报，2004 （04）：60-63.

［23］罗晓梅，张铁男．产业链分析及其战略环节的确定研究［J］. 工业技术经济，2005 （06）：77-78.

［24］都晓岩，卢宁．论提高我国渔业经济效益的途径———一种产业链视角下的分析［J］. 中国海洋大学学报，2006（03）：10-14.

［25］陈朝隆，陈烈．区域产业链的理论基础形成因素与动力机制［J］. 热带地理，2007 （02）：126-131.

［26］赵涛，徐凤君，李敏．乌兰水泥集团与蒙西高新技术工业园区生态产业链网比较研究［J］．科学管理研究，2007（04）：29-33.

［27］周新生．产业链与产业链打造［J］．广东社会科学，2006（04）：30-36.

［28］张冬冬．国外资源型城市产业转型及其对我国的启示［J］．资源与产业，2009（03）：8-12.

［29］郑明高．产业融合发展研究［D］．北京交通大学，2010.

［30］王广振，曹晋彰．中国演艺产业发展反思与演艺产业链的构建［J］．东岳论丛，2013（04）：5-12.

［31］王伟．资源型产业链的演进、治理与升级——以铜陵市铜产业链为例［J］．经济地理，2017（03）：113-120.

［32］秦天．从产业链角度看我国网络文学出版的发展模式——以阅文集团为例［J］．视听，2018（12）：240-241.

［33］陈茨．智慧健康——宁波智慧城市建设的突破口［J］．宁波通讯，2014（19）：25-26.

［34］刘尚海，陈博．智慧健康生态系统及生态链研究［J］．中国科技论坛，2015（06）：41-45.

［35］卢长伟，王飞，李景波．基于区域协同医疗的检测技术需求分析与解决方案．中国医院管理，2017，37（02）：51-53.

［36］刘贵富．产业链研究现状综合评述［J］．工业技术经济，2006（04）：8-11.

［37］亚当·斯密．国富论（郭大力，王亚南译）［M］．南京：译林出版社，2011.8-15.

［38］严涛．国外智慧城市启示录［J］．城市住宅，2014（07）：10-14.

［39］郭靓．国际智慧城市发展趋势与启示［J］中国经贸导刊，2018（04）：130-137.

［40］袁继新，王小勇，林志坚．产业链、创新链、资金链"三链融合"的实证研究——以浙江智慧健康产业为例［J］．科技管理研究，2016（14）：31-44.

［41］吴剑．智慧城市的宁波理念——访宁波市智慧办主任谢月娣［J］．宁波通讯，2014（19）：20-21.

［42］前瞻产业研究院．2018年大健康行业细分市场规模与发展前景分析［EB/OL］．https：//www.qianzhan.com/analyst/detail/220/190422-22e9c56a.html，2019-04-23.

［43］詹启敏．精准医学，我的"命运"我做主？［J］．晚霞，2017（07）：4-7.

［44］2030年前将向精准医疗领域投入600亿 百家精准医疗医院将在全国布局［EB/OL］．http：//finance.sina.com.cn/roll/2016-08-01/doc-ifxunyya2985998.shtml，2016-08-01.

［45］叶德磊．萨伊定律新探［J］．南开经济研究，1988（06）：58-62.

［46］回凯悦．供给侧改革背景下潞安集团常村煤矿战略转型研究［D］．首都经济贸易大学，2018.

［47］郑学益．构筑产业链形成核心竞争力［J］．福建改革，2000（08）：14-15.

［48］刘贵富．产业链研究现状综合评述［J］．工业技术经济，2006（04）：8-11.

［49］张车伟．中国大健康产业发展报告（2018）［M］．北京：社会科学文献出版社．2018.1-16.

［50］国家统计局．中国统计年鉴［EB/OL］．http：//www.stats.gov.cn/tjsj/ndsj/2019/

indexch. html

[51] 梁杰，许欣颖，李峰．我国分级诊疗制度实施现状分析［J］.医学与社会，2017（11）：22-25.

[52] 林巧婷．关于《中共中央关于制定国民经济和社会发展第十三个五年规划的建议》的说明［EB/OL］. http：//www. gov. cn/xinwen/2015-11-03/content_ 2959560. html，2015-11-03.

[53] 戴秀英．尽快遏制中国慢性病高发呈"井喷"态势［J］.前进论坛，2015：53.

[54] 中文互联网数据研究资讯中心．CBNData：2019 中国家庭医疗健康消费趋势报告［EB/OL］. http：//www. 199it. com/archives/839139. html，2019-03-01.

[55] 国务院．新一代人工智能发展规划［EB/OL］. http：//www. gov. cn/zhengce/content/2017-07/20/content_ 5211996. htm，2017-07-20.

[56] 邬贺铨．大数据时代的机遇与挑战［J］.中国经贸，2013（06）：16-19.

[57] 新浪财经．中国制造 2025 文件印发：实现制造业强国战略（全文）［EB/OL］. http：//finance. sina. com. cn/china/20150519/112322214243. shtml，2015-05-19.

[58] 中国质量报．我国医疗器械产业仍在追赶世界先进水平［EB/OL］. http：//www. sohu. com/a/228669356_ 490432，2018-04-18.

[59] CBNData. 2018 中国智能移动办公行业趋势报告［EB/OL］. | https：//www. cbndata. com/report/799/detail？isReading＝report&page＝1，2018-05-25.

[60] 搜狗百科．相互保［EB/OL］. https：//baike. sogou. com/v176950930. htm？fromTitle＝%E7%9B%B8%E4%BA%92%E5%AE%9D.

[61] 搜狗百科．阿里云［EB/OL］. https：//baike. sogou. com/v6979914. htm？fromTitle＝%E9%98%BF%E9%87%8C%E4%BA%91.

[62] PCONLINE 资讯．淘宝 2018 年度数据［EB/OL］. http：//www. sohu. com/a/293177131_ 223764，2019-01-25.

[63] 搜狗百科．阿里健康（公司）［EB/OL］. https：//baike. sogou. com/v100338182. htm？fromTitle＝%E9%98%BF%E9%87%8C%E5%81%A5%E5%BA%B7

[64] 搜狐新闻．阿里健康发布新一年财报，亏损 1.9 亿元［EB/OL］. http：//www. sohu. com/a/85571160_ 392474，2016-06-23.

[65] 观察者网．阿里健康 2018 财年营收超 24 亿元 首次实现扭亏为盈［EB/OL］. http：//www. donews. com/news/detail/3/3000611. html，2018-05-17.

[66] 中研网．阿里健康发布 2018 财年业绩公告 首次实现扭亏为盈［EB/OL］. http：//www. chinairn. com/news/20180518/145237964. shtml，2018-05-18.

[67] 付梦雯．详解阿里健康 2019 财年半年报［EB/OL］. http：//tech. ifeng. com/a/20181122/45232801_ 0. shtml？_ zbs_ firefox，2018-11-22.

[68] 杜丁．阿里健康发布 2018 财年业绩公告收入同比增长 414.2%［EB/OL］. http：//finance. china. com. cn/news/20180516/4639238. shtml，2018-05-16.

[69] CBNData. 2019 中国家庭医疗健康消费趋势报告［EB/OL］. http：//www. sohu. com/a/298228093_ 354988，2019-02-28.

[70] 网经社，电子商务研究中心．益药购、阿里健康、健客如何布局医药电商 2.0

［EB/OL］. http：//www. 100ec. cn/detail--6450728. html，2018-05-22.

［71］ 科技资讯. 白天30分钟送达 阿里健康联合菜鸟杭州试水24小时送药上门［EB/OL］. http：//www. techweb. com. cn/internet/2018-08-20/2695980. shtml，2018-08-20.

［72］ 药去病网. 阿里健康和马云纷纷加入医药新零售［EB/OL］. http：//www. gzjdsale. cn/html/xwzx/xyzx/arc/158. html，2018-08-28.

［73］ 雷蕾，周斌. 最佳创新实践奖：新绎健康全新生命健康理论之三疗和七修项目［EB/OL］. http：//history. people. com. cn/n1/2018/1211/c415173-30460450. html，2018-12-11.

［74］ 青岛政务网. "十三五"健康产业科技创新专项规划［EB/OL］. http：//qds tc. qingdao. gov. cn/n32206674/n32206702/171222131617035767. html，2017-12-2.

［75］ 国家发改委. 关于印发促进智慧城市健康发展的指导意见［EB/OL］. http：//www. ndrc. gov. cn/gzdt/201408/W020140829409970397055. pdf，2014-08-27.

［76］ 国家统计局：2018年我国60周岁以上人口占比达到17.9%，正加速步入老龄化社会［EB/OL］. https：//baijiahao. baidu. com/s? id = 1624547996695203141&wfr = spider&for = pc，2019-02-04.

［77］ 刘宗媛. 中国区块链政策环境回顾、分析与展望［J］. 网络空间安全，2019，10（04）：111-117.

［78］ 新华网. 中央政治局第十八次集体学习［EB/OL］. http：//www. xinhuanet. com/politics/leaders/2019-10-25/c_ 1125153665. htm，2019-10-25.

［79］ 豆小红. 新时期我国智慧养老健康发展研究［J］. 湖南行政学院学报，2019（06）：5-10.

［80］ 左美云. 智慧养老的内涵，模式与机遇［J］. 中国公共安全，2014（10）：48-50.

［81］ 郑世宝. 物联网与智慧养老［J］. 电视技术，2014，38（22）：24-27.

［82］ 朱海龙. 智慧养老：中国老年照护模式的革新与思考［J］. 湖南师范大学社会科学学报，2016，45（03）：68-73.

［83］ 夏梦茹. "互联网+"背景下智慧养老发展路径研究［D］. 南昌大学，2019.

［84］ 毛太田，孙红霞. 基于粗糙集理论的智慧养老公众满意度研究［J］. 老龄科学研究，2017，5（04）：72-80.

［85］ 白玫，朱庆华. 老年用户智慧养老服务需求及志愿服务意愿影响因素分析——以武汉市江汉区为例［J］. 现代情报，2018，38（12）：3-8.

［86］ 雷雨迟，熊振芳. 武汉市社区智慧养老服务需求调查［J］. 护理研究，2019，33（08）：1425-1428.

［87］ 何迎朝，左美云，何丽. 老年人采纳社区居家养老服务平台的影响因素研究［J］. 科学与管理，2017，37（01）：54-64.

［88］ 邢浩男. 长春市智慧养老发展存在问题及对策研究［D］. 长春工业大学，2019.

［89］ 何圆圆. 我国"智慧养老"存在的问题与对策研究［D］. 山东大学，2019.

［90］ 王文茹. "互联网+"背景下的智慧养老研究［D］. 河北经贸大学，2019.

［91］ 王辅贤. 社区养老助老服务的取向、问题与对策研究［J］. 社会科学研究，2004（06）：110-113.

[92] 李宗华，李伟峰，陈庆滨．欧美社区照顾模式对我国的启示 [J]．东岳论丛，2005（04）：76-78.

[93] 沈嘉璐．福州市智慧养老服务体系研究 [J]．学术评论，2015（03）：126-133.

[94] 杨熳．基于区块链技术的会计模式浅探 [J]．新会计，2017（09）：57-58.

[95] 人民日报．区块链，换道超车的突破口 [EB/OL]．http：//www.chinanews.com/cj/2019/11-04/8997152.shtml，2019-11-04.

[96] 姚忠将，葛敬国．关于区块链原理及应用的综述 [J]．科研信息化技术与应用，2017，8（02）：3-17.

[97] 马斯洛．动机与人格 [M]．许金生，程朝翔，译．北京：华夏出版社，1987：42.

[98] 国家统计局．福建省 2010 年第六次全国人口普查统计公报 [EB/OL]．http：//www.stats.gov.cn，2014-10-13.

[99] 徐涓．推进新福建智慧养老产业发展 [N]．福建日报，2018-04-09（010）.

[100] 福建设立养老产业投资基金 总规模达 60 亿着力投资五大方向 [EB/OL]．http：//fj.people.com.cn，2016-01-07.

[101] 福建省财政厅．福建省养老服务发展现状调研报告 [EB/OL]．http：//czt.fujian.gov.cn/zwgk/dcyj/201908/t20190830_5015040.htm，2019-08-30.

[102] 福建省民政厅．关于印发《关于鼓励社会资本投资养老服务 PPP 工程包的实施方案》的通知 [EB/OL]．https：//www.sohu.com/a/133264855_465257，2017-04-10.

[103] 福建日报．厦门率先开通养老服务信息化平台 [EB/OL]．https：//china.huanqiu.com/article/9CaKrnJKO8j，2015-05-09.

[104] 廖翔宇．"互联网+"背景下信息化居家养老服务的探索与研究 [D]．福建师范大学，2017.

[105] 厦门网．厦门入选全国养老服务改革试点 力争 2021 年建立四级联动的网格化工作格局 [EB/OL]．http：//news.xmnn.cn/xmnn/2019/09/06/100593856.shtml，2019-09-06.

[106] 福州新闻网．鼓楼拟打造智慧养老服务示范区 提供高水平服务 [EB/OL]．http：//glq.fuzhou.gov.cn/xjwz/glyw/glywszb/201806/t20180619_2465626.htm，2018-06-19.

[107] 杨立雄．中国老龄服务业产业发展研究 [J]．新疆师范大学学报（哲学社会科学版），2017（02）：69-76.

[108] 张俊浦．论老龄产业发展的机遇与挑战 [J]．中共山西省直机关党校学报，2013（05）：35-38.

[109] 余新仁．发挥优势，加快发展——解读《福建省人民政府关于加快发展养老服务业的实施意见》[J]．社会福利，2014（03）：26-27.

[110] 王丹素．加快我省现代养老服务业人才培养 [N]．福建日报，2015-08-03（011）.

[111] 张雷，韩永乐．当前我国智慧养老的主要模式、存在问题与对策 [J]．社会保障研究，2017（02）：30-37.

[112] 赵晓征．日本养老政策法规及老年居住建筑分类 [J]．世界建筑导报，2015（03）：27.

[113] 中商情报网．2016 年美国远程医疗服务 B to C 市场预计达到 3 亿美元规模 [EB/

OL]．https：//www. askci. com/news/hlw/20160510/1156337681. shtml，2016-05-10.

[114] 徐凤亮，王梦媛．国内外智慧养老比较与发展趋势的研究［J］．劳动保障世界，2019（27）：17-18.

[115] 新华网．智慧养老体系下的乌镇养老服务照料中心［EB/OL］．http：//www. 360 doc. com/content/16/0615/18/4135736_ 568041634. shtml，2016-06-15.

[116] 国家发改委．走进养老服务业发展新时代——养老服务业发展典型案例汇编之发展养老产业和智慧养老篇（案例3）［EB/OL］．http：//www. yangcc. com/news_ article. php？newsid＝8644，2018-02-26.

[117] 国家发改委．走进养老服务业发展新时代——养老服务业发展典型案例汇编之发展养老产业和智慧养老篇（案例32）［EB/OL］．http：//share. iclient. ifeng. com/ shareNews？aid＝52753942&fromType＝vampire，2018-02-27.

[118] 王晓慧，向运华．智慧养老发展实践与反思［J］．广西社会科学，2019（07）：81-88.

[119] 陆杰华，王伟进，薛伟玲．中国老龄产业发展的现状、前景与政策支持体系［J］．城市观察，2013（04）：5-13+21.

[120] 王啸挺．泉州城市居家养老服务体系建设中的政府治理研究［D］．华侨大学，2016.

[121] 包凡仁，陈思，何振宇，朱庆华．区块链技术在智慧养老领域的应用［J］．中国信息界，2019（05）：82-85.

[122] 陈友华，施旖旎．时间银行：缘起、问题与前景［J］．人文杂志，2015（12）：111-118.

[123] 陈洁．基于区块链的社区互助养老"时间银行"模式初探［J］．五邑大学学报（社会科学版），2019，21（03）：48-52+94.

[124] 新浪网．支付宝首次将区块链技术应用于"时间银行"［EB/OL］．http：// finance. sina. com. cn/money/bank/bank_ hydt/2019-11-20/doc-iihnzahi2107750. shtml？dv＝1&source＝cj，2019-11-20.

[125]《中共中央关于制定国民经济和社会发展第十三个五年规划的建议》［A］．行政权力结构视角的金融监管体制改革研究［C］．中国经济改革研究基金会，2016：1.

[126] 中国产业发展研究网．2018年中国大数据产业规模及预测：市场产值将突破6000亿元［EB/OL］．http：//www. askci. com/news/chanye/20180424/153907122106. shtml#，2018-04-24.

[127] CSDN 博客．5G 基本概念及其发展概况［EB/OL］．https：//blog. csdn. net/ zhangbijun1230/article/details/82887908，2017-11-17.

[128] 新华网．智慧医疗步入启动期［EB/OL］．http：//www. xinhuanet. com/info/2017-02/24/c_ 136081802. htm，2017-02-24.

[129] 人民网．健康中国战略［EB/OL］．http：//theory. people. com. cn/n1/2018/0823/ c413700-30246291. html，2018-08-23.

[130] 沈甦．我国智慧医疗建设的现状及发展策略研究［J］．上海医药，2016，37（15）：54-56+60.

[131] 王帅．大数据技术在智慧医疗领域的应用研究［J］．商讯，2019，155（01）：74+97.

[132] 刘晓馨．我国智慧医疗发展现状及措施建议［J］．科技导报，2014，32（27）：12+3.

［133］裘加林，田华，郑杰．智慧医疗［M］．北京：清华大学出版社，2015：33.

［134］李睿宇，许学军．大数据背景下我国智慧医疗的应用研究［J］．经济研究导刊，2019（06）：156-157+175.

［135］阮旭梅．IBM 大中华区大数据业务竞争战略研究［D］．大连理工大学，2017.

［136］崔泳．践行"智慧的医疗"IBM 以技术推进卫生改革［J］．中国信息界（e 医疗），2010（07）：52-53.

［137］薛鹏．医疗信息化管理现状及对策研究［D］．福建师范大学，2017.

［138］许敏，白杨等．智慧医疗及相关产业发展、问题及建议［J］．中国数字医学，2017（08）：12-20.

［139］大健康系列之七：［智慧医疗］迁移市场规模，投资者早进入早布局［EB/OL］．http：//www. 360. doc. com/content/16/0701/21/3066843_572272315. shtml，2016-07-21.

［140］搜狐网．2019 中国智慧医疗产业大会，推动医疗事业繁荣发展［EB/OL］．https：//www. sohu. com/a/332621599_193867，2019-08-09.

［141］崔文彬，唐燕，刘永斌，王淑，高春辉，王淼，于广军．智慧医院建设理论与实践探索［J］．中国医院，2017，21（08）：1-4+8.

［142］MBA 智库百科．什么是新公共管理．［EB/OL］．https：//wiki. mbalib. com/zh-tw/%E6%96%B0%E5%85%AC%E5%85%B1%E7%AE%A1%E7%90%86，2015-03-30.

［143］福州市人民政府网．《福建省"十二五"卫生事业发展专项规划》［EB/OL］．http：//www. fuzhou. gov. cn/ghjh/zxgh/201211/t20121119_136868. htm，2012-11-19.

［144］福建省人民政府网．省市两级全民健康信息平台建成［EB/OL］．http：//www. fujian. gov. cn/xw/fjyw/201912/t20191220_5165136. htm，2019-12-20.

［145］林世才．医疗信息化的福建实践［J］．人口与计划生育，2018（09）：45-47.

［146］福州新闻网．国家健康医疗大数据中心与产业园建设试点工程在长乐揭牌［EB/OL］．http：//news. fznews. com. cn/shehui/20161127/583a2357d9fee. shtml，2016-11-27.

［147］福建省卫生健康委员会．"改善服务、方便群众就医"专项行动［EB/OL］．http：//wjw. fujian. gov. cn/，2018-08-21.

［148］福建省卫生健康委员会．我省推进卫生计生信息系统整合应用试点成效明显［EB/OL］．http：//wjw. fujian. gov. cn/jggk/csxx/ghyxxc/xxhjs/201505/t20150521_2369931. htm，2015-05-21.

［149］福建省卫生健康委员会．龙海市村卫生所信息化建设扎实推进［EB/OL］．http：//wjw. fujian. gov. cn/jggk/csxx/ghyxxc/xxhjs/201411/t20141113_2367897. htm，2014-11-13.

［150］福建省卫生健康委员会．2019 年福建省卫生健康事业发展情况［EB/OL］．http：//wjw. fujian. gov. cn/jggk/csxx/ghyxxc/fzgh/202004/t20200424_5254056. htm，2020-04-24.

［151］中国产业信息网．2015 年发达国家智慧医疗总体发展概况分析及市场展望［EB/OL］http：//www. chyxx. com/industry/201510/351601. html，2015-10-24.

［152］百度文库．智慧医疗产业发展现状及思考［EB/OL］．https：//wenku. baidu. com/

view/9cca4602001ca300a6c30c22590102020640f232. html，2018-12-25.

[153] 中国产业信息网．2015年发达国家智慧医疗总体发展概况分析及市场展望［EB/OL］. http：//www. chyxx. com/industry/201510/351601. html，2015-10-24.

[154] 人大经济论坛．日本智慧医疗创新案例［EB/OL］. https：//bbs. pinggu. org/thread-6402868-1-1. html，2018-05-21.

[155] 百度．新加坡的智慧城市建设内容，有什么是值得我们学习的？［EB/OL］. https：//baijiahao. baidu. com/s？id = 1615360821381488139&wfr = spider&for = pc，2018-10-26.

[156] 深圳智慧医疗协会．协会介绍［EB/OL］. http：//www. zhylxh. com/col. jsp？id = 101，2020-3-19.

[157] 新华网．杭州迈向"智慧医疗"时代［EB/OL］. http：//www. xinhuanet. com/globe/2017-12/11/c_ 136804812. htm，2017-12-28.

[158] 陈杰．医疗信息化建设中的问题及对策［J］. 信息与电脑（理论版），2018（14）：3-4.

[159] 大数据产业发展规划（2016—2020年）［N］. 中国电子报，2017-01-20（005）.

[160] 本刊编辑部．教育部2018年工作要点（摘要）［J］. 人民教育，2018（05）：17-23.

[161] 孙杰贤．新加坡"iN2015"计划完全解读［J］. 通讯世界，2007（07）：50-53.

[162] 崔鹏宇．大数据时代的智慧教育的发展［J］. 计算机产品与流通，2018（06）：59.

[163] 张光明．宁波市智慧教育区域推进策略与实践研究［D］. 宁波大学，2014.

[164] 沈学珺．大数据对教育意味着什么［J］. 上海教育科研，2013（09）：9-13.

[165] 促进大数据发展行动纲要［J］. 成组技术与生产现代化，2015，32（03）：51-58.

[166] 于华伟．福利多元主义视角下随迁老人异地养老问题研究［D］. 华中科技大学，2015.

[167] 孙洪涛，郑勤华．教育大数据的核心技术、应用现状与发展趋势［J］. 远程教育杂志，2016，34（05）：41-49.

[168] 杨现民，王榴卉，唐斯斯．教育大数据的应用模式与政策建议［J］. 电化教育研究，2015，36（09）：54-61+69.

[169] 杜婧敏，方海光，李维杨，全赛赛．教育大数据研究综述［J］. 中国教育信息化，2016（19）：2-4.

[170] 邢蓓蓓，杨现民，李勤生．教育大数据的来源与采集技术［J］. 现代教育技术，2016，26（08）：14-21.

[171] 胡刃锋，李瑶．教育大数据研究热点探析［J］. 延边教育学院学报，2018，32（02）：58-60+63.

[172] 顾小清，张进良，蔡慧英．学习分析：正在浮现中的数据技术［J］. 远程教育杂志，2012，30（01）：18-25.

[173] 胡弼成，王祖霖．"大数据"对教育的作用、挑战及教育变革趋势——大数据时代教育变革的最新研究进展综述［J］. 现代大学教育，2015（04）：98-104.

[174] 祝智庭，沈德梅．基于大数据的教育技术研究新范式［J］. 电化教育研究，2013，34（10）：5-13.

［175］杨现民．信息时代智慧教育的内涵与特征［J］．中国电化教育，2014（01）：29-34.

［176］陈琳，孙梦梦，刘雪飞．智慧教育渊源论［J］．电化教育研究，2017（02）：13-17.

［177］习海旭，廖宏建，黄纯国．智慧学习环境的架构设计与实施策略［J］．电化教育研究，2017，38（04）：72-76.

［178］杨现民，余胜泉．智慧教育体系架构与关键支撑技术［J］．中国电化教育，2015（01）：77-84+130.

［179］柯清超．大数据与智慧教育［J］．中国教育信息化，2013（24）：8-11.

［180］吴文峻．面向智慧教育的学习大数据分析技术［J］．电化教育研究，2017，38（06）：88-94.

［181］苏泽庭．信息化背景下的智慧教育推进策略研究——以宁波市为例［J］．中国电化教育，2015（02）：46-50+69.

［182］陈耀华，杨现民，等．国际智慧教育发展战略及其对我国的启示［J］．现代教育技术，2014，24（10）：5-11.

［183］IBM.智慧地球赢在中国［EB/OL］.http：//wenku.baidu.com/view/d9fe4e0abb68a98271fefa06.html，2013-08-24.

［184］孙鸿飞，张海涛．基于文献计量与可视化方法的国内外大数据领域研究动态研究［J］．情报科学，2018，36（11）：169-176.

［185］维克托·迈尔-舍恩伯格及肯尼斯·库克耶．大数据时代（周涛译）［M］．杭州：浙江人民出版社，2013：46.

［186］冯仕政．大数据时代的社会治理与社会研究：现状、问题与前景［J］．大数据，2016（02）：9-10.

［187］徐鹏，王以宁，刘艳华，等．大数据视角分析学习变革——美国《通过教育数据挖掘和学习分析促进教与学》报告解读及启示［J］．远程教育杂志，2013（06）：11-17.

［188］杨现民，唐斯斯，李冀红．发展教育大数据：内涵、价值和挑战［J］．现代远程教育研究，2016（01）：50-61.

［189］杜婧敏，方海光，李维杨，等．教育大数据研究综述［J］．中国教育信息化，2016（19）：2-4.

［190］祝智庭，贺斌．智慧教育：教育信息化的新境界［J］．电化教育研究，2012，33（12）：5-13.

［191］加涅．教学设计原理［M］．皮连生，等，译．上海：华东师范大学出版社，2005：131-133+151+193-203.

［192］吴波．对"未来教育论"的粗浅思考［J］．重庆改革，2003（02）：59-60.

［193］薛焕玉．未来教育的基本特征［J］．未来与发展，1988（04）：5-9.

［194］曹昭全.Intel未来教育的实施途径与对策［J］．教育探索，2003（02）：59-61.

［195］国家互联网信息办公室．福建省专项督导教育信息化应用驱动［EB/OL］.http：//www.cac.gov.cn/2016-04/27/c_1118751425.htm，2016-04-27.

［196］朱月翠，张文德．基于"互联网+"的福建省高等教育信息化联动发展思考［J］．中国教育信息化，2016（07）：59-63.

［197］福建省教育厅．福建省"十三五"教育发展专项规划［EB/OL］．http：//www.
fvti. cn/yb/2016/0516/c3381a102955/page. htm，2016-04-28.

［198］福建省教育厅．福建省教师队伍建设规划（2017-2020 年）［EB/OL］．http：//
www. fvti. cn/rsc/2018/0131/c248a118123/page. htm，2017-12-29.

［199］福建省教育厅．福建省中小学智慧校园建设标准［EB/OL］．http：//www. fjqzedu.
gov. cn/content. aspx？uni=7b84b7b7-963d-4604-aa29-81387f4fc301，2017-09-01.

［200］宣玉莹．中国智慧教育的现状与发展对策［J］．产业与科技论坛，201716（06）：
170-171.

［201］张珍义．高校数字化校园建设中"信息孤岛"现象的探讨［J］．中国教育信息化，
2008（13）：23-25.

［202］杨现民，陈世超，唐斯斯．大数据时代区域教育数据网络建设及关键问题探讨
［J］．电化教育研究，2017，38（01）：37-46.

［203］曹胜勇．美国教育大数据的发展现状、经验与启示［D］．华中师范大学，2017.

［204］国务院印发《国家教育事业发展"十三五"规划》［J］．教育现代化，2017，4
（32）：8.

［205］浙江省教育厅．关于浙江省教育信息化"十三五"发展规划［EB/OL］．http：//
www. zj. gov. cn/art/2016/10/13/art_ 5495_ 2186089. html，2016-10-13.

［206］浙江省教育技术中心．浙江省教育厅和科大讯飞开展战略合作［EB/OL］．
http：//www. zjedu. org/art/2017/12/18/art_ 725_ 32849. html，2017-12-18.

［207］华声在线．智慧教育新形态催生新生态 2018 互联网岳麓峰会热议"互联网+教育"
［EB/OL］．http：//hunan. voc. com. cn/article/201804/201804022240115980. html，
2018-04-02.

［208］杨现民，李新，邢蓓蓓．面向智慧教育的教育大数据实践框架构建与趋势分析
［J］．电化教育研究，2018（10）：21-22.

［209］杨静．我国智慧教育发展策略研究［J］．改革与开放，2016（17）：75.

［210］钟绍春，唐烨伟，王春晖．智慧引领与智慧教育［J］．中国电化教育，2018
（01）：109.

［211］唐烨伟，王梦雪，等．混合学习环境下智慧型教师培训模式研究［J］．电化教育研
究，2015，36（08）：108-112.

［212］广东省教育厅．以智慧教研推动教育信息化应用创新［EB/OL］．http：//www.
gdhed. edu. cn/gsmpro/web/jytwap/content. jsp？infoid＝486750&pageId＝2&content
Size＝1，2015-06-05.

［213］梁泽鸿，全克林．面向智慧教育的高校教师信息化教学能力提升［J］．中国成人教
育，2018（19）：145-147.

［214］沈长进．浅谈职校教师信息化教学能力提升的途径与策略［J］．课程教育研究，
2018（49）：231-234.

［215］芦娟．"互联网+"背景下高职教师信息化能力提升途径探索［J］．无线互联科
技，2018（20）：88-89.

［216］顾建峰．智慧教育视域下高校教育管理实践路径探索［J］．中国成人教育，2018

（18）：55-57.

[217] 李坤崇. 成果导向的课程发展模式 [J]. 教育研究月刊，2009，186（10）：39-57.

[218] 林志兴，刘孙发，肖香梅. 成果导向智慧教育平台信息化建设——以三明学院为例 [J]. 科教导刊（上旬刊），2019（01）：21-24.

[219] 邓玉勇，李璨，刘洋. 我国城市智慧交通体系发展研究 [J]. 城市，2015（11）：68-73.

[220] 常锦河. 我国智慧交通建设发展浅析 [J]. 中国管理信息化，2016（19）：215.

[221] 张新，杨建国. 智慧交通发展趋势，目标及框架构建 [J]. 中国行政管理，2015（04）：150-152.

[222] 冷雪. 智慧交通体系发展现状研究 [J]. 中小企业管理与科技，2016（06）：107-109.

[223] 羡晨阳，金纬. 国内外智慧交通发展的经验借鉴 [J]. 物流工程与管理，2017（01）：83-84.

[224] 陆伟良. 智慧城市建设目标与顶层设计概念 [J]. 智能建筑与城市信息，2013（04）：37-42.

[225] 马斯洛. 人性能达到的境界 [M]. 林方，译. 昆明：云南人民出版社，1987.

[226] 尹方平. 智慧交通建设与发展思路 [J]. 中小企业管理与科技，2015（11）：171-173.

[227] 王林，华河林，李娜，吴雄. 基于霍尔三维模型的雾霾治理对策研究 [D]. 江西：南昌航空大学，2016.

[228] 李金海. 基于霍尔三维结构的项目管理集成化研究 [J]. 河北工业大学学报，2008（04）：25-29.

[229] 王微，聂树平. 基于霍尔三维模型的大学生社会责任感培养体系构建 [J]. 重庆理工大学学报，2014，28（07）：156-159.

[230] 王汝琳. 立足智能建筑技术积极参与智慧城市建设 [J]. 智能建筑，2015（04）：60-63.

[231] 厦门网. 厦门 BRT 将率先全国建设商用级 5G 智能驾驶系统 [EB/OL]. http：//news. xmnn. cn/xmnn/2018/06/13/100378169. shtml，2018-06-13.

[232] 杜德斌，黄吉乔. 长江三角洲城市带一体化的交通网络模式构想 [J]. 经济地理，1999，19（03）：91-95.

[233] 宁越敏. 长江三角洲都市连绵区形成机制与跨区域规划研究 [J]. 城市规划，1998，22（01）：16-21.

[234] 覃成林，刘丽玲，覃文昊. 粤港澳大湾区城市群 发展战略思考 [J]. 区域经济评论. 2017（05）：113-118.

[235] 宁滨. 智能交通中的若干科学和技术问题 [J]. 中国科学：信息科学，2018，48（09）：148-153.

[236] 张正伟，许娜，赵淑宝. 智慧交通在智慧城市建设中的作用 [J]. 中国标准化，2017（06）：125.

[237] 李金海，徐敏. 基于霍尔三维结构的项目风险管理集成化研究 [J]. 项目管理技术，2008（08）：18-21.

[238] 岳志勇，丁惠．基于霍尔三维结构的技术创新方法培训体系研究［J］．科学管理研究，2013（02）：20-22．

[239] 刘涛．基于霍尔三维结构理论的实验室建设研究［J］．科技管理研究，2012（05）：144-145．

[240] 苏凯芳，蔡文强．泉州动车站公交线路 LED 屏上线 将再加装自助查询机［EB/OL］．http：//www.qzcns.com/qznews/2019/1107/589721.html，2019-11-07．

[241] 李永前，李雄平．如何解决项目管理过程中出现的问题［J］．商情（经济理论研究），2008（14）：15-16．

[242] 李德仁，姚远，邵振峰．智慧城市中的大数据［J］．武汉大学学报（信息科学版），2014，39（06）：631-640．

[243] 国家旅游局印发关于促进智慧旅游发展的指导意见［EB/OL］．http：//www.weifang.gov.cn/ZT/zdztnew/zcdx/201608/t20160825_1665751.html，2016-08-25．

[244] 吴红辉，花香，江毅，等．智慧旅游实践［M］．北京：人民邮电出版社，2018.4-5．

[245] 陆均良，宋夫华．智慧旅游新业态的探索与实践［M］．杭州：浙江大学出版社，2017：80．

[246] 罗庆永，马少钰，李小林．国内外智能旅游发展现状研究与启示［J］．教育现代化，2018，28（05）：15-16．

[247] 我国网民规模已达 8.54 亿人 2019 年互联网发展现状及趋势预测［EB/OL］．https：//baijiahao.baidu.com/s？id=1643286806289577143&wfr=spider&for=pc，2019-08-30．

[248] CNNIC 发布第 43 次《中国互联网络发展状况统计报告》［EB/OL］．http：//www.cac.gov.cn/2019-02/28/c_1124175686.htm，2019-02-28．

[249] 上半年全省累计接待国内外游客 1.95 亿人次［EB/OL］．http：//www.fujian.gov.cn/xw/fjyw/201807/t20180728_3584757.htm，2018-07-28．

[250] 国家旅游局正式印《"十三五"全国旅游信息化规划》——4A 级以上旅游景区实现免费 Wi-Fi．中国战略新兴产业［EB/OL］．http：//www.you1688.com/newsview_17_971.html，2017-03-14．

[251] 2018 中国智慧景区百强排行榜［EB/OL］．http：//www.sohu.com/a/256493525_642249，2018-09-27．

[252] 张凌云．智慧旅游：个性化定制和智能化公共服务时代的来临［J］．旅游学刊，2012，27（02）：3-6．

[253] 赵蕊．我国智慧旅游建设进展与改善对策研究［J］．城市，2018（09）：23-28．

[254] 李云鹏，胡中州，黄超，段莉琼．旅游信息服务视阈下的智慧旅游概念探讨［J］．旅游学刊，2014，29（05）：106-115．

[255] 姚国章．"智慧旅游"的建设框架探索［J］．南京邮电大学学报，2012（02）：19-22．

[256] 梁昌勇，马银超，路彩红．大数据挖掘：智慧旅游的核心［J］．开发研究，2015（05）：139-144．

[257] 陈康，郑伟民．云计算：系统实例与研究现状［J］．软件学报，2009，20（05）：

1337-1348.

[258] 人工智能是计算机科学的一个分支，它企图了解智能的实质 [EB/OL]. https：//www.sohu.com/a/323076936_ 120142652, 2019-06-26.

[259] 许明. 国内智慧旅游研究进展 [J]. 重庆交通大学学报，2017，17（05）：68-74.

[260] 张凌云，黎巎，刘敏. 智慧旅游的基本概念与理论体系 [J]. 旅游学刊，2012，27（05）：66-75.

[261] 方明. 智慧旅游的发展现状及演化趋势 [C]. 中国旅游研究院. 2017 中国旅游科学年会论文集. 中国旅游研究院：中国旅游研究院，2017：132-138.

[262] 唐黎. 智慧景区建设对策及模式研究—以厦门鼓浪屿风景名胜区为例 [J]. 中南林业科技大学学报（社会科学版），2016，10（06）：81-88.

[263] 王梦茵，陈金华. 鼓浪屿智慧旅游服务顾客满意度 IPA 分析 [J]. 厦门理工学院学报，2017（04）：40-46.

[264] 史云姬. 体验经济时代下新一代通信技术在智慧旅游中的应用 [J]. 科技视界，2013（09）：180-193.

[265] 冯娟. 哪些商圈会越来越旺？——基于消费者搜寻成本的上海商圈研究 [M]. 上海：同济大学出版社，2016：18.

[266] 冯旭，鲁若愚，刘德文. 零售商圈的吸引力分析 [J]. 商业研究，2004（24）：117-120.

[267] 蔡国田，陈忠暖. 广州市北京路商圈与天河商圈竞合发展探讨 [J]. 云南地理环境研究，2004（04）：70-74.

[268] 李文翎，曾素芬，周登杰. 天河商圈竞争力及其开发策略 [J]. 现代商业，2007（13）：50-52.

[269] 张宇，吴璟. 基于零售物业竞争关系的商圈测定方法 [J]. 商业研究，2007（08）：194-197.

[270] 王兆峰，胡郑波. 消费环境与零售企业扩张研究——基于 Huff 模型的商圈分析 [J]. 消费经济，2008（01）：47-50.

[271] 李玮，王跃，范兴丰. 移动互联网时代下的智慧商圈虚实融合发展研究 [J]. 商场现代化，2017（12）：1-3.

[272] 杨清清，黄文. 基于商家联盟的商圈服务标准化建设 [J]. 标准科学，2012（09）：39-43.

[273] 李冰. 互联网思维下我国零售企业商业模式创新研究 [D]. 吉林大学，2015.

[274] 徐龙章. 智慧城市建设与实践 [M]. 北京：中国铁道出版社，2018：80-85.

[275] 张子卿. 智慧商圈中个性化推荐系统的设计与实现 [D]. 上海交通大学，2014.

[276] 龚义涛. 智慧商圈创始人、前万达电商总经理龚义涛：智慧商圈——购物中心未来之路 [J]. 信息与电脑，2014（07）：36-39.

[277] 陈晓明. 智慧商圈的建设思路和体系架构 [J]. 上海商业，2018（03）：14-15.

[278] 叶如锐. 智慧商圈中信息交互与应用服务支撑平台的研究 [D]. 上海交通大学，2015.

[279] 齐晓斋. 智慧零售与智慧商圈 [J]. 上海商业，2018（03）：12-13.